普通高等教育"十三五"规划教材

应用型本科保险学专业系列　　　总主编◇徐爱荣

主编／王志军　沈丹　李羽佳

保险人才职业素养培育

——从大学生到职业人

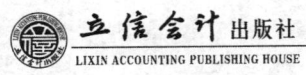

立信会计出版社

LIXIN ACCOUNTING PUBLISHING HOUSE

图书在版编目(CIP)数据

保险人才职业素养培育：从大学生到职业人 / 王志军，沈丹，李羽佳主编. —上海：立信会计出版社，2020.7

ISBN 978 - 7 - 5429 - 6488 - 5

Ⅰ.①保… Ⅱ.①王… ②沈… ③李… Ⅲ.①保险业-人才培养-研究-中国 Ⅳ.①F842.32

中国版本图书馆 CIP 数据核字(2020)第 078613 号

策划编辑	王艳丽
责任编辑	王艳丽
封面设计	南房间

保险人才职业素养培育——从大学生到职业人
Baoxian Rencai Zhiye Suyang Peiyu

出版发行	立信会计出版社		
地　　址	上海市中山西路 2230 号	邮政编码	200235
电　　话	(021)64411389	传　　真	(021)64411325
网　　址	www.lixinaph.com	电子邮箱	lixinaph2019@126.com
网上书店	http://lixin.jd.com		http://lxkjcbs.tmall.com
经　　销	各地新华书店		

印　　刷	上海天地海设计印刷有限公司
开　　本	787 毫米×1092 毫米　　1/16
印　　张	13.25
字　　数	274 千字
版　　次	2020 年 7 月第 1 版
印　　次	2020 年 7 月第 1 次
印　　数	1—1 100
书　　号	ISBN 978 - 7 - 5429 - 6488 - 5/F
定　　价	38.00 元

如有印订差错，请与本社联系调换

前　言

我国保险业自中华人民共和国成立以来走过了不平凡的70余年。随着改革开放的不断深化，我国保险业从弱小走向壮大，市场主体不断丰富，市场功能不断完善，成为促进经济高质量发展、完善社会保障体系、创新社会管理的重要力量，充分发挥了"稳定器"和"助推器"的重要作用。如今，我国已经成为世界上第二大保险市场，保险资产规模已名列世界前茅。

保险业的发展，人才是关键。面对时代更迭与行业快速发展，高等院校应立足人才培养主阵地的定位，以习近平新时代中国特色社会主义思想、中共十九大精神以及习近平总书记关于教育的重要论述为理论指导，以全国教育大会、全国高校思想政治工作会议及《国家教育事业发展"十三五"规划》等重要会议、文件精神为行动遵循，聚焦高校人才培养目标和上海国际保险中心建设人才需求，在构建"三全育人"大格局的过程中，探索形成以学生为主体、以学生发展为目标、以行业认可为检验标准的高校保险人才职业素养培育体系。这是教育工作者在当前乃至未来一段时间内需要思考的重大课题。

在此背景下，上海立信会计金融学院保险学院的多位一线教师经多次学术研讨、实践分享、走访交流，编写了本书。本书是集体智慧的结晶，由王志军、沈丹、李羽佳担任主编并负责全书的框架设计、章节逻辑论证以及稿件审核工作。其中，第一章、第二章由沈丹撰写，第三章由王一然撰写，第四章、第五章由王志军撰写，第六章由张思怡撰写，第七章由乔琪撰写，第八章由李羽佳撰写。

本书以探索解决保险人才职业发展中的重点、难点问题为导向，在清晰勾勒当前保险行业对员工核心职业素养需求的基础上，围绕大学生成长成才规律，对支撑行业人才职业素养有效形成的德育理念和基本技能进行了理性思考，并对实现"从大学生到保险人才"具有推动作用的六种核心职业素养进行了具体论述。这六种核心职业素养包括以职业理想与职业道德为要义的诚信素养、以履责习惯为主旨的责任素养、以从业能力为己任的专业素养、以科学融洽人际交往能力为内容的合作素养、以主人翁意识及统筹协调能力为核心的管理素养以及以适应新时代背景下经济新常态、科技新发展为需求的创新素养。

　　本书在编写过程中得到了保险研究领域专家学者和保险行业资深从业人员的大力支持和鼓励,编者在此表示衷心的感谢。此外,编者还要特别感谢上海立信会计金融学院保险学院院长徐爱荣教授和中国人民财产保险股份有限公司上海分公司办公室主任蔡爱明先生,他们为本书的编撰提供了理论支持和大量的案例资源,帮助我们更加准确地理解、把握保险人才培育的有效途径和大学生职业素养教育的核心内容。

　　路漫漫其修远兮。在行业发展和高等教育改革新形势下,抓住机遇,探索培养适应时代需要、契合行业要求的高素质保险人才已上升为服务国家战略的时代使命。本书是我们努力的起点和方向,相信不久的未来,我们将在探索人才培养的道路上激发新思考、获得新动力。

编　者

2020 年 3 月

目 录

第一章　职业理想与职业道德

理想是需要的，是我们前进的方向。现实有了理想的指导才有前途；反过来，也必须从现实的努力中才能实现理想。

——周恩来

通过本章学习，学生应了解理想的内涵、特点及作用，明确职业理想的作用；了解道德的内涵，明确道德对于保险职业的重要性；了解保险从业人员道德自律的内涵，明确职业道德实践的重要性；了解保险企业文化的构成要素及特点。

 **导读案例**

职业选择与职业道德

案例 1　小张是某高校保险专业学生，他在校期间就树立了要做一名出色保险人的职业理想。参加工作后，从基层保险代理人到项目负责人，他无论在什么岗位都认真踏实，力求做到最好。工作 10 年后，他成为营业部负责人，并带领自己的团队为保险行业发展做出了贡献。

案例 2　小李是某寿险公司的一名保险代理人，他在向客户介绍某保险产品时没有认真向客户解释和说明全部保险条款的内容，而且因一时疏忽还错误解释了某项条款。虽然客户在签订保险合同时并未对此提出异议，但小李经过几番考虑，还是决定将工作中的失误告诉客户并重新解释了条款。小李的做法赢得了客户的信任，该客户将此事告诉了他的多位朋友，并将他们介绍给小李。

案例 3　小罗是一家保险公司的核保人员，他的朋友小蒙身体一直不好，为了照顾朋友，他安排一个熟识的代理人给小蒙购买了本公司的保单，然后在核保时给予小蒙"照顾"。

案例思考：

1. 案例 1 中小张的职业理想对于个人发展起到了什么作用？
2. 案例 2、案例 3 中的人物行为是否符合职业道德的要求？

为了适应经济新常态对保险业提出的新挑战，市场对新型保险人才的培养提出了新的要求：保险人才培养应以创新思维和服务意识为理念，以改革培养模式和教学内容为手段，帮助保险从业人员树立崇高的职业理想，不断提高保险人才的素质，培养出高素质、高技能、高水平的创新型复合人才。

第一节　保险人才职业理想

年幼时，我们会被问及"你的理想是什么"；进入大学后，我们会被问及"你的职业理想是什么"。那么，什么是理想？理想的树立对于人的成长发展具有什么作用？职业理想对于大学生的职业发展会产生怎样的影响？要回答上述问题，我们首先需要对理想的内涵及其相关内容进行理解。

一、理想的内涵、特点及作用

（一）理想的内涵

理想是对未来事物的合理想象和美好希望。例如，作家茅盾先生在散文集《开荒》中写道："如今，怀抱着崇高理想的人们，正在改造这黄土高原。"此外，理想有时也用来比喻对某事物臻于完善境界的观念。例如，作家周而复先生在小说《上海的早晨》中写道："这个地方真不错……人又少，又安静，理想极了。"

理想是人们在实践过程中形成的、有实现可能性的、对未来社会和自身发展的向往和追求，是人们的世界观、人生观和价值观在奋斗目标上的集中体现。对未来的不懈追求，是理想形成的动力和源泉。

理想可以分为短期理想和长期理想。短期理想一般是指在近期要完成的目标；而长期理想则一般指远大理想，它需要较长的奋斗时间才能完成。

（二）理想的特点

理想是人们对未来有可能实现目标的一种想象，但并不是所有想象都是理想。理想不同于幻想，也不同于空想或者妄想，理想是一种正确的、合理的想象，它有以下三个突出特点。

（1）理想具有客观必然性。理想的客观必然性是指理想作为一种想象，能正确地反映客观实际，正确地反映现实与未来的关系，合乎事物变化和发展的规律，是经过努力可以实现的。

（2）理想具有社会性。理想是人类特有的一种精神现象，理想具有鲜明的社会性。理想的社会性是指理想不是脱离社会的、孤立的个人随意想象，而是由社会制约和决定的想象。

（3）理想具有阶级性。在阶级社会中，理想具有鲜明的阶级性。由于不同阶级的社会地位和经济利益不同，其追求的目标也就各不相同，各阶级形成的理想也各不相同。

（三）理想的作用

人们常常把理想比喻为人生航程的灯塔,因为它可以成为人生奋斗的目标,指引人生前进的方向。一个人树立什么样的理想,决定着他的胸怀、气度和人生所能达到的高度。凡是有作为的人,无不重视理想的作用,他们通常在青少年时代就确立了远大的志向。例如,17 岁的马克思在高中毕业作文中就立下了"为人类而工作、为千百万人幸福而献身"的鸿鹄之志,这是全人类最为宏大、最为高远的理想。青年马克思树立的人生理想成为此后马克思思想体系的原点,激励、支撑着马克思终其一生为人类解放事业而不懈奋斗。因此,新时代广大青年应树立远大的理想,把"个人梦"融入"中国梦",矢志为理想而终生奋斗。

1. 理想是人生的奋斗目标

人的生命是有限的,只有树立明确的奋斗目标,在奋斗目标的指引下沿着正确的人生道路前进,人的一生才能过得更有意义。理想是人的世界观、人生观和奋斗目标的集中体现,是对自己终身奋斗目标和前进道路的确立。

2. 理想是人生的前进动力

理想是激励人们向着既定目标奋斗进取的动力,是人生力量的源泉。理想所提供的动力大小与理想的层次密切相关,一般说来,理想的层次越高,其所提供的动力就越大;反之,则越小。有些同学在高中阶段刻苦学习、奋发向上,考入大学后却放松了学习;与此相反,有些同学进入大学后反而更加努力学习,在各方面都能严格要求自己。之所以出现这两种截然不同的情况,重要原因之一就是这两类同学的人生理想不同。一个人只有树立了崇高理想,才能长期具有顽强的斗志,才能在艰苦中持续拼搏;相反,一个人如果缺乏崇高的理想或者没有理想,就会失去前进的动力,只能浑浑噩噩地虚度一生。

3. 理想是人生的精神支柱

人的生活包括物质生活和精神生活两个方面。物质生活是人的生命活动的基础,无疑应当随着生产的发展而不断地改善。但是,人的幸福感不仅来自物质享受,还来自充实的精神生活。一个人如果缺乏充实的精神生活,纵然有丰富的物质生活,他也不会感到真正的幸福。一个人如果将崇高的理想作为精神支柱,就能始终以坚定的信念、高昂的热情和不竭的勇气永不停息地向目标前进,就能在道德发展的阶梯上攀登得更高。

二、职业理想的内涵、特点及其作用

（一）职业理想的内涵

职业理想是理想在职业领域的体现,是人们在职业上依据社会要求和个人条件,通过想象而确立的合理的奋斗目标,即个人渴望达到的职业境界。个人的职业理想与其生活理想、道德理想和社会理想紧密相关,并受社会理想的制约。职业理想是人们对职业活动和职业成就的超前反映,与人们的价值观、世界观、人生观以及职业期待、职业目标等密切相关。

（二）职业理想的特点

1. 差异性

职业是多种多样的，职业理想因人、因职业而异。一个人选择什么样的职业与其政治思想觉悟、道德修养水准和人生观、知识结构、能力水平、兴趣爱好、气质性格等有着较大的关系。政治思想觉悟、道德修养水准和人生观决定着一个人的职业理想方向；知识结构、能力水平决定着一个人的职业理想层次。此外，个人的兴趣爱好、气质性格等非智力因素以及性别特征、身体状况等生理特征也会影响个人的职业选择。因此，职业理想具有一定的个体差异性。

2. 发展性

个人的职业理想会因时、因地、因事的不同而发生变化。因为随着年龄的增长、社会阅历的增加、知识水平的提高，个人的职业理想会由朦胧变得清晰，由冲动变得理智，由波动变得稳定。比如，某人孩提时代想成为一名警察，但他长大后受各种因素影响却成了一名教师。

3. 时代性

社会的分工、职业的变化，是影响一个人职业理想的决定性因素。职业理想是一定的生产方式及其所形成的职业地位、职业声望在个人头脑中的反映，它具有鲜明的时代性。计算机的诞生演绎出与计算机相关的职业，如计算机工程师、软件工程师、打字员等。随着人工智能、物联网、大数据的广泛运用，与此相关的高新技术产业成为我国经济新的增长点，人工智能工程技术人员、物联网工程技术人员、大数据工程技术人员和云计算工程技术人员4个专业技术类新职业应运而生。与此同时，技术的升级换代引发了传统职业的消亡。由此可见，新职业的出现反映了时代的变化。

（三）职业理想的作用

1. 导向作用

理想是个人前进的方向和目标。人生的职业目标是通过职业理想确立的，并最终通过职业理想来实现。19世纪中期，俄国批判现实主义作家列夫·尼古拉耶维奇·托尔斯泰曾说过："理想是指路的明灯，没有理想就没有坚定的方向，就没有生活。"正如大学生的学业，如果学习目的不明确，学习的热情就会低落，学习的效果就不明显。因此，一个人必须有明确的、切合实际的职业理想，再经过努力奋斗，其职业目标才能实现。

2. 调节作用

职业理想在现实生活中具有参照系的作用，它指导并调整着个人的职业活动。当一个人在工作中偏离了职业目标时，职业理想就会发挥纠偏作用，尤其是我们在实践中遇到困难和阻力时，如果没有职业理想的支撑，就会心灰意冷、丧失斗志。但是，如果一个人只把自己的职业追求定位在找到"好工作"上，这也不能算是崇高的职业理想，因为这样的理想一旦实现,就容易导致不思进取,甚至虚度年华。总之,一个人无论处于顺境还是逆境,只有树立正确的职业理想,才能奋发进取、勇往直前。

3. 激励作用

职业理想源于现实又高于现实,它比现实更美好。为使美好的未来和宏伟的憧憬变成现实,人们会以坚忍不拔的毅力、顽强的拼搏精神和开拓创新的行动为之努力奋斗。例如,周恩来在12岁时就立下"为中华之崛起而读书"的誓言,表达了他立志振兴中华的伟大志向。因此,新时代青年也应从小立志,树立崇高的人生目标,并为实现这个目标而坚持奋斗,为国家、为人民做出贡献。这样的人生才更有意义。

三、保险人才的职业理想

保险业的发展涉及国计民生。在《2019年国务院政府工作报告》中,"保险"这个关键词的"出镜"频率多达15次,可见保险已然成为社会的热议话题。在保险行业快速发展的背景下,具有远大职业理想的保险人才成为推动行业发展的源动力。

2018年,在第四届中国保险业人才发展高峰会暨中国保险行业协会人力资源专委会、教育培训专委会上,中国保险行业协会发布了《2018年中国保险行业人力资源报告》。该报告显示,我国保险人力资源发展指数连续3年保持增长,截至2017年,该指数总体增长21个百分点,但年度增长趋势有所放缓。

自2015年8月我国取消保险代理人全国统一资格考试后,保险行业迎来增员热潮,保险代理人总数快速增长。截至2017年年底,我国保险代理人总数为806.94万人,同比增长22.8%(见图1-1)。

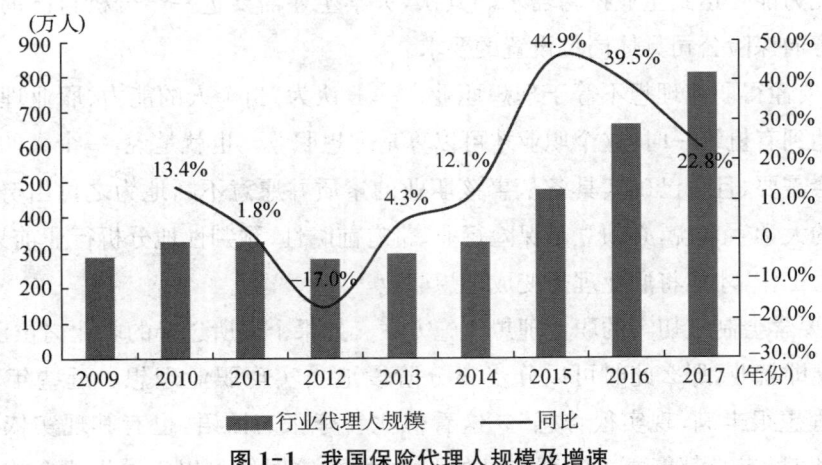

图1-1　我国保险代理人规模及增速

近年来,我国居民风险意识提升、保险政策倾斜、代理人快速增长等因素直接驱动了保费与新业务价值的增长。2013—2017年,平安保险公司、太平洋保险公司人均新单件数分别增加 0.2 件、0.4 件,人均 FYP*（first year premium）分别增长 42.1%、89.4%。同时,保险行业中保险代理人的数量总体呈现上升态势。但随着保险代理人数量的增加,代理人行业留存率整体偏低、代理人素质参差不齐等问题愈发凸显。

行业发展离不开人才数量的增长,但人才质量更是影响行业可持续发展的重要因素。保险代理人是保险行业的一张直接名片,保险人才的职业理想是擦亮保险行业名片的重要路径。在当今时代背景下,大学生如何将个人价值与职业理想相结合,是其进入社会、踏上岗位之前应该认真思考的问题。虽然目前大学生就业形势非常严峻,其所从事的职业与职业理想往往不一致,但树立正确的职业理想仍然十分必要,因为每个人都有其需要承担的责任,每个专业的学生也都有责任对本行业、对社会做出应有的贡献。

在实际生活中,现实往往会与职业理想发生矛盾。例如,早些年保险行业粗放式的发展导致行业形象受损,不少人对保险行业存在较深的误解,认为学习保险专业就是毕业后去做保险推销员,就是要让亲戚购买保险。因此,有些家庭会反对大学生从事保险行业,导致大学生无法按照自己的理想选择职业。又如,部分大学生没有树立职业理想,随便谋个有收入的职业"混日子",或者对与自己的职业理想不相符的工作怨天尤人,无所作为。上述问题的发生,或是对于职业理想没有思考清楚,不够坚定,或是没有考虑到职业理想与现实的关系。那么,保险专业的大学生对于职业理想应持何种态度呢?

第一,要认真分析职业理想与现实的差距。根据洛克定律,职业理想要"跳一跳"才能够得着。职业理想没有绝对的标准,但须以个人能力为依据,如果超越客观条件去追求自己所谓的理想,只会让自己屡屡受挫。这就要求保险专业的大学生在求职前做好自我评估,给自己一个合理的定位。首先,大学生要立足保险专业特色,分析自己现阶段所掌握的知识和能力能否达到企业招聘需求。其次,大学生还需要进一步分析自己的职业素质是否符合意向保险公司具体岗位设置的要求。

第二,要懂得职业理想不等于理想职业。一般认为,当个人的能力、职业理想与职业岗位三者达到有机统一时,这个职业才可以算是理想职业。也就是说,一个人的理想职业应符合社会需要,且自己确实具备从事该职业的素质并愿意不断地为之付出努力。对于保险专业的大学生来说,必须立足保险行业,带有前瞻性、预判性地分析行业前景,并脚踏实地地努力工作,才能将职业理想变成理想职业。

第三,要学会制定切实的职业理想实施方案。如果个人所选择的职业岗位已无空缺,而又需要立即就业,那么此时可以分步骤分阶段地去实现职业理想。近些年流行这样一句话,"理想很丰满,现实很骨感"。这看似比较夸张的话语,也有其现实依据。保险人才在就业时,未必都能立刻实现自己的职业理想,这时候可以尝试先找个相对接近的工作岗位锻炼自己,因为如果没有工作就意味着没有实现职业理想的平台,而且就业以

---

* FYP 即第一年度保费。

后也可以通过主观努力向自己的职业理想靠近,如对自己的兴趣、爱好进行一定的调整或者提升自己的职业能力等。

第二节　保险人才职业道德

道德涉及社会生活的方方面面,它可以调节个人的身心,也可以调节人与人、人与自然之间的关系,对于人们的生活和行为起着准则和规范的作用。道德观念是不断发展的,与社会背景和文明程度相关,不同时代或不同阶级的道德观念是不同的。职业道德是随着职业的产生而出现的,是针对从事具体工作的人而形成的特定道德要求。保险业属于特定行业,是金融行业的重要组成部分,保险行业的具体道德诉求就是保险职业道德。

一、道德的内涵及社会功能

(一)道德的定义

"道德"一词,可追溯到先秦思想家老子所著的《道德经》一书。老子说:"道生之,德畜之,物形之,势成之。是以万物莫不尊道而贵德。"其中,"道"是指自然运行与人世共通的真理;而"德"是指人世的德性、品行、王道。在当时,"道"与"德"是两个概念,并无"道德"一词。"道德"一词始于荀子《劝学》:"故学至乎礼而止矣。夫是之谓道德之极。"在西方古代文化中,"道德"(morality)一词起源于拉丁语的"mores",意思为风俗和习惯。这一意思解释在《论语·学而》中也有相关表述:"其为人也孝弟,而好犯上者,鲜矣;不好犯上,而好作乱者,未之有也。君子务本,本立而道生。"综上,我们可以将道德定义为:为了调整人与人之间、人与社会之间的关系,在社会活动中所提倡的行为准则和规范的总和。

(二)道德的基本特征

道德的存在可以调节人与人之间的关系,它既是一种外在监督的隐形约束力,又是一种广为人们所接受的规范。道德可以内化于心,成为个人的道德情感、道德意志,也可以外化于行,支配个人的行动。道德具有以下六个特征。

1. 共同性

道德有一定的共同性,即同一社会不同阶级的道德,甚至不同社会不同阶级的道德,因类似或相同的经济条件、文化背景和民族心理等因素而存在着某种类似或相同的特性。

2. 民族性

民族性是一个民族区别于其他民族的个性特征,包括民族的精神、气质、心理、感情、性格、语言、风俗、习惯、趣味、理想、传统以及生活方式和理解事物的方式等诸多方面。因此,不同民族间的道德标准也有所不同。

3. 变化性

道德观来源于人们对世界的认识，随着人们对世界认识的变化，其道德观也在不断地更新变化。因为每个时代都有其局限性，所以不同时代的道德观也有所不同。

4. 历史继承性

道德与其他观念一样，既有发展的一面，又有继承的一面。随着时间的推移，道德会在继承中发展，正如中华民族的传统文化一样源远流长、博大精深，在继承中不断发展。

5. 自律性

在道德的自律性下道德主体借助于其对客观世界的认识和对现实生活条件的认识，自愿地认同社会道德规范，并结合个人的实际情况践行道德规范，从而把被动的服从变为主动的律己，把外部的道德要求变为个人内在自觉的良好自主行动。

6. 传播性

道德观念会通过不同的形式传播，从而形成道德的教育功能。随着社会媒介的发展，道德的传播性表现得更加明显。

 拓展阅读

李 明 素 事 迹

李明素，女，55岁，中共党员，重庆市沙坪坝区回龙坝镇中心小学退休教师。2007年7月17日清晨，回龙坝镇梁滩河洪峰汹涌，一幢幢民房被冲毁，情况万分危急。站在自家楼顶上避险的李明素发现50米开外的一个屋顶上站满了被洪水围困的群众，他们正在大声呼救。由于地处洪流中心，房屋受到强大冲击，随时都有垮塌的危险，而一旦坍塌，受困群众生还的可能十分渺茫。李明素毅然决定带领一家三口，立即展开营救。李明素用手势引导受困群众沿着两楼之间的四幢房屋屋顶逐步爬向相对安全的自家屋顶。当30多名群众爬到隔壁王孝伦家楼顶时，由于两家间隔太大，群众被困在了王家楼顶上。李明素来不及多想，割掉家中所有绳索拼接在一起，将木梯搭在两屋之间，她和丈夫牢牢地扶住木梯，人们顺着木梯一个个向李明素家转移。在李明素的指挥下，老人、小孩、妇女、男人，依次爬了过来，全部安全转移到李明素家屋顶上。由于长时间受惊吓，群众情绪很不稳定。李明素安抚大家说："要相信党，相信政府，一定会与人来救我们的。"不久，救援队来了，用绳索搭起一条滑道，惊慌失措的群众都想抢先通过。李明素再一次挺身而出，首先安排妇女和儿童离开，然后再安排老人离开，最后才让年轻小伙子离开。群众一个接一个脱险，李明素却把自己的儿子留在了最后。

李明素说："在这次洪灾中，虽然我的损失很大，但受灾的群众还很多，需要党和政府解决的问题还很多。作为一名共产党员，我有决心和信心与党和政府一起共渡难关，困难

只是暂时的。"这番朴素的话语表现出一名共产党员崇高的精神境界。2007 年，李明素先后被重庆市妇联、全国妇联评为重庆三八红旗手、全国三八红旗手。

（资料来源：吕冰.全国助人为乐模范候选人：李明素事迹［EB/OL］.（2007-09-19）［2020-6-22］.http://society.people.com.cn/GB/8217/95880/103329/6284468.html.）

（三）道德的社会功能

道德的社会功能主要包括认识功能、调节功能、教育功能、评价功能和平衡功能。

1. 认识功能

道德的认识功能是指道德可以引导人们追求至善的方向。它教导人们认识自己，明确个人对家庭、对他人、对社会、对国家应负的责任和应尽的义务，教导人们正确地认识社会道德生活的规律和原则，从而正确地选择自己的生活道路并规范自己的行为。

2. 调节功能

道德是社会矛盾的调节器，人类拟定道德原则的目的是调节利益关系，实现本阶级（社会或团体）利益最大化。人生活在社会中总要和自己的同类发生这样或那样的关系，并不可避免地要产生各种矛盾，这时就需要通过社会舆论、风俗习惯、内心信念等特有形式，以一定的善恶标准去调节和指导人们的行为，使个人与个人之间、个人与社会之间的关系趋于完善与和谐。

3. 教育功能

道德具有教化和育人功能。它可以培养人们良好的道德意识、道德品质和道德行为，帮助人们树立正确的义务观、荣誉观、正义观和幸福观等观念，使受教育者成为道德纯洁、理想高尚的人。

4. 评价功能

道德具有公正评价的功能。道德评价可以形成一种巨大的社会力量和人们内在的意志力量，使人通过"善""恶"来评价社会现象，从而把握现实世界。

5. 平衡功能

道德不仅能够调节人与人之间的关系，而且可以平衡人与自然之间的关系。它要求人们端正对自然的态度，调节自身的行为。环境道德是当代社会公德之一，它教育人们应当造福子孙后代，从社会的全局利益和长远利益出发，开发自然资源，发展社会生产，维持生态平衡，积极治理和防止人们对自然环境的破坏，平衡人与自然之间的关系。

马克思主义认为，道德是一种社会意识形态，它是人们共同生活及其行为的准则和规范。不同时代、不同阶级有不同的道德观念，没有任何一种道德是永恒不变的。国无德不兴，人无德不立。随着社会的发展，道德的重要性也日渐凸显，它是和谐社会不可缺少的元素。中国共产党人深刻理解道德建设的重要性。习近平总书记指出，道德是社会关系的基石，是人际和谐的基础，要始终把弘扬中华民族传统美德、加强社会主义思想道德建设作为极为重要的战略任务来抓,为实现中华民族伟大复兴的中国梦提供强大的精神力量和有力的道德支撑。

二、职业道德的基本规范

(一) 职业道德的内涵

职业道德的概念有广义和狭义之分:广义的职业道德是指从业人员在职业活动中应该遵循的行为准则,它涵盖了从业人员与服务对象、职业与职工、职业与职业之间的关系;狭义的职业道德是指在一定职业活动中应遵循的、体现一定职业特征的、调整一定职业关系的职业行为准则和规范。

(二) 职业道德的主要内容

职业道德规范内容丰富,主要包括以下四方面的内容:忠于职守,乐于奉献;实事求是,不弄虚作假;依法行事,严守秘密;主动承担,服务社会。

1. 忠于职守,乐于奉献

忠于职守是从业人员应该具备的一种崇高精神,对岗位的忠诚是做到求真务实、优质服务、勤奋奉献的前提和基础。从业人员要安心工作、热爱工作、献身所从事的行业,把自己远大的理想和追求落到工作实处,在平凡的工作岗位上做出应有的贡献。乐于奉献是从业人员职业道德的内在要求。随着市场经济的发展,各行业对从业人员的职业观念、技能、作风都提出了更高的要求。因此,从业人员应加强个人的道德修养,处理好个人、集体、国家三者的关系,树立正确的世界观、人生观和价值观,把继承中华民族传统美德与弘扬时代精神结合起来,淡泊名利、无私奉献。

2. 实事求是,不弄虚作假

实事求是不光是思想路线和认识路线的问题,也是道德问题,而且是职业道德的核心。首先,从业人员要有心底无私的职业良心和无私无畏的职业作风与职业态度。其次,从业人员要特别注意调查研究,经过去粗取精、去伪存真以及由表及里、由此及彼的分析,按照事物的本来面貌如实地反映问题。最后,从业人员还应当树立牢固的底线意识,包括坚守政治底线、坚守思想道德底线、坚守法纪底线、坚守行业规则底线以及坚守生活底线等。

3. 依法行事,严守秘密

依法行事就是要大力推进国家法制建设,进一步加大执法力度,严厉打击各种违法乱纪的现象,依靠法律的强制力量消除腐败滋生的土壤。具体而言,相关部门要通过劝导和教育,启迪从业人员的良知,提高从业人员的道德自觉性,把职业道德渗透到工作的各个环节,融入工作的全过程,增强从业人员的道德意识,从根本上消除腐败现象。严守秘密是职业道德的重要准则,包括保守国家、企业和个人的秘密。具体到各行业中,由于各岗位的性质不同,其保密要求也不同。

4. 主动承担,服务社会

主动承担是指从业人员在职业岗位上要主动承担社会义务,具有全局思维,注重集体利益。服务社会就是要求从业人员要有社会责任感,主动为国家发展尽一份心、出一份力。优质服务是职业道德所追求的最终目标,是职业生命力的延伸。

三、保险的道德解读

(一) 保险的道德性

保险是商业社会中分散风险的一种社会保护机制,可以控制和转移投保人的风险,起到社会保护功能。保险的本质是"一人损失,大家分摊,人人为我,我为人人"。这样的制度安排本质上体现着很强烈的道德意蕴。

从保险的产生和发展历程来看,保险有着强烈的道德需求。保险发展初期,最早的保险业经营者面临着较大的困难:一方面,保险经营的理论还不完善,风险管理的意识还很淡薄,保险经营以经验为主;另一方面,当时的科学技术比较落后,保险业经营的信息化程度较低。例如,当时业务量最大的海上货物保险就因缺乏必要的通信设备而使保险经营者陷入了被动的境地。在这些现实困难面前,保险经营者意识到只有迎难而上、坚持开展业务、让更多的人参与进来才有出路。同时,保险业的发展也是建立在人们正义、善良的基本道德之上的,即保险经营者通过投保人的自觉告知来确定风险,决定是否承保。例如,1979 年,一位商人在曼谷以 65 000 美元买了一些古董。在新加坡,这些货物的估价为3 000万美元,他就以此金额在伦敦投保了货运险。货物装运前,承保人对货物进行了检查,认为投保人对保险标的估价过高,因此取消了保险单。之后,他又与美国的一家保险公司签订了货运保险单,但载满货物的船只在途中触礁沉没,货物全损。承保人经过调查,以投保人隐瞒了以前保险单曾被取消一事为由,拒绝赔付。法院认为,投保人违反了告知义务,因此做出了有利于承保人的判决。由此可见,保险业本身是与道德紧密联系的。

从保险的社会保护机制视角来看,保险体现了人与人之间互助共济的道德精神。保险作为一种风险分散机制,正是为了抵御个人无法对付的各种自然风险和社会风险而集体合作的一种社会机制。为了降低自然灾害、意外事故或"生老病死"等不确定性风险,人们需要互助共济,共同分担经济损失,以集体的力量增强同自然、意外做斗争的能力,从而确保社会再生产的顺利进行和经济生活的安定。这种互助精神是很可贵的,人寿保险的发展过程就是这种道德精神的典型诠释。最早的人寿保险雏形是源自公元 1 世纪时罗马的一个宗教互助团体组织。当时,参加此宗教团体组织的会员必须缴纳定额的入会费,当他死亡后,他的遗族就可以领到一笔丧葬费用。到了中世纪,欧洲又出现了所谓的"基尔特"组织。"基尔特"组织是由一群职业相同的人基于互助扶持的精神所成立的团体,该组织除了保护会员职业上的利益,也会对其会员的死亡、疾病、火灾等共同出资救济。

（二）道德缺失对保险业发展的影响

孔子曾说："自古皆有死，民无信不立。"保险业的健康持续发展离不开道德建设，而道德中的诚信问题是保险的生命线。2005年3月，中国消费者协会公布了"2003年度十大不平等格式条款"，其中，保险条款就占了两项。当保险业的道德缺失升级为诚信危机时，它将直接影响到整个行业的兴衰、保险从业人员的个人前途和广大被保险人的切身利益。

1. 道德缺失对社会的危害

相关调查显示，我国主动购买商业保险的人群比例极低，而阻碍人们购买商业保险的主要原因是保险公司套路多、中国家庭收入低和对保险不了解。保险业是与社会各行业、各种人群联系最广泛和最密切的特殊服务性行业，是三大金融行业支柱之一。保险业的诚信危机将会影响社会再生产的顺利进行和人们物质、精神生活的安全保障，甚至会影响整个金融行业的安全运行和整个社会的稳定发展。

2. 道德缺失对保险行业的危害

国际著名咨询公司麦肯锡的调查报告显示，2007—2008年，国内寿险保单退保金额巨大，甚至一度逾300亿元，其中竟有20%的退保原因是消费者被骗保。此外，网易商业频道举行的"你认为国内的保险公司可信度为多少？"的投票调研结果显示，63%的投票者认为国内保险公司的可信度为0，35%的人认为其可信度为50%，只有1%的人认为其可信度为100%。由此可见，国内保险业的诚信状况堪忧。如果保险公司与保险中介存在严重的诚信不足，就会使公众对保险失去信任，导致现实的保险需求和潜在的保险需求减少，从而使保险业失去稳定健康长期发展的基础并发生系统性风险。

3. 道德缺失对保险从业人员的危害

对保险从业人员个人来讲，如果其对投保人和保险公司不诚信，一旦被对方发现，从业人员的信誉甚至人格就会受到质疑，轻则会失去客户，造成业务难、收入低等后果，重则还会失去工作、朋友。如今，随着社会信用体系的完善和媒体传播速度的加快，不诚信的行为必然会受到道德的谴责和制度的严惩。比如，我国部分地方保险行业协会实行了保险业务员"黑名单"制度，将在整个保险行业内对不诚信的业务员实行"集体封杀"，轻者3年内不录用，重者永不录用。

诚信问题不仅会影响保险从业人员和保险行业的发展，甚至会影响保险业的生存。同时，保险诚信也是社会诚信和政府诚信的重要因素，它关系到政府的形象、社会的稳定与和谐社会的建立。因此，我们应该从生存危机的角度来认识保险诚信，只有这样，才能从思想上和行为上真正重视保险诚信。

四、保险职业道德的地位与作用

（一）保险职业道德的地位

保险职业道德是立足保险行业特点所衍生的职业道德，它与基本的职业道德一致，但又具有鲜明的行业特色。保险职业道德是指保险从业人员在行业发展的过程中逐步形成的具有保险特色的道德原则、行为规范以及完整的保险职业道德体系。从本质上看，保险职业道德是社会对保险从业人员的一种特殊道德要求，是社会道德在保险职业生活中的具体表现。

保险职业道德体现在保险职业活动过程中，是社会主义道德体系的重要组成部分。保险职业活动是保险职业道德产生的源泉，也是保险职业道德约束的对象。这主要体现在以下三个方面。

1. 保险职业道德体现在保险职业活动过程中

保险职业道德产生于保险经营行为过程中，是行业规范的需要。在保险经营实践中，当人们意识到道德风险和逆选择会产生不公平交易，从而损害保险的大数法则并危及保险的政策经营时，保险业最基本的原则——最大诚信原则也就应运而生了。这就要求当事人具有最大的诚信，从而约束保险交易双方的行为。保险职业道德可以看作保险业的道德标尺，它可以衡量保险从业人员的行为。

2. 保险职业道德贯穿于保险职业活动的全过程

保险职业道德并不是对某一时刻的要求，而是贯穿于整个保险职业活动过程中。也就是说，无论何时、何地、何种情况，无论何种形式或者任务，都会涉及保险职业道德的问题。例如，保险从业人员在客户投保时应遵守的最大诚信原则，即充分、准确地告知投保人有关保单条款的所有重要事实；在保障过程中要控制经营风险，合理决定保费；出现理赔时要及时到场勘查，准确计算赔款。其中，任何一个环节出现违反职业道德的情况都会损害当事人的利益，轻则败坏保险公司的名誉和品牌形象，重则损害整个保险行业的声誉。

3. 保险职业道德制约着参加保险职业活动的每一个人

在保险起步阶段，保险行业管理体系不完善，部分保险从业人员的不道德行为导致保险行业整体形象受损。因此，保险行业要树立良好的行业形象，保险职业活动中的每一个人都要受到保险职业道德的制约，都要承担一定的社会责任和工作职责，使自己成为保险行业的窗口和名片。

（二）保险职业道德的作用

保险行业是保险职业道德的基础，保险职业道德是保险行业的内在道德要求。在某种程度上，保险行业的发展水平决定了保险职业道德的发展程度；反之，保险职业道德也影响和制约着保险行业的发展。在实际保险经营过程中，如果人们对保险职业道德的作用认识不足，会在一定程度上忽视对保险职业道德的建设，从而影响保险行业整体形象的塑造。保险职业道德对保险行业的影响主要表现在以下四个方面。

1. 有助于调节保险职业交往中的人员关系

调节职能是职业道德的基本职能。这可以从两个方面来理解：一方面，职业道德可以调节、约束保险行业内部人员的行为，促进其团结与合作；另一方面，职业道德可以调节从业人员和服务对象之间的关系,使之产生基础信任,并约束其行为。

2. 有助于维护和提高保险行业的信誉

一个行业或企业的信誉是指社会公众对这个行业或企业及其产品与服务的信任程度和它在社会公众心目中的形象。行业、企业提高信誉的主要方式是使社会公众信任其产品和服务质量,在此过程中,从业人员具备较高的职业道德是其产品和服务质量的有效保证。

3. 有助于促进保险行业的发展

行业、企业发展的基石是高效益,而高效益源于其员工的高素质。通常来说,员工素质主要包含知识、能力、责任心三个方面,其中,责任心是最重要的。拥有较高职业道德的从业人员对工作有着端正的态度和强烈的责任心,所以他们的工作效率较高,从而为企业带来高效益。

4. 有助于提高全社会的整体道德水平

一方面,职业道德具有较强的稳定性和连续性,影响着每个保险从业人员对待职业、工作、生活的态度。另一方面,职业道德也代表着一个集体的职业素养,甚至一个行业全体人员的行为表现。因为保险职业道德是整个社会道德的重要组成部分,所以如果整个保险行业都具备较高的职业道德水平,则它将对整个社会道德水平的提高起到推动作用。

第三节　保险企业文化与保险监管

文化(culture)是非常广泛和最具人文意味的概念,在某种意义上可以理解为一个群体(可以是国家,也可以是民族、企业、家庭)在一定时期内形成的思想、理念、行为、风俗、习惯以及由这个群体整体意识所辐射出来的一切活动。文化是一个国家、一个民族的灵魂,是民族凝聚力和创造力的重要源泉,是国家软实力的重要组成部分。对于保险行业来说,文化建设关系到保险行业的凝聚力和总体实力,进而影响到我国和谐社会的文化建设,因此,我们要高度重视保险企业文化建设。

一、企业文化概述

(一) 企业文化的定义

企业文化也称组织文化,是一个企业或组织由其价值观、信念、仪式、符号、处事方式等组成的其特有的文化形象。企业文化是在一定的社会历史条件下,企业在生产经营和管理活动中所创造的具有该企业特色的精神财富和物质形态。它包括文化观念、价值观念、企业精神、道德规范、行为准则、历史传统、企业制度、文化环境等。其中,价值观念是企业文化的核心。

（二）企业文化的主要内容

1. 经营哲学

经营哲学也称企业哲学，源于社会人文经济心理学的创新运用，是指导企业行为的基础，是一个企业特有的从事生产经营和管理活动的方法论。企业在激烈的市场竞争中面临着各种矛盾和选择，这就要求企业有一种科学的方法论和一套逻辑思维的程序决定自己的行为，这种方法论就是企业的经营哲学。比如，日本松下公司讲求经济效益，重视生存的意志，事事谋求生存和发展，这就是它的经营哲学。

2. 价值观念

所谓价值观念，是指人们基于某种功利性或道义性的追求，对个人或组织本身的存在、行为及行为结果进行评价的基本观点。它是人们在长期实践活动中形成的关于价值的观念体系。企业的价值观是指企业员工对企业存在的意义、经营目的、经营宗旨的价值评价和群体意识，是企业全体员工共同的价值准则。比如，中国平安保险公司倡导"以优秀的传统文化为基础，以追求卓越为过程，以价值最大化为导向，做一个品德高尚和有价值的人"的价值观。

企业的价值观念影响着企业的价值目标，即企业员工有了正确的价值目标才能激发奋力追求价值目标的行为，才会推动企业的发展。因此，企业价值观决定着员工的行为取向，关系着企业的生死存亡。只顾企业自身经济效益的价值观不仅会损害国家和人民的利益，还会影响企业的整体形象；只顾眼前利益的价值观会使企业失去后劲，甚至会导致企业灭亡。

3. 企业精神

企业精神是企业文化的核心，在整个企业文化中起着重要作用。企业精神是指企业基于自身特定的性质、任务、宗旨、时代要求和发展方向，并经过精心培养而形成的企业成员群体的精神风貌。企业精神是企业员工观念意识和进取心理的外化。企业精神以价值观念为基础，以价值目标为动力，对企业经营哲学、管理制度、道德风尚、团体意识和企业形象起着决定性作用。可以说，企业精神是企业的灵魂。

企业精神通常用一些既富有哲理性、又简洁明快的语言予以表达，便于员工铭记在心，时刻激励自己；也便于对外宣传，容易在人们脑海里形成印象，从而在社会上形成个性鲜明的企业形象。比如，中国人民保险集团的企业精神是"求是、诚信、拼搏、创新"，这种企业精神既有行业服务的要求，又体现了对员工的激励。

4. 企业道德

企业道德是指调整该企业与其他企业之间、企业与顾客之间、企业内部员工之间关系的行为规范总和。企业道德从伦理关系的视角，以善与恶、公与私、荣与辱、诚实与虚伪等道德标准来评价、规范企业。

企业道德区别于法律规范、制度规范，不具有较强的约束力和强制性。企业道德具有广泛的适应性,通过以被人们接受和认可的方式,释放积极的示范效应和强烈的感染力,从而形成自我约束的力量。比如,北京同仁堂药店之所以三百多年来长盛不衰,在于它把中华民族优秀的传统美德融于企业的生产经营过程之中,形成了具有行业特色的职业道德,即"济世养身、精益求精、童叟无欺、一视同仁"。

5. 团体意识

团体意识是指组织成员的集体观念,是一种心理因素,它有助于形成企业的内部凝聚力。企业团体意识的形成使企业的每个员工都把自己的工作和行为与企业相结合,使员工对自己作为企业的一部分而感到自豪,产生集体荣誉感,从而把企业看成是自己的利益共同体。

6. 企业形象

企业形象是指企业通过外部特征和经营实力表现出来的、被消费者和公众所认同的企业总体印象。其中,由外部特征表现出来的企业形象称表层形象,如招牌、门面、徽标、广告、商标、服饰、营业环境等,这些都给人以直观的感觉,容易形成印象;通过经营实力表现出来的形象称深层形象,它是企业内部要素的集中体现,如人员素质、生产经营能力、管理水平、资本实力、产品质量等。此外,企业形象还包括企业形象的视觉识别系统,即 VIS 识别系统。它是企业对外宣传的视觉标识,是社会对一个企业视觉认知的导入渠道之一,也是该企业进入现代化管理的标志内容。

7. 企业制度

企业制度是指企业在生产经营实践活动中所形成的,对员工的行为带有强制性并能保障一定权利的各种规定。从企业文化的层次结构看,企业制度属中间层次,它是精神文化的表现形式,是物质文化得以实现的保证。企业制度可以约束员工行为,保障企业与员工的共同利益,协调内外人际关系,从而使企业员工有序地为实现企业发展目标而努力。

8. 企业文化结构

企业文化结构是指企业文化系统内各要素之间的时空顺序、主次地位与结合方式,即企业文化的构成、形式、层次、内容、类型等的比例关系和位置关系。它包括企业物质文化、企业行为文化、企业制度文化、企业精神文化等。

9. 企业使命

企业使命是指企业在社会经济发展中所应担当的角色和责任,即企业的根本性质和存在的理由。它体现了企业的经营领域、经营思想,为企业目标的确立与战略的制定提供了依据。企业使命可以具体地表述企业在社会经济活动中的身份或角色,它包括企业的经营哲学、企业的宗旨和企业的形象。

(三) 企业文化的特征及功能

1. 企业文化的特征

(1) 独特性。企业文化具有鲜明的个性和特色,具有相对独立性,每个企业都有其独特的文化积淀,这是由企业的生产经营管理特色、企业传统、企业目标、企业员工素质以及内外部环境所决定的。

（2）继承性。企业文化是社会历史发展的产物,企业文化的继承性体现在三个方面：一是继承优秀的民族文化精华；二是继承企业的文化传统；三是继承外来的企业文化实践和研究成果。

（3）相融性。企业文化的相融性体现在它与企业环境的协调和适应性方面。企业文化反映了时代精神,它必然要与企业的经济环境、政治环境、文化环境以及社会环境相融合。

（4）人本性。企业文化是一种以人为本的文化,它最本质的内容就是强调人的理想、道德、价值观、行为规范在企业管理中的核心作用,强调企业管理要理解人、尊重人、关心人,注重人的全面发展,用愿景鼓舞人,用精神凝聚人,用机制激励人,用环境培育人。

（5）整体性。企业文化是一个有机统一的整体,人的发展和企业的发展是密不可分的。企业文化引导企业员工把个人奋斗目标融于企业发展的整体目标之中,以实现企业的整体优势和整体意志。

（6）创新性。创新既是时代的呼唤,又是企业文化自身的内在要求。优秀的企业文化往往在继承中创新,随着企业环境和国内外市场的变化而改革发展,引导大家追求卓越、追求成效、追求创新。

2. 企业文化的功能

1）导向功能

企业文化的主要功能为导向功能,即通过企业文化引导企业的领导者和员工。企业文化的导向功能主要体现在以下两个方面。

（1）经营哲学和价值观念的指导。经营哲学决定了企业经营的思维方式和处理问题的法则,企业共同的价值观念规定了企业的价值取向,使员工对事物的评判形成共识。美国学者托马斯·彼得斯和小罗伯特·沃特曼在《追求卓越》一书中指出,所有优秀公司都很清楚它们的主张是什么,并认真建立和形成了公司的价值准则。事实上,如果一个公司缺乏明确的价值准则或价值观念不正确,它就很难获得经营上的成功。

（2）企业目标的指引。企业目标代表着企业发展的方向,企业如果没有正确的目标就等于迷失了方向。卓越的企业文化通常会从实际出发,以科学的态度去确立企业的发展目标,这种目标一定具有可行性和科学性,而且企业员工就是在这一目标的指导下从事生产和经营活动的。

2）其他功能

除了导向功能,企业文化还具有以下五项功能。

（1）约束功能。企业文化的约束功能主要是企业通过完善管理制度和道德规范来实现的。第一,管理制度的约束。企业制度是企业内部的法规,企业的领导者和企业职工都必须遵守和执行。第二,道德规范的约束。道德规范从伦理关系的角度来约束企业领导者和员工的行为,即人们如果违背了道德规范的要求,就会受到舆论的谴责,心理上也会感到内疚。

(2)凝聚功能。企业文化以人为本,尊重人的感情,从而在企业中形成一种团结友爱、相互信任的和睦氛围,强化团体意识,使企业员工之间形成强大的凝聚力和向心力。共同的价值观念形成了共同的目标和理想,员工把企业看成一个命运共同体,把本职工作看成实现共同目标的重要组成部分,整个企业步调一致,形成统一的整体。

(3)激励功能。共同的价值观念能使每个员工都感到自己存在的价值和行为的价值,而自我价值的实现是人们精神需求的一种满足,这种满足会对人的内心形成强大的激励。在以人为本的企业文化氛围中,领导与员工、员工与员工之间互相关心,互相支持,可以极大地鼓舞员工的工作热情。

(4)调适功能。企业各部门之间、员工之间难免会有矛盾,解决这些矛盾需要自我调节,而企业哲学和企业道德规范则能使经营者和普通员工科学地处理这些矛盾,自觉地约束自己。因此,调适功能实际上是企业文化能动作用的一种表现。

(5)辐射功能。企业文化关系到企业的公众形象、公众态度、公众舆论和品牌美誉度。企业文化对内、对外都有重要作用,也能通过传播媒体、公关活动等各种渠道对社会产生影响;同时,企业文化的传播、企业品牌的树立对企业的公众形象有很大帮助。

二、保险企业文化概述

(一)保险企业文化的定义

保险企业文化是保险公司在长期的实践活动中所形成的并且为其成员普遍认可、遵循的具有本公司特色的价值观念、团体意识、工作作风、行为规范和思维方式的总和。随着社会经济、技术的发展,未来,保险企业的发展将更聚焦于保险产品和服务,将更多地依赖保险企业文化的建设。

(二)保险企业文化的构成要素

1. 保险企业外部环境

保险公司的经营活动离不开一定的外部环境,如国家的政治制度、经济制度以及企业和客户对保险的需求等。保险公司所处的外部环境决定了保险公司的战略目标和工作任务,并对保险公司的内部环境具有重要的影响。

2. 保险企业文化价值观

保险企业文化价值观是保险企业文化的核心,是保险公司员工对保险创业行为和周围因素的评价标准,它决定着独特的保险企业文化。例如,保险公司员工对如任务、服务、国家利益、社会责任、员工地位等有自己的评价标准,这种评价标准就构成了保险企业文化价值观和价值体系。保险企业文化价值观和价值体系是保险企业经营活动的指导方针。

3. 保险行业先进模范人物

保险行业中的先进模范人物是保险企业文化价值观的集中体现者。保险企业文化价值观以先进人物的形式体现，便于树立榜样，促进员工学习。这些模范人物的事迹可以成为保险企业用于员工培训和学习的案例，激励员工不断努力。

4. 保险企业规章制度

通常来看，成功的企业都有一整套完善的、为员工所普遍认可的规章制度，从而使企业员工与企业形成一个荣辱与共、盛衰同担的共同体。比如，合理的激励机制有利于提高员工的士气；合理的福利制度有利于提高员工的凝聚力，并增强其归属感；合理的惩罚机制有利于提高员工的道德素质。

5. 保险企业文化网

保险企业文化网是保险公司内部基本的、非正式的沟通渠道，是保险公司价值观和先进模范人物事迹的传播渠道，包括保险公司员工的思想、价值观念、保险公司决策、目标宗旨、理想道德、信念追求、行为准则、优良传统文化、业务技术水平等内容。保险企业文化网有助于保险企业文化的传播。

（三）保险企业文化的独特性

保险作为一种应付风险的手段，起源于古代的互助共济组织和海上运输中的船舶抵押贷款。远在 4 000 多年前，修建埃及金字塔的石匠们就通过互助团体共同承担风险。在我国古代及近代，民间也有不少互济团体，如民间的寿禄会、长寿会等，人们通过成立这种互助团体共担风险、安定人心，以减轻对灾祸的恐惧。但是，这种互助共济不是慈善，不是单方面对贫、病、老、弱者的援助，而是由互助共济形成的一种基本信念，即"一人为众，众人为一"。保险属于一种商业行为，保险企业文化也是一种商业文化，保险企业文化在保险行业发展过程中形成，并随着保险行业的发展而不断完善。因此，保险企业文化就是在互助共济文化和商业文化的基础上建立起来的一种独特的企业文化。

1. 保险企业文化的核心是企业价值观

一般意义上，价值观形成的前提是认同。企业价值观的认同在于员工对人生价值以及对企业目标认知的一致性和同一性。保险是一种市场经济行为，采取商品交换的形式，追求经济价值是其存在和发展的基础。以创造价值为导向的价值观，促使保险行业正确处理保险费与保险价值的关系、经营效率与客户服务的关系以及保费增长与合规行为的关系。此外，企业价值观的认同还在于行业的共同理念和社会责任。保险商品的交换不同于物质商品的交换，不像"一手交钱，一手交货"那么简单，无论是保险人还是被保险人，其行为和理念对保险行业的存在与发展都具有十分重要的作用。

2. 保险企业文化的灵魂是诚信

诚信是一切商业活动乃至一切社会交往所应遵循的最高道德标准。诚信是中华民族的传统美德，也是保险企业的灵魂。"人而无信，不知其可也"，不讲诚信的一切商业活动只能是欺诈。诚信对于保险企业的重要性尤为突出。例如，保险职业学院的院训为"诚信、笃行、好善、善研"，可见，诚信是保险教育的根本宗旨。又如，上海立信会计金融学院保险学院将立信校训与保险诚信文化相结合，要求学生树立诚信观念，培养诚信文化道德。保险商品是一种无形产品，保险诚信是对未来不确定风险的一种承诺，是保险业履行义务和对被保险人乃至全社会负责的一种表现，也是保险经营的最基本的准则。具体来讲，保险诚信就是要求保险产品货真价实，保险人要忠实地履行保险义务，对所产生的风险进行勘察、鉴定，如实地按合同进行理赔，不得欺诈和伤害被保险人。同时，被保险人的诚信则表现在如实申报风险损失，尤其不可以人为地制造风险事件，骗取赔偿金。保险企业文化必须以诚信来熏陶人、教育人、感染人，要弘扬诚信精神，树立诚信榜样，营造诚信言论环境。这才是保险行业长久发展的根本保证。

3. 保险企业文化的立足点和出发点是对保险行业的认同

保险这一行业是我国在改革开放之后才出现的新事物。在很长一段时间内，人们对保险公司不理解、不信任，甚至有少数人将保险公司贬为"骗子公司""皮包公司"等。这都表现出社会民众对保险缺乏认同感，这里所说的认同是指保险从业人员和社会各界人士对保险这一行业的认同。中华民族优秀传统文化的立足点和出发点是人类创造的群体生活方式，是对群体生活方式的认同。保险企业文化建设也要像中华民族传统文化一样，要取得全社会成员的普遍认同，让全社会成员了解保险是民众社会生活中不可或缺的一部分，要将保险人员四处去推销保险转变为客户主动、自愿购买保险。只有这样，保险行业才能蓬勃发展，社会成员的风险才能更有保障，保险企业文化才能闪出光辉。

4. 保险企业文化的共同理想信念是全行业共同奋斗的目标

保险企业文化可以使全行业形成共同的奋斗目标，激发保险从业人员的行业归属感和自豪感，是保险这一行业蓬勃发展的内在动力。许多保险公司积极开展各种形式的企业文化建设活动，以激发企业员工的认同感、归属感、自豪感，如晨会、晨练、各种竞赛、文体活动、表彰会等。保险公司不但要成为企业员工之家，还要赢得社会公众的认同，只有这样，才能产生企业领导与员工之间、员工与员工之间、员工与被保险人之间的共同依赖感，才能产生一种全社会互助互爱的精神，而这些都是保险行业发展的巨大推动力。

三、保险监管与行业协会

（一）保险监管的主要内容

保险监管包括国家对保险行业的监管、保险行业自律和保险企业的自我监管三个层次。国家对保险行业的监管是指国家保险监管机关根据保险行业发展的需要，通过法律和行政手段对保险企业和保险市场进行监督管理；保险行业自律是指保险行业组织通过制定本行业的规章制度对企业在保险市场中的行为进行管理；保险企业的自我监管是指保险企业的内部自我监督管理。

（二）行业协会的含义宗旨及作用

1. 行业协会的含义与宗旨

行业协会本质上是一种自治和自律性的组织。自律机制是行业协会最重要的运行机制。行业自律是指行业协会通过制定同业公约和章程约束和监督行业内各企业，以维护行业整体利益的行为。行业协会可以维护行业公平竞争环境，保护企业的合法权益，为企业提供信息、技术、对外合作和职业培训等方面的服务。

行业协会的宗旨是为政府和企业服务。在为政府服务层面，行业协会主要是宣传政府政策，为政府制定政策提供相关的行业信息。在为企业服务层面，行业协会主要是保护本行业的权利，并为行业提供技术技能、经营管理以及培训教育等多方面的支持和服务。比如，行业协会可以通过组织评比、评选活动在行业内部形成一种公开、有效的竞争机制；行业协会也可以通过定期举办研讨会、培训班以及展销会等活动为企业的推广和提升提供服务。此外，行业协会应制定本行业统一的产品和技术服务标准，通过制度规范使该行业经营者向社会提供的产品或服务必须达到一个被公众认可的最低标准，从而达到规范经营活动、保护行业品牌和形象、保护消费者利益的目的。

2. 行业协会的作用

行业协会可以根据本行业的具体情况制定本行业的经营行为准则。行业经营行为准则通常包括劳动者待遇和福利标准、劳动安全标准、环境保护标准等。此外，行业协会也可以通过自律机制要求本行业内的竞争行为符合公认的商业道德，使本行业内的竞争保持平等和公平，避免无序竞争。自律机制是行业协会最重要的运行机制。行业协会可以通过以下三个方面强化行业自律。

（1）通过组织行业内部的教育和培训强化行业自律。行业协会通过在行业内部推行诚信、合作、公正、负责的现代价值理念，强化行业内部的道德自律教育。这种行业内部教育可以通过开展道德法纪教育、行业文化教育等方式进行，也可以通过建立职业资格制度和培训制度以及加强从业人员资格审查和执业登记等方式掌握和考核行业内部从业人员的素质和技能，还可以通过组织同行业企业学习行规行约促使企业将行业协会的价值标准和行为准则内化为企业的内在标准。

（2）通过健全责任机制强化行业自律。责任是自律管理的最后一道防线，没有责任的自律犹如空中楼阁。行业协会可以通过设置岗位分权把责任制度落实到每一个人和每一个岗位，做到有权必有责、违规必追究。

（3）通过完善外部监督和奖惩机制强化行业自律。对以利益最大化为目标的企业来说，奖惩的力度直接关系到企业的行为表现。因此，行业协会可以对表现卓越的企业给予嘉奖，对违反行业规范的企业予以严厉的惩罚，惩恶扬善，推动企业遵守行业规范和公约。作为自律组织的行业协会对违反规章者虽然不能进行法律制裁，但可以对其采取劝告、警告、曝光、开除会员资格等手段来惩处。

（4）通过推进行业协会内企业的信用建设强化行业自律。行业协会可以建立企业信用档案,根据企业的信用表现对其进行信用评级,并向政府和社会公开。行业协会的成员主要由本地的企业组成,这些同行企业的利益相关性较强,企业不会轻易违背诚信而违规经营。因此,行业协会通过加强信用建设能有效地对企业进行信用监督,从而更好地保护消费者和整个行业的利益。

（三）保险行业协会

保险行业协会是一种在保险行业及其相关领域中从事活动的非官方组织,即民间社团组织,这种组织的成员主要来自行业内各保险公司以及与保险活动相关的其他单位。保险行业协会主要在以下几个方面对保险行业内各企业进行管理。

1. 制定行业自律守则

保险行业协会通过强化自我管理、自我约束机制,促使会员之间展开公平、适度的竞争,对违反行业惯例或协议的会员进行调查并予以曝光,以约束会员的行为。

2. 制定、颁布保险行业发展的指导性建议,为会员提供咨询服务

保险行业协会中有各个方面的专家和技术人员,他们通过研究行业的发展状况,为各类保险组织的发展提出具体的指导性建议,进而为整个行业发展方向指出建议。

3. 制定解释保单措辞的共同规则

在实践中,保险合同双方当事人在主张权利和义务上的争议,大多是由保险单中的一些条款不明确或双方当事人各自理解上的差异造成的。因此,保险行业协会一般都会制定一个共同遵守的解释规则,并要求会员按此规则进行解释。

4. 制定共同遵守的保险费率和条件

为了减少各保险公司保险费率的差异并保证保险费率确定的科学性,各国保险行业协会一般都要求会员遵守统一的费率标准和统一的手续费标准,以防止保险同业间的盲目竞争。

5. 规定统一的保险条款格式

由于保险条款的技术性和法律性很强,而且通常由保险人单方事先拟定,如果没有统一的条款格式和统一的专业术语,被保险人很难比较不同保险公司提供的保险单内容,而且某些保险人就会利用保险条款进行不公平交易,甚至逃避责任,欺骗投保人。因此,各保险同业协会规定行业内必须使用统一的保险条款模式,甚至使用统一的保险单。

6. 促进保险教育和培训

保险同业协会将保险业务教育和人才培训视为同业自律的一项重要内容,凭借自身的优势,组织技术力量,采取多种形式,对全行业从业人员开展业前培训、专题讲座、行业定期轮训,甚至组织专门的专业资格考试。

延伸阅读

中国保险行业协会及其机构设置

中国保险行业协会(The Insurance Association of China，IAC)简称中保协,成立于2001年2月23日,是经中国保险监督管理委员会审查并在国家民政部登记注册的全国性自律组织,是一个自愿组成的非营利性社会团体法人。其组织宗旨是遵守国家法律、法规和经济金融方针政策,遵守社会道德风尚,深入贯彻科学发展观,依据《中华人民共和国保险法》,配合保险监管部门督促会员自律,维护行业利益,促进行业发展,为会员提供服务,促进市场公开、公平、公正,全面提高保险业服务社会主义和谐社会的能力。

一、会员大会

中国保险行业协会的最高权力机构为全体会员组成的会员大会。会员大会由上一届理事会最后一次会议产生的会员大会主席团主持。

会员大会具有以下七项职权。

(1)制定和修改章程。

(2)选举和罢免理事。

(3)选举和罢免会长、副会长。

(4)审议理事会工作报告和财务报告。

(5)制定并修改会费标准。

(6)决定协会的合并、分立和终止事宜。

(7)决定其他应由会员大会审议的事宜。

会员大会须有三分之二以上会员出席方能召开,其决议须经到会会员半数以上表决通过方能生效。但制定和修改章程以及决定协会的合并、分立、终止,须经到会会员代表三分之二以上表决通过方能生效。

会员大会每四年召开一次。经理事会或三分之一以上会员提议可以召开临时会员大会。临时会员大会不得研究提议议题之外的事项。

会员大会因特殊情况需提前或延期进行换届的,须由理事会表决通过,报中国保监会和民政部批准同意,并在批准期限内完成换届。

二、理事会

理事会是会员大会的执行机构,由会员大会选举产生,在会员大会闭会期间负责开展日常工作,对会员大会负责。

理事应当具备下列四个条件。

(1)在会员中具有代表性。

（2）能正常行使会员权利、履行会员义务。

（3）支持协会工作。

（4）会员大会要求的其他条件。

理事会具有以下十二项职权。

（1）执行会员大会的决议。

（2）筹备召开会员大会。

（3）向会员大会报告工作和财务状况。

（4）决定会员的吸收或除名。

（5）决定办事机构、分支机构和实体机构的设立、变更和注销。

（6）选举和罢免协会秘书长。

（7）授权分支机构制定自律规则、行业标准和业务规范，聘任主要负责人。

（8）决定名誉职务的设立和人选。

（9）批准协会年度工作计划。

（10）批准协会年度预算、决算方案。

（11）执行中国保监会授权或委托的各项工作。

（12）审议和决定协会的其他重大事项。

理事会会议须有三分之二以上理事出席方能召开，其决议须经到会理事三分之二以上表决通过方能生效。

理事会会议每年至少召开一次。经会长或三分之一以上理事提议，可召开临时理事会会议。情况特殊的，可采用通讯方式召开。

三、常务理事会

协会设常务理事会。常务理事会由理事会选举产生，对理事会负责，人数不超过理事人数的三分之一。

常务理事会会议须有三分之二以上常务理事出席方可召开，其决议须经到会常务理事三分之二以上表决通过方能生效。

常务理事会一般每年召开两次。经会长或三分之一以上常务理事会成员提议可召开常务理事会临时会议。情况特殊可采用通讯方式召开。

《中华人民共和国保险法》第一百八十条规定："保险公司应当加入保险行业协会。保险代理人、保险经纪人、保险公估机构可以加入保险行业协会。"

本 章 思 考

1. 什么是保险职业道德？

2. 怎样理解保险企业文化的独特性？

第二章　职业素养与职业生涯规划

尽可能多地去接触不同的行业,了解得越多,越有可能发掘潜藏的机会和各方面之间的内在联系,或许那些希望的种子就隐藏在许多未被人发现的机会里面。

——契诃夫

通过本章学习,学生应了解职业素养的内涵,明确职业素养对于保险专业大学生或从业人员的重要性;了解职业规划的相关知识,学会制定自己的生涯规划;结合职业素养和生涯规划相关知识,培养自己的职业素养。

 导读案例

选择我觉得有意义的工作

小黄是某高校保险专业毕业生,通过大学四年学习,他认为保险行业很有发展前景,但其家人对保险行业认同度不高。小黄通过了某银行考试和面试,同时也得到了一家国有保险公司的录取通知。在权衡个人的兴趣、专业和岗位发展等多方面因素后,小黄说服了家人,选择去保险公司工作。

小黄认为,银行工作是做柜面业务且有任务指标,压力较大;而保险公司的核保核赔工作跟自己的专业有关,薪资与银行差不多,但这份工作更有发展空间,能够发挥专业优势,对个人成长更有意义。因此,他选择去保险公司工作。

案例思考:你认为小黄在进行职业选择时,主要考虑了哪些因素?

第一节　职业素养概述

大学阶段是人生中重要的成长时期,也是个人发挥主观能动性进行自我探索、社会认识的重要阶段。因此,大学生应当了解职业规划的内涵,在大学的不同阶段掌握探求自我、探求职业的方法,提升自我能力,为踏入职场做准备,更好地实现个人的自我价值和社会价值。在就业竞争激烈的当今社会,职业素养是一个人职业生涯成败的关键因

素,企业对于大学生职业素养的要求日益提升,高校也更加重视对大学生职业素养的培育。

一、职业素养的内涵

从微观层面看,职业素养是个人成长的内生动力。例如,对一棵树来说,能否长成参天大树,根系是重要因素;而职业素养对于个人成长的重要性,就如根系对于大树的作用一样。从宏观层面看,职业素养是人类在社会活动中必须遵守的行为规范。职业素养具有三大核心内容,即职业信念、职业知识技能和职业行为习惯。

(一) 职业信念

职业信念是职业素养的核心,它是指个体认为可以确信并愿意作为自身行动指南的认识或看法。良好的职业信念包括爱岗、敬业、忠诚、奉献、乐观、用心、开放、合作及始终如一等。

(二) 职业知识技能

职业知识技能是指本职业要求具备的专业知识和能力。俗话说,"三百六十行,行行出状元",意思就是每个行业的人都可以通过不断提升职业技能使自己成为行业的佼佼者。一个人如果没有过硬的专业知识,没有精湛的职业技能,就无法把一件事情做好,就更不可能成为"状元"了。此外,职业知识技能还包括职场礼仪、时间管理能力及情绪管控能力。

不同职业对于知识技能的要求也有相同的地方,如对于计算机知识的要求,或者对于能力的要求。但同时,职业的特殊性导致不同职业对知识技能的要求会有所不同,如保险精算师需要掌握精算知识。

(三) 职业行为习惯

行为习惯是行为和习惯的总称。职业行为习惯就是在职场上通过长时间的"学习—改变—形成",最后变成习惯的一种职场综合素质。对于将要步入职场的新人来说,良好的职业行为习惯无疑是做好工作的前提条件。

二、职业素养的相关理论

(一) 马斯洛需求层次理论

马斯洛需求层次理论是人本主义科学的理论之一,由美国心理学家亚伯拉罕·马斯洛于 1943 年在《人类激励理论》一文中所提出。该理论将人类需求像阶梯一样从低到高按层次分为五种,即生理需求、安全需求、社交需求、尊重需求和自我实现需求(见图 2-1)。其中,自我实现需求从精神层面上可以阐释为人实现其全部理想的需求,而这一层次的需求建立在较低层次的需求基础上。

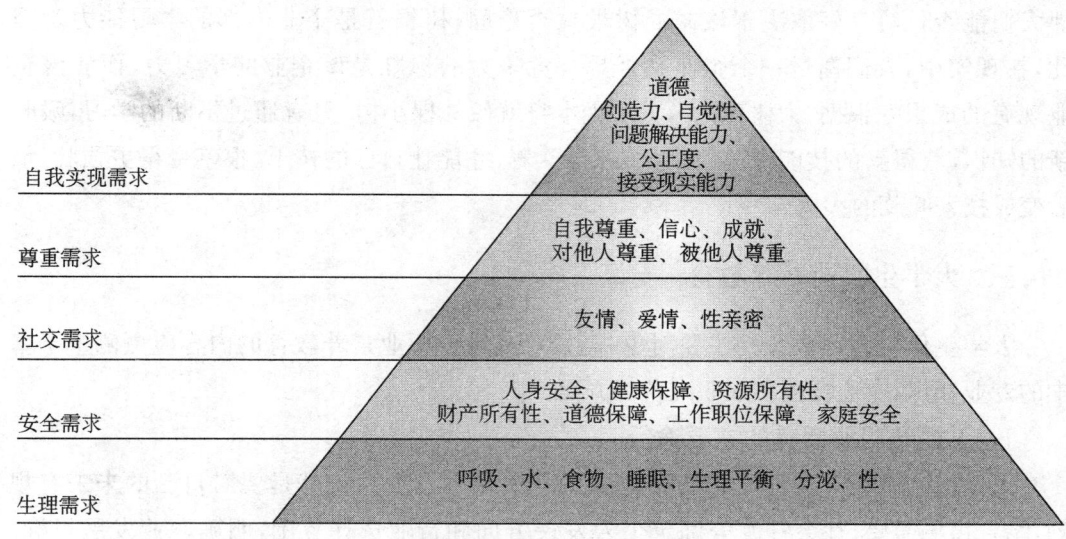

图 2-1 马斯洛需要层次理论

（二）冰山理论

冰山理论是萨提亚家庭治疗模式 * 中的重要理论。冰山理论意指人的"自我"就像一座冰山一样，我们能看到的只是表面很少的一部分，即表现为行为的部分，而更大一部分内在世界却藏在更深层次，不为人所见，恰如冰山。这座"冰山"包括行为、应对、感受、观点、期待、渴望和自我七个层次（见图 2-2）。

在管理学视域下，冰山理论主要作用在于衡量员工的职业素养，即员工的职业素养分为显性与隐性两部分，显性部分一般容易外露出来而被人熟知，对个体而言通过改进与培训的方式能较快获得；而隐性部分相对显性部分不容易被观察出来，个体在获取这部分素养的时候不是一蹴而就的，需要长期坚持。

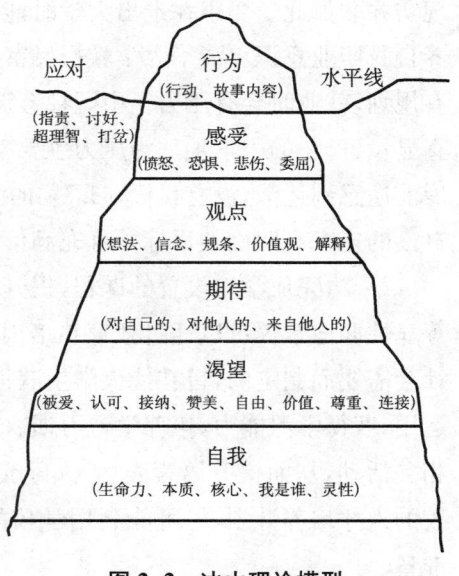

图 2-2 冰山理论模型

（三）大树理论

1999 年，管理学专家在世界管理学大会上首次提出"树根理论"。该理论之后发展为"大树理论"，并被广泛应用于管理学和企业发展中。该理论认为，企业就像一棵大树，这

---

* 萨提亚家庭治疗模式认为，一个人和他的原生家庭有着千丝万缕的联系，这种联系有可能影响他的一生。

棵大树能否长势良好取决于该树的树根是否稳固,树根就是企业内部的学习能力。因此,在现实中,人们衡量一个企业是否具有竞争力的标准是该企业的学习力,而非该企业现有的成果。根据"大树理论",大学生本身就像一棵小树,只有通过不断的学习,吸收新的知识,获得新的技能,提高自身的综合素养,才能让自己的枝干、根茎变得更强壮,最后变成枝繁叶茂的大树。

三、大学生职业素养教育

大学生作为高等教育的主要对象,高校对其进行职业素养教育的内容应更侧重于基本的专业知识、专业技能和入职准备等方面。

(一) 提升职业素养的主要途径

第一,认识自己,认识环境,培养职业意识。培养职业意识就是要对自己的未来有规划,结合市场需要、社会资源等确定个人发展方向和行业选择范围,明确职业发展目标。在高中时,很多老师会对学生说,考上大学就"解放"了。但是,进入大学就一劳永逸了吗?现实并非如此。要想在走出大学时能够以较好的状态迈入职场,大学生必须在校时便培养自我职业意识。清华大学教授樊富珉认为,中国有 69%～80% 的大学生对未来职业没有规划,就业时会有压力。中国社会调查所最近完成的一项在校大学生心理健康状况调查显示:75% 的大学生认为压力主要来源于社会就业;50% 的大学生对于自己毕业后的发展前途感到迷茫,没有目标;41.7% 的大学生表示目前没考虑太多;只有 8.3% 的大学生对自己的未来有明确的目标并且充满信心。

第二,完成学校设置的课程,提升知识、技能等显性职业素养。职业行为和职业技能等显性职业素养可以通过教育和培训获得。例如,学校各专业的教学培养方案就是针对社会需要而制定的,旨在使大学生获得系统化的基础知识及专业知识,加强对专业知识的运用,获得学习能力,培养学习习惯。此外,大学生也可以有选择性地参加"第二课堂"等相关活动,从而提升语言表达、人际交往和创新创业能力。总之,大学生应该认真完成学校的人才培养计划,尽可能利用学校的教育资源获得知识和技能,为未来职业发展做好准备。

第三,有意识地养成职业道德、职业态度、职业作风等隐性职业素养。隐性职业素养是大学生职业素养教育的核心内容,如独立性、责任心、敬业精神、团队意识、职业操守等。有记者调查发现,缺乏独立性、爱"抢风头"、不愿下基层吃苦等表现会影响大学生的前程。如今,大学生普遍生长在"6+1"的独生子女家庭中,有些大学生在独立性、责任心、与人分享等方面表现得不够好。因此,大学生应该在学校的学习和生活中主动锻炼独立性,学会分享、感恩、勇于承担责任。

大学生职业素养教育应注重教育大学生加强自我修养,在思想、情操、意志、体魄等方面进行自我锻炼;同时,还要教育大学生培养良好的心理素质,增强应对压力和挫折的能力,善于从逆境中寻找转机。

(二) 掌握必要的职场礼仪

不学礼,无以立。从古至今,人际交往中的礼仪一直为社会所重视。礼仪是一个人内在修养和素质的外在表现,也是一门人与人之间沟通的艺术。

1. 礼仪的内涵及核心要义

(1) 礼仪的内涵。古人讲"礼者敬人也",即礼仪是一种待人接物的行为规范,也是一门交往的艺术。礼仪是人们在社会交往中受历史传统、风俗习惯、宗教信仰、时代潮流等因素影响而形成的、以建立和谐关系为目的的、各种符合交往要求的行为准则和规范的总和。

(2) 尊重是礼仪的核心。礼仪的基本原则就是尊重自己和他人。如果一个人怀着尊重的心,那么他所表现的就是一种发自内心的礼仪,是真正关心别人,重视别人的自尊和感受。尊重是一种源于内心、表现在外的待人处事方式。

孟子说:"爱人者,人恒爱之;敬人者,人恒敬之。"在人际交往中,如果你对别人尊重,那么你也能赢得别人对你的尊重。职场礼仪中有这么一句话:"你希望别人怎样对待你,那你就应该怎样对待别人。"在人际交往中,如果你对他人缺乏尊重,轻则可能产生不愉快和争吵,重则可能带来积怨,甚至引发战争。

 **拓展阅读**

用礼仪涵养爱国主义情怀

在新中国成立 70 周年之际,我国举行了包括阅兵和群众花车游行等在内的一系列盛大庆典,从形式和内容上强化了大国崛起的国家形象,同时也对公众进行了一次爱国主义教育。这一系列庆典就是国家礼仪的重要形式。

礼仪是宣示价值观、教化人民的有效方式,形式多样的纪念庆典活动能够传播主流价值,增强人们的认同感和归属感。回顾新中国成立的 70 年历史,国家在重大纪念日举行阅兵和群众游行已是制度化安排,通过行为符号(阅兵、游行、升旗)、物件符号(花车、领导人巨幅画像)、声音符号(鸣放礼炮、奏国歌)、语言符号(领导人讲话和标语口号)等仪式展演方式强化了民众的政治参与意识,激发了人们的爱国主义热忱。国家重大纪念日庆典活动是一种政治仪式,蕴藏着宝贵的思想政治教育资源。

在 5 000 多年的历史长河中,中华民族创造了灿烂的文化,是"文明古国,礼仪之邦"。《礼记·乐记》中称:"礼者,天地之序也。"古人甚至认为礼是人类区别于禽兽的标志,是文明与野蛮的区分,礼是整个中国人世界里一切习俗行为的准则。礼仪教育在过去几千年的中华文明史中承担着继承和发扬中国传统美德的使命,同时对规范社会秩序也起到了极其重要的作用。

（资料来源：魏宗凯.用礼仪涵养爱国主义情怀［N］.光明日报，2019-10-16（02）.）

2. 职业着装礼仪的注意事项

职业着装礼仪主要是指人们在社交场合、商务场合以及各种职业场合所应该穿着的服装等，是一门实用性礼仪。

职场着装的六大禁忌：一忌过于鲜艳，如衣服图案过分烦琐、颜色过分鲜艳等；二忌过于杂乱，杂乱的着装极易给人留下不良的印象；三忌过于暴露，如暴露胸部、肩部和大腿等；四忌过于透视，着装过分透视会显得对别人不尊重；五忌过于短小，如短裤、超短裙等；六忌过于紧身，着装过于紧身会显得不庄重。

西装穿着讲究"三个三"，即三色原则、三一定律、三大禁忌。三色原则是指男士在正式场合穿着西装套装时，全身颜色必须限制在三种之内。三一定律是指男士穿着西服套装外出时，鞋子、腰带、公文包的色彩必须统一起来，这样有助于提升自己的品位。三大禁忌是指男士在正式场合穿着西服时，不能出现衣服上的商标没有拆、西服和休闲裤混搭或衣服颜色与袜子颜色不匹配等问题。

（三）做好充分的面试准备

面试就像一场登台表演，俗话说，"台上一分钟，台下十年功"，要想抓住机会，得偿所愿，就必须做好充分的准备。应聘者要以最好的状态，用最好的形式，把最拿手的"好戏"呈现给挑剔的观众。

面试准备包括信息准备、形象准备、状态准备和答案准备。所有的准备都是一个目标：以最好的表现留下最好的印象，从而赢得工作机会。

1. 信息准备

（1）了解招聘单位的基本信息。应聘者在面试前应全面地调查招聘单位，在面试时应胸有成竹地谈论单位，这样才能充分表现出你对该单位的重视和热情，给面试人员留下"做得好""待得住"的印象。应聘者可以通过公司网站、行业网站、招聘宣讲会、经验交流、实地参观等各种方式，搜集尽可能多的有关单位的信息，包括单位的名称、性质、业务、规模、主导产品和服务、地位和经营状况、理念和文化风格、目标和发展方向、竞争对手和竞争优势、面临的主要挑战和问题等。如果招聘单位有面向大众开放的商店、办事处、展厅、营业点等，应聘者至少要去其中一个地方看看，最好能产生一些交互行为，这对市场销售类职位应聘者尤为重要。

（2）了解招聘职位的具体要求。面试前，应聘者应根据职位的具体要求准备好个人简历、求职信、成绩单、照片、身份证件、荣誉证明、作品等必备材料，带上足够份数的简历，以备不时之需，还要带上一本较为正式的笔记本和一支好用的笔，以便随时做好记录。

（3）掌握路线信息，避免迟到。面试迟到是绝对不应该发生的事情，因为面试迟到会给面试人员造成"不重视该公司和职位""不守时""无诚意"等不良印象。因此,应聘者一定要记清楚公司的地址、联系方式、联系人,提前查好行车路线,预备两套方案,预留比行程多 50% 的时间;如果发生意外,无法避免迟到,则要尽早告知面试单位,并给出一个合理的解释。

2. 形象准备

我们常说第一印象十分重要。第一印象是指人与人第一次交往时给对方留下的印象,这种印象会在对方的头脑中占据主导地位。心理学家认为,第一印象主要体现为性别、年龄、衣着、姿势、面部表情等外部特征。

英国格拉斯哥大学和美国普林斯顿大学的心理学家共同研究发现,一个人对另一个人建立第一印象只需 0.5 秒,随之便可做出对方是否值得信任、是否具有吸引力的主观判断。第一印象非常重要,形成时间虽短,持续时间却很久。北京大学心理学系教授沈政认为,社会心理学中的"首因效应"是指人们倾向于根据最先接收到的信息形成对别人的印象,这种印象鲜明、牢固,往往是今后交往的依据。

为了给面试官形成一个较好的第一印象,应聘者需要注意以下四点:①清爽整齐的外表更易获得信任;②举止得体,注重礼节,除了"站有站相,坐有坐相",还要注意语言表达简明扼要,不乱用词语,不随意打断别人讲话,不故意讨好也不骄傲自大;③讲信用,守时间;④态度真诚是人际交往的首要原则,美好的第一印象必定建立在真诚之上。

3. 状态准备

(1) 不自卑。一些大学生在面试时会感到自卑,并罗列出一大堆不利的理由,如学校不好、学历低、专业不对口、成绩不够好、没有学生干部经历、社会实践少、没有本地户口等。这种自卑心理是职场大忌,大学生求职时一定要明白,你向别人推销的不是你的过去,而是你的未来,过去不精彩并不重要,重要的是未来你能不能给招聘单位带来价值。此外,大学生在面试前要调整好自己的心态,想清楚以后在该单位如何做事、如何创造业绩、如何做人、如何发展、如何给公司创造价值。当想清楚这些问题的时候,你就可以信心十足地去面试了。

(2) 不自傲。有些大学生因对面试单位不太满意而犹豫不决,或者觉得自己优势突出而疏忽大意,但以这样的心态参加面试就很容易造成失误。面试官都是敏感的,大学生任何的不满和犹豫都会被他们察觉到,他们一般只招那些有强烈愿望的应聘者。因此,对于犹豫不决的应聘者来说,一定要慎重考虑,如果不想放弃机会,就应该仔细研究这家单位的优势,并制定自己在该单位的发展规划,从而让自己形成渴望进入该公司的状态。

(3) 不紧张。大学生在面试时,除因自卑引起的紧张以外,由于过于重视面试机会,或者担心自己性格内向、不善言辞,也会引起紧张。对于这类紧张,解决的主要办法有两个:一是事前进行模拟面试,让紧张提前产生和释放;二是回想让自己感到轻松愉快、信心十足的事件和场景,以便消除面试中的紧张情绪。

4. 答案准备

在面试过程中虽然很多因素是不确定的,但大部分的面试会有一些共性,也有一些常规的问题,这些是可以提前准备的。例如,应聘者在求职之前,应该对面试中的常规问题和答案做好准备,如自我介绍等;在应聘外资企业时,还需要准备英文自我介绍等内容。总之,应聘者在面试前应该针对面试单位的具体情况准备好特定的答案,这样才能够在面试场上胸有成竹、发挥自如。

第二节　职业生涯规划

大学生在校学习期间,应该适应大学的学习生活,了解自己所学专业,把握就业环境,做出清晰的、符合个人特点的职业规划,以便为进入职场打下较好的基础。

一、职业生涯规划的内涵

职业生涯规划(career planning)又称职业生涯设计,是指个人与组织相结合,在对一个人职业生涯的主客观条件进行测定、分析的基础上,对其兴趣、爱好、能力、特点进行综合分析与权衡,结合时代特点,根据个人职业倾向,确定其最佳的职业奋斗目标,并为实现这一目标做出行之有效的安排。

职业生涯规划的第一个目的是找到适合自己的职业。每个职业都有优势和劣势,每个人都有长处和短处。因此,自我分析是职业生涯规划的首要环节,它决定着个人职业生涯的方向,也决定着职业生涯规划的成败。个人在做自我分析时,首先可以通过可靠的量表工具测量、评估个人职业倾向、能力倾向和职业价值观,然后根据测评结果的各项指标,再结合个人的学历、经历、能力优势,得出自己在职场上打拼的核心竞争力。职业生涯规划的第二个目的是通过规划求得职业发展。在经过客观的自我分析后,个人可以根据市场状况、行业前景、职位要求、入行条件、培训考证、工作业务、薪酬提升等具体的因素,制订详细的计划和实施方案,使自己的薪资和职位得到提升。

二、职业生涯规划的相关理论

不同的职业生涯发展阶段,对于一个人的职业选择有着较大的影响。基于个人的心理发展规律和社会活动变化的影响,职业心理始终处于动态的发展过程中,以致个人目标与实际职业的匹配难以一次性完成,需要不断地进行修正与再匹配。职业发展理论就是从动态的角度深入地研究人的职业行为、职业发展阶段等内容的理论。

(一)舒伯的生涯发展阶段理论与生涯彩虹图

唐纳德·E.舒伯是世界职业规划与生涯教育领域最具权威性的人物,是全球最有影响力的职业生涯发展研究者。他为世界职业规划与生涯教育领域做出了重要贡献,被誉为"超级思想家"。1953 年,舒伯在《美国心理学家》杂志上发表相关文章并提出"生涯"的概念,将人的职业生涯发展划分为成长、探索、建立、维持和衰退五个阶段。

1. 自我概念

自我概念是舒伯生涯发展阶段理论中的核心概念。自我概念是指个人对自己的兴趣、能力、价值观及人格特征等方面的认识。一个人的自我概念在青春期以前开始形成,至青春期较为明朗,并于成年期转化为职业生涯概念。个人对自己的工作与生活满意与否,在于个人能否在工作和生活中找到展现自我的机会。

2. 生涯发展阶段

第一个阶段:成长阶段。在这一阶段,个人开始辨认自己周围的事物,逐渐意识到自己的兴趣,并开始了解与职业相关的一些最基本的技能以及工作的意义。

第二阶段:探索阶段。在这一阶段,个人开始尝试一些自己感兴趣的职业活动,并对自我能力及角色、职业进行探索。

第三阶段:建立阶段。在这一阶段,个人开始尝试选择适合自己的职业领域,并致力于工作上的创造和发展。

第四阶段:维持阶段。在这一阶段,个人通过不断努力来获得职业生涯的发展和成就,并逐渐能在自己的领域中占有一席之地。

第五阶段:衰退阶段。在这一阶段,个人由于生理及心理机能日益的衰退,职业角色在个人生活中的分量逐渐减少,开始考虑退休并享受自己的晚年生活。

3. 职业循环发展理论

舒伯提出,在个人一生的职业发展过程中,上述职业发展的五个阶段是一个再循环的过程。职业发展的五个阶段并不完全和年龄相关,而且各阶段之间并不存在严格的界限,因此,个人在人生中的不同时期都可能经历由这五个阶段构成的一个"小循环"。

4. 生涯彩虹图

"生涯彩虹图"(life-career rainbow)是舒伯为了综合阐述生涯发展阶段与角色彼此间的相互影响,创造性地描绘的一个多重角色生涯发展的综合图形(见图 2-3)。舒伯认为,一个人的生涯发展与这个人在发展历程各个阶段中所扮演的各种角色(如子女、学生、休闲者、公民、工作者、持家者等)有关。也就是说,人在某一阶段对某角色投入得多,会导致这一角色的成功,但同时也可能导致另一角色的失败。生涯发展的各个阶段为生活广度,个人扮演的角色为生活空间,生活广度和生活空间交汇成为"生涯彩虹图"。

(二) 霍兰德的职业兴趣理论

约翰·霍兰德是美国约翰·霍普金斯大学心理学教授,美国著名的职业指导专家,他于 1959 年提出了具有广泛社会影响的职业兴趣理论。他认为,个人的人格类型、兴趣与

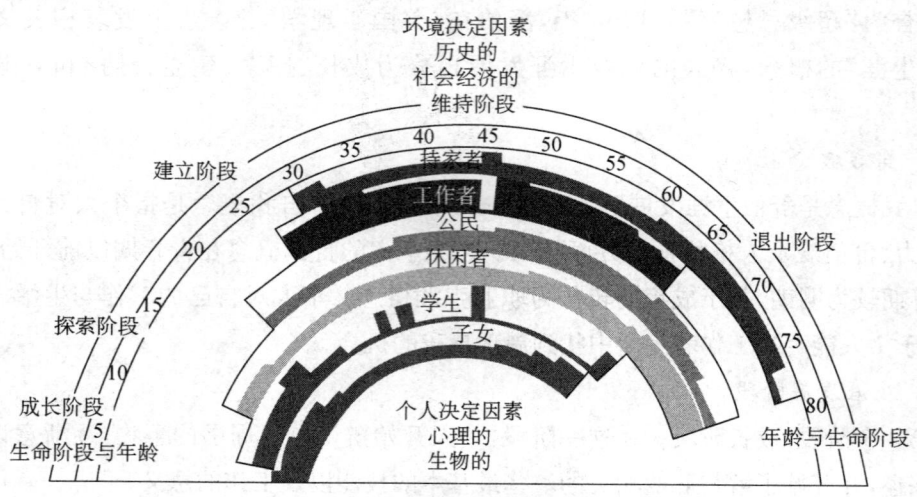

图 2-3　舒伯的"生涯彩虹图"

职业密切相关,兴趣是人们活动的巨大动力,职业兴趣可以提高人们的积极性,促使人们积极地、愉快地从事该职业,且职业兴趣与人格之间存在很大的相关性。

1. 人格特质

霍兰德认为,人格特质可以归纳为现实型(R)、研究型(I)、艺术型(A)、社会型(S)、企业型(E)和常规型(C)(见表 2-1)。

表 2-1　霍兰德的人格特质分类

类型	喜欢的活动	喜欢的职业
现实型 (R)	喜欢用手、工具、机器制造或修理东西,愿意从事事物性的工作,喜欢户外活动,不喜欢在办公室工作	工程师、建筑师、航海家、园艺师
研究型 (I)	喜欢探索理论事物,研究那些需要分析、思考的抽象问题,并喜欢独立工作	实验室工作人员、生物学家、化学家、社会学家、工程设计师、物理学家和程序设计员
艺术型 (A)	喜欢自我表达,喜欢写作、音乐、艺术和戏剧	作家、艺术家、音乐家、诗人、漫画家、演员、戏剧导演、作曲家、乐队指挥
社会型 (S)	喜欢与人合作,热情关心他人的幸福,愿意帮助别人解决问题	教师、社会工作者、牧师、心理咨询员、服务性行业人员
企业型 (E)	喜欢领导和支配别人,为了达到个人或组织的目的善于去说服别人,希望成就一番事业	律师、政治运动领袖、营销人员、市场或销售经理、公关人员、采购员、投资商、电视制片人和保险代理
常规型 (C)	喜欢固定的、有秩序的工作或活动,希望确切地知道工作的要求和标准,愿意在一个大的机构中处于从属地位	会计师、银行出纳、行政助理、秘书、档案文书、税务专家、计算机操作员

2. 人格类型之间的关系

霍兰德以一个六边形形象地阐述了六种人格类型之间的关系（见图 2-4）。

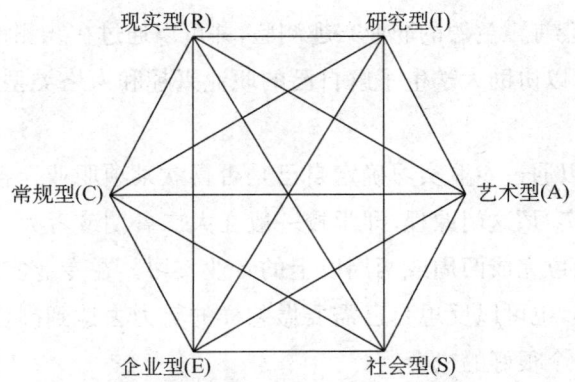

图 2-4　霍兰德六种人格类型关系图

六种人格类型占据了六边形的六个角,相邻各角的人格类型之间具有较高的一致性,即具有一定的共同特点,而非相邻人格类型之间的一致性较弱。

（1）相邻关系,如 RI、IA、AS、SE、EC、RC。属于这种关系的个体之间的共同点较多,如属于现实型（R）、研究型（I）的人都不太偏好人际交往。

（2）相隔关系,如 RA、RE、IC、IS、AE、SC。属于这种关系的个体之间的共同点较少。

（3）相对关系,如 RS、IE、AC。属于这种关系的个体之间的共同点最少。

霍兰德的职业兴趣理论对个人职业生涯规划具有十分重要的影响,被广泛应用于心理测验工具的编制等,同时它对相关理论研究也有促进作用。

三、职业生涯规划的步骤

我们常说,机遇青睐有准备的人。因此,大学生对自己职业生涯的思考和规划应该尽早开始,尤其是对于步入大学三年级的大学生来说,对职业的认识可谓非常关键,会影响到毕业去向和职业选择。那么,大学生应该怎样开展职业规划呢?

（一）自我评估

1. 兴趣探索:我喜欢做什么

在开展职业探索前,我们先得问自己一个问题:"我喜欢做什么?"也许有些大学生心中早有答案,也许也有人一时答不上来或者没想清楚。对于"我喜欢做什么"这个主观问题,心理学上有一些测试可以帮助个人想清楚。

职业兴趣是职业选择中最重要的因素,是一种强大的精神力量。根据霍兰德的职业兴趣理论,职业兴趣可以影响个体对职业的满意程度,即当个体所从事的职业和兴趣相匹配时,个体的潜在能力就可以得到最彻底的发挥,其工作业绩也会更加显著。

那么,大学生该怎样探索自己的职业兴趣呢?

首先,大学生可以通过职业兴趣测验确认自己的职业兴趣。各高校通常有就业指导网站,该网站上一般会有霍兰德的职业兴趣测验,并可以通过在线测评的方式获得测评结果。此类测评报告可以协助大学生了解自己的职业兴趣和人格类型,从而进一步确定自己的职业兴趣倾向。

其次,大学生可以通过专业实习确定自己是否喜欢某项职业。各高校的教学培养计划通常会安排"专业实习"这门课程,即学校一般在大二暑期或者大三暑期让大学生到未来可能从事的职业岗位完成两周或两周以上的专业实习。在专业实习中,大学生可以加深对未来职业的了解,也可以反思自己需要做怎样的努力去达到岗位的要求。这也是验证自己职业兴趣的一个很好的机会。

最后,在大学生职业生涯规划过程中,职业实践可以让个人明确自己的兴趣以及检验自己是否能够胜任岗位的要求。不同于专业实习,职业实践的内容更加丰富,它不以学校安排为主,而是更多依靠大学生的自主探索,内容包括生产实习、社会调查、参观访问等。大学生应利用假期开展各种职业实践活动,以便发现、培养自己的职业兴趣,为未来职业的成功创造条件。

 拓展训练

自我兴趣探索——兴趣岛

在苍茫的大海上,我们是一群游客,由于轮船搁浅,我们必须上岛,而且未来我们很有可能会一直待在这个岛上。

A岛:美丽浪漫的岛屿。岛上有美术馆、音乐馆,弥漫着浓厚的艺术文化气息,许多文艺界的朋友都喜欢来这里找寻灵感。

C岛:现代、秩序井然的岛屿。岛上建筑十分现代化,具备完善的户政管理、地政管理、金融管理;岛民个性冷静保守,处事有条不紊,善于组织规划。

S岛:温暖友善的岛屿。岛上居民个性温和,十分友善,乐于助人,人们互助合作,重视教育,弦歌不辍,岛上充满人文气息。

I岛:深思冥想的岛屿。岛上人迹较少,建筑物多僻处一隅,适合夜观星象。岛上有多处天文馆、博物馆和科学图书馆。岛上居民喜好沉思、追求真知,喜欢和来自各地的哲学家、科学家、心理学家等交流。

R岛:自然原始的岛屿。岛上保留有热带的原始植物森林,也有相当规模的动物园、植物园、水族馆。岛上居民以手工见长,喜欢自己种植花果蔬菜、修缮房屋、打造器物、制作工具。

E 岛：显赫富庶的岛屿。岛上的居民热情豪爽，善于经营企业和贸易。岛上的经济高度发展，处处是高级饭店、俱乐部、高尔夫球场，来往者多是企业家、经理人、政治家、律师等。

根据以上资料回答以下问题。

(1) 如果你必须在 6 个岛中的一个岛上生活一辈子，成为这里岛民，那么你的第一选择是哪一个岛？

(2) 你的第二选择是哪一个岛？

(3) 你的第三选择是哪一个岛？

(4) 你最不愿意选择的是哪一个岛？

以上六个岛屿代表六种典型的职业兴趣类型。其中，你的第一个选择是主要兴趣，第二选择、第三选择是辅助兴趣。

选择 A 岛：艺术型。

共同特点：喜欢自我表达和创造。

典型职业：作家、艺术家、音乐家、诗人、漫画家、演员、戏剧导演、作曲家、乐队指挥和室内装潢人员。

选择 C 岛：常规型。

共同特点：喜欢固定的、有秩序的工作或活动，希望确切地知道工作的要求和标准，愿意在一个大的机构中处于从属地位。

典型职业：会计师、银行出纳员、簿记员、行政助理、秘书、档案文书、税务专家和计算机操作员。

选择 S 岛：社会型。

共同特点：喜欢与人合作，热情关心他人的幸福，愿意帮助别人解决困难。

典型职业：教师、社会工作者、牧师、心理咨询师、服务性行业人员。

选择 I 岛：研究型。

共同特点：喜欢探索、研究那些需要分析、思考的抽象问题，喜欢独立工作。

典型职业：实验室工作人员、生物学家、化学家、社会学家、工程设计师、物理学家和程序设计员。

选择 R 岛：现实型。

共同特点：愿意从事事务性的工作，喜欢户外活动，不喜欢在办公室工作。

典型职业：建筑师、手工劳动者、航海家、园艺师、特种工程师和军事工作者。

选择 E 岛：企业型。

共同特点：喜欢领导和影响别人，为了达到个人或组织的目的而善于说服别人，希望成就一番事业。

典型职业：商业管理者、律师、政治运动领袖、营销人员、市场或销售经理、公关人员、采购员、投资商、电视制片人和保险代理人。

（资料来源：吴叶艳.职业生涯规划之探索兴趣岛[DB/OL].(2018-11-12)[2020-6-22].http://www.wysyz.com/deyu/xljk/xlkt/4244.html.）

2. 人格探索：我适合做什么

一个人适合做什么，取决于其自身因素和优势。心理学研究显示，人格与职业有一定的关联性。比如，某项工作更适合具有某种性格的人，某些人更适合与某种性格的人共事。当今社会，用人单位更加重视人格与职业岗位的匹配度，一些单位在选拔人才的时候会进行心理测试和性格测试。因此，自我人格探索就成为职业生涯规划中自我认知的关键内容。

在心理学领域，关于人格类型有不同的理论，其中，影响比较大的有人格特质理论和迈尔斯-布里格斯个性分析指标理论（即 MBTI 理论）。

1）人格特质理论

该理论起源于 20 世纪 40 年代的美国，主要代表人物是美国心理学家高尔顿·威拉德·奥尔波特和雷蒙德·卡特尔。人格特质理论认为，特质是决定个体行为的基本特性，是人格的有效组成元素，也是人格测评的重要指标。

2）MBTI 理论

1913 年，荣格在国际精神分析大会上提出了个性的两种态度类型：内倾型和外倾型。1921 年，他在《心理类型学》一书中又提出了个性的四种功能类型，即思维功能、情感功能、感觉功能和直觉功能。由此，荣格将两种态度类型和四种功能类型组合起来，形成了八种个性类型：外倾思维型、外倾情感型、外倾直觉型、外倾感觉型、内倾思维型、内倾情感型、内倾直觉型、内倾感觉型。MBTI 测试目前已成为世界上应用最广泛的识别人与人之间差异的测评工具之一，它能够让人们更好地认识和了解自己，可以帮助企业人力资源部门将不同类型的员工进行更好的组合。MBTI 主要用于测试个人的处事风格、特点、职业适应性、潜质等，从而为受测者提供合理的工作及人际决策建议。在美国，每年约有 300 万人参加 MBTI 测评和培训；在世界 500 强企业，如华特迪士尼公司、百事可乐、美国西南航空公司等，有 80% 以上的高层管理者使用过这个工具。

3. 能力探索：我擅长做什么

大学生无论从事什么职业，都要具备与之相匹配的个人能力。了解个人的能力倾向和不同职业的能力要求，对职业选择具有重要意义。从能力差异的角度来看，职业选择应遵循以下三项原则。

（1）个人能力与职业类型相吻合。由于个人能力存在差异，而且不同的职业类型对人的能力也有不同的要求，大学生在进行职业选择时应该注意个人能力与职业类型的吻合。此外，由于分工不同，某一类职业又可以分为不同层次的职位，不同职位对人的能力要求也是不同的。因此，大学生要不断提升个人的职业能力，以更好地胜任更高层次的职位。

（2）充分发挥优势能力的作用。每个人都具有由一个由多种能力组成的能力系统，其中各种能力的发展通常是不平衡的，一般来说，个人的某种能力会占相对优势，同时也会有个别方面的能力不太突出。在职业选择时，大学生应主要考虑自己的优势能力，选择最能发挥其优势能力的职业。在职业分工越来越细化的当今社会，个人充分发挥自己的优势能力，就可以在某些领域表现出色。

（3）特殊能力与职业相吻合。特殊能力是指从事某项专业活动的能力，如数学计算能力、动作协调能力、语言表达能力、空间判断能力、形态知觉能力等。一个人要顺利完成某项工作，除了要具备一般能力，还需要具有该项工作所要求的特殊能力。比如，一个人从事教育工作需要有良好的阅读能力和语言表达能力；作为建筑工程师，应有突出的空间判断能力。

4. 价值观探索：我需要做什么

俗话说，"人各有志"。职业价值观就是"志"的体现，是人衡量各种职业优势、意义、重要性的个人内心尺度，是个体对待职业的一种信念和态度。职业价值观的形成离不开一定的社会环境，它对大学生的职业生涯具有引领作用。大学生在进行职业选择时，应处理好职业价值观中各要素之间的关系。

（1）处理好职业价值观中的收入观。收入是个人工作成就的体现，它是个人在确定职业价值观时首先要面对的问题。一个人怀有一夜暴富的心理是不正确的，更是有危险的，容易被社会上的不法分子利用，甚至误入歧途。

（2）处理好职业价值观与个人兴趣和特长的关系。职业价值观、个人兴趣和特长是人们在择业时需要考虑的最重要的三个因素。个人在确定价值观时，一定要考虑它是否与自己的兴趣和特长相适应，只有选择了自己喜欢的工作，个人才能获得职业发展的源动力。

（3）处理好职业价值观中个人与社会的关系。人不能离开社会而独立存在，个人只有在工作中为社会做贡献才能实现自己的职业价值。当然，个人在确立职业价值观时并不是说只考虑社会责任而忽略个人因素，但只为个人考虑、毫不考虑国家和社会需要的职业价值观是不可取的。

（二）环境分析

由于社会环境在不断变化，社会和具体职业岗位对人才的要求不可能一成不变。大学生在进行职业生涯规划时，必须充分认识社会环境对个人职业生涯的影响，注意分析社会环境，尤其是就业环境的发展变化，了解就业环境对目标职业的有利影响和不利影响。

1. 社会背景环境分析

（1）经济环境。经济环境包括经济形势、劳动力供求状况、收入水平、区域经济发展水平等。这些因素都会对大学生职业选择产生影响。

（2）政治法律环境。政治环境主要指国家的方针政策，法律环境主要指中央和地方的法律法规及相关规定。这些因素都会对个人职业选择和职业发展产生影响。

（3）文化环境。文化是体现国家或地区社会文明程度的精神财富的总和，包括教育条件和水平、社会文化设施、社会文化氛围、风俗习惯、文化传统等。

2. 家庭环境分析

家庭环境对个人性格和品质的形成及个人的成长有十分重要的影响，而个人职业生涯规划的确立则与自身的成长经历和家庭环境密不可分。因此，一个人只有全面正确地评估自己的家庭环境，才能制订更切实际的职业生涯规划。

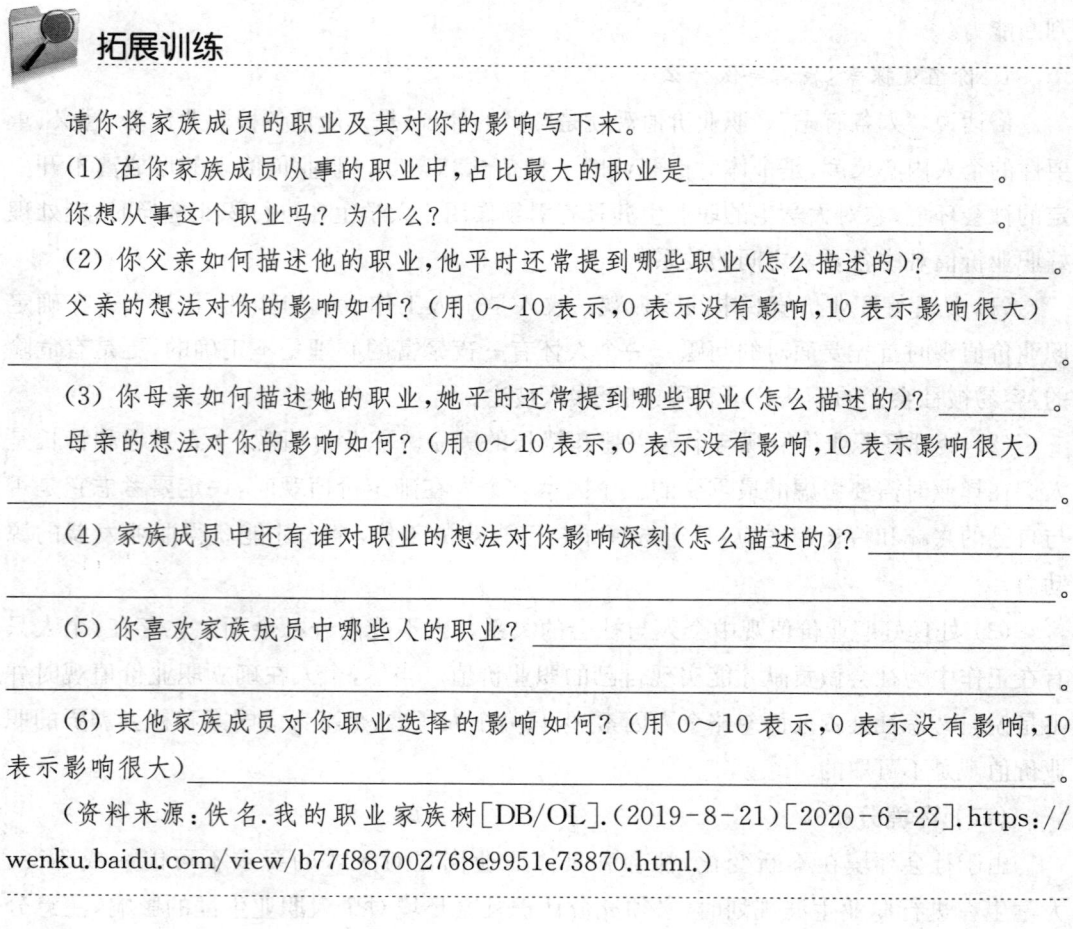

拓展训练

请你将家族成员的职业及其对你的影响写下来。

（1）在你家族成员从事的职业中，占比最大的职业是＿＿＿＿＿＿＿＿＿＿。你想从事这个职业吗？为什么？＿＿＿＿＿＿＿＿＿＿＿＿＿＿＿＿＿。

（2）你父亲如何描述他的职业，他平时还常提到哪些职业（怎么描述的）？＿＿＿＿父亲的想法对你的影响如何？（用0～10表示，0表示没有影响，10表示影响很大）

＿＿＿＿＿＿＿＿＿＿＿＿＿＿＿＿＿＿＿＿＿＿＿＿＿＿＿＿＿＿＿＿＿。

（3）你母亲如何描述她的职业，她平时还常提到哪些职业（怎么描述的）？＿＿＿＿母亲的想法对你的影响如何？（用0～10表示，0表示没有影响，10表示影响很大）

＿＿＿＿＿＿＿＿＿＿＿＿＿＿＿＿＿＿＿＿＿＿＿＿＿＿＿＿＿＿＿＿＿。

（4）家族成员中还有谁对职业的想法对你影响深刻（怎么描述的）？＿＿＿＿＿＿

＿＿＿＿＿＿＿＿＿＿＿＿＿＿＿＿＿＿＿＿＿＿＿＿＿＿＿＿＿＿＿＿＿。

（5）你喜欢家族成员中哪些人的职业？＿＿＿＿＿＿＿＿＿＿＿＿＿＿＿＿＿

＿＿＿＿＿＿＿＿＿＿＿＿＿＿＿＿＿＿＿＿＿＿＿＿＿＿＿＿＿＿＿＿＿。

（6）其他家族成员对你职业选择的影响如何？（用0～10表示，0表示没有影响，10表示影响很大）＿＿＿＿＿＿＿＿＿＿＿＿＿＿＿＿＿＿＿＿＿＿＿＿＿＿＿。

（资料来源：佚名.我的职业家族树[DB/OL].（2019-8-21）[2020-6-22].https://wenku.baidu.com/view/b77f887002768e9951e73870.html.）

3. 学校环境分析

学校环境对大学生的成长和职业生涯规划有深刻影响，如学校的社会声誉、学校的人才培养目标、个人所学专业及校园文化等。每个学校文化底蕴不同,甚至同一所学校的不同学院都有自己的专业积淀,这对大学生的职业选择和职业发展都会产生较大的影响。例如,有些高校鼓励学生创业,那么学生的创业率就会比较高。

4. 行业与企业环境分析

大学生在进行职业生涯规划时,必然涉及未来的行业选择问题。因此,大学生应在专业探索的基础上,进一步对相关行业和企业环境进行探索。

(1)行业探索。行业是指从事国民经济中同性质的生产、服务或经营的单位或者个体的组织结构体系。行业探索是指个人通过调研和理论分析,对行业进行全方位的解读。

(2)企业探索。在对整个行业进行初步了解之后,大学生可以再对企业的具体情况进行探索,如通过调研、访谈等方式对目标企业进行相对全面的了解,包括企业的基本信息、主营业务、发展愿景、职能设置、文化风格、人力资源需求等。

(3)岗位探索。大学生求职时要摆正心态,做好从基层做起的准备。因此,在开展岗位调研时,大学生应从低层岗位开始调研,避免出现调研目标与实际工作不匹配的情况。岗位探索内容主要包括岗位的职责与任务、岗位的工作联系、岗位发展的路径、岗位的工作条件以及岗位从业者对该岗位的看法等。

 **课堂讨论**

你期待的岗位及需要的能力

项目	内容
该岗位的名称	
该岗位的定义	
该岗位所需学历和专业	
该岗位所需职业资格等级	
该岗位所需职业能力特征	
该岗位所需职业人格特征	
该岗位所需技术技能	
职业环境状况	
职业报酬状况	

(三)专业分析

1. 专业探索的价值

专业探索是指大学生通过深入调研、认识所学专业与社会发展、社会分工的内在联系,明确其就业前景与方向,从而有针对性地进行职业生涯规划。具体来讲,就是大学生通过专业探索,明确自己喜欢的专业;通过专业探索,发现所学专业的闪光点;通过专业探索,明确本专业的就业出路;通过专业探索,弥补所学专业知识和未来职业要求的差距。

2. 专业探索的内容

大学生在进行专业探索时,一般需要进行以下十项调研分析。

(1) 这个专业是什么(专业的定义和内涵是什么)? 在了解专业定义的时候,所谓"仁者见仁",不同的学者、新闻报道对于相同专业会从不同角度有不同的理解。因此,大学生在整理搜集到相关信息后,还需要对这些信息进行鉴别和分析。

(2) 这个专业学什么(这个专业涉及的知识领域有哪些)? 这具体表现为学校里设置的课程,因为每门课程都涉及一个专业领域,但是由于条件所限,学校一般只开设专业基础课程,大学生还需要通过互联网等渠道进一步搜集信息,全面了解本专业的知识体系。

(3) 这个专业有哪些名校和名师? 大学生通过搜集本专业的一流名校、名师,可以更加明确自己所学专业的研究方向和专业知识,特别是对准备考研的大学生来说,专业信息的搜集更是大有裨益。在信息搜集过程中,大学生要注意不但需要列出名校、名师,还需要对其进行详细调研,获取更多有用的信息。

(4) 这个专业有哪些相关专业? 为了加深对本专业的了解,大学生还需要关注与本专业相关的专业有哪些,相关度如何,学习的课程有哪些差异。这些探索可以为大学生转专业或者辅修其他专业提供依据。

(5) 这个专业对社会和工作有什么作用? 专业的设置不能脱离社会环境,专业的价值体现为对社会的作用和影响。在进入社会后,大学生会发现自己在读书期间学习到的专业知识对社会和工作都是很有帮助的。

(6) 这个专业有哪些就业方向? 大学生了解本专业的就业方向是其制定职业生涯规划的重要依据。通常来说,大学的专业设置与社会需求是分不开的,专业与职业的对应也是相对固定的。大学生可以通过查阅相关资料或与近几年毕业的学长、学姐交流来获取就业信息。

(7) 学这个专业的成功人物都有谁? 成就如何? 大学生了解专业领域的成功人物、权威人物的成长轨迹,对确定个人的发展方向很有参考价值。同时,大学生了解这些人物怎样从职场新人成长为领域权威,怎样克服困难,怎样做出选择,怎样规划职业发展,对个人的学习和发展都具有借鉴意义,也是个人进步的动力。

(8) 这个专业领域有哪些权威的机构、企业? 每个专业都有一流的研究机构和知名企业,大学生通过研究这些权威企业和机构的相关信息,可以更加明确地制定个人职业发展规划。

(9) 这个专业前几届毕业生目前的职业发展状况如何? 大学生了解本校、本省其他高校同专业毕业生的就业状况,对个人明确未来发展方向具有参考价值和借鉴作用,因为在同样的环境下,个人的发展轨迹有相似性。

（10）怎样才能学好这个专业? 与本专业相关的著作、期刊、网站、论坛等有哪些? 大学生通过了解这些学习资源,可以提升自己的学习效率,拓展知识面。

 ## 拓展训练

请对你所学的专业进行调研,简要注明调研结果,并谈谈你对所学专业的看法,包括对每个调研项目的看法,最终提出一个属于你自己的独特观点。

大学生专业情况调研表

项目	具体内容	调研结果
这个专业是什么?	该专业的定义、内涵是什么? 不同专家、学者对该专业的定义是什么? 你的看法是什么?	
这个专业学什么?	有什么课程、什么领域、什么分支? 各个领域的专家是谁? 主要理论是什么?	
这个专业有哪些名校和名师?	国内外的一流学校、院系、名师有哪些?	
这个专业有哪些相关专业?	有哪些专业与你要调研的专业相关? 具体学些什么?	
这个专业对社会和生活有什么作用?	专业的价值在哪里? 在社会中能发挥什么作用? 对生活能产生什么影响?	
这个专业有哪些就业方向?	这个专业的学生毕业后能从事哪些职业? 不同的职业有什么具体要求?	
哪些名人学过这个专业?	哪些名人、伟人学过这个专业? 他们现在的成就如何? 他们在学这个专业时有什么特别的方法和故事? 他们对这个专业的看法和评价怎样?	
这个专业有哪些权威的企业、机构?	有哪些一流的研究机构? 有哪些经营状况良好的一流企业? 它们对专业知识的要求是什么?	
学这个专业的前几届毕业生目前的状况怎样?	就业出路有哪些? 目前的状况如何? 他们对本专业有什么看法?	
怎样才能学好这个专业,学习资源有哪些?	有哪些网站、论坛、博客、QQ群、报刊、课程等与这个专业相关? 它们的特色是什么? 怎样才能享受这些资源?	

（四）职业决策

1. 职业生涯决策的内容

（1）选择并优化职业方向。在自我评估（"知己"）和环境分析（"知彼"）的基础上,大学生应注重理想与现实相结合,应对若干个可行的职业发展方向进行比较、评估,选择最适合自己的职业发展方向。

(2) 确定不同阶段的职业目标。大学生要为自己选择的职业发展方向确定不同阶段的职业目标,包括最终目标、长期目标、中期目标和短期目标,并通过实现这些目标来促进职业生涯的长远发展。同时,大学生还应对具体的行业、职业岗位、企业组织类型、工作区域等做出选择和决策。

(3) 明确职业发展规划的要点。大学生首先要明确实现未来职业发展目标过程中需要解决的问题和要做的事情,然后才能在对外部环境与内部条件综合评估的基础上做出职业决策,并对职业生涯发展路线做出全面、严谨的设计。

2. 职业生涯决策者的类型

不同的人做事习惯不同,也就是我们常说的风格不同。在做决策时,个人表现出的态度、习惯和方式称为决策风格。依据决策风格的不同,职业生涯决策者可分为以下五种类型。

(1) 理智型。这类决策者具备深思熟虑的特性,即使面对纷繁复杂的现实决策环境,他们也能够做好妥善的规划。他们往往很注重自己的经验,也很了解自己的能力、兴趣和价值观,其做出的决策往往具有长期效用。理智型是比较受推崇的决策者类型,理智型的决策者普遍具有理智思考、冷静判断的特点,但他们也会出现因为害怕承担决策的后果而不能整合自己和他人观点的困扰。

(2) 直觉型。这类决策者以依赖直觉和感觉为特征,比较关注自己内心的感受,对自己的决定通常说不出具体的理由。直觉型决策者的风格是以自我判断为导向,在信息有限时能够快速做出决策,当发现错误时能迅速改变决策。但由于其以个人直觉为决策依据,这类决策者发生错误的可能性较大,易造成决策结果的不确定性。

(3) 依赖型。这类决策者以寻求外界的指导和帮助为特征,往往不能够承担自己做决策的责任,宁愿将决定权交给他人,甚至顺从境遇或所谓的"命运安排"。"顺其自然""该怎样就怎样吧""对这件事就是拿不定主意""要不也跟他一样吧",是这类决策者常有的想法。依赖型的决策者必须清醒地认识到自身的责任,并适当减少生活中他人对自己的影响。

(4) 回避型。这类决策者以试图回避、拖延和不果断为特征,他们在面对决策问题时会产生焦虑情绪,往往不愿意承担做决策的责任,逃避考虑未来的方向,不知道自己的目标,更不愿意寻求帮助。回避型的决策者必须意识到自身的决策风格及其可能造成的危害,努力调整自己的情绪,增强职业生涯规划的意识和动机。

(5) 冲动型。这类决策者以渴望即刻实现、尽快完成选择为特征,他们不能容忍决策的不确定性以及由此带来的焦虑情绪,往往会抓住遇到的第一个选择而不再考虑其他的信息或者选择。因此,"先决定,以后再考虑"是这类决策者的决策风格。个人在一些无关紧要的小事上采取这种决策风格也无妨,但是在一些对人生有重大影响的事件上,这种决策风格可能会造成严重而持久的破坏性后果。

 拓展训练

决策风格测验:梨园摘梨

路边有一片梨园,假如你可以进入梨园摘梨,但只许前进不许后退,只能摘一次,而且要摘一个最大的。而对这种情况,你会怎么办?

A. 对视野范围内的梨进行比较,形成一个大概的标准,再根据这个标准选择最大的梨。

B. 我感觉这个大就摘这个了。

C. 去问看守梨园的人,让他告诉我什么样梨的最大,或者问旁边的人哪个梨最大。

D. 先别管了,走到最后再说吧。

E. 稍做比较,迅速摘一个。

以首次选择项为测验依据,选择结果说明:A 倾向于理智型;B 倾向于直觉型;C 倾向于依赖型;D 倾向于回避型;E 倾向于冲动型。

3. 职业生涯决策的原则

个人在进行职业生涯决策时一定要从实际情况出发,实事求是,科学决策。职业定位有四个黄金法则:择己所爱,择己所能,择世所需,择己所利。

(1) 择己所爱。心理学研究表明,兴趣是学习的动力。这对工作也同样适用。相关研究显示,一个人对感兴趣的工作可以发挥其才能的 $80\%\sim98\%$,并且长时间保持高效率而不感到疲惫;但对不感兴趣的工作,只能发挥其才能的 $20\%\sim30\%$,且容易感到疲乏。因此,大学生在做职业生涯决策时应遵循个人的兴趣和价值观,这样才能在工作中体会到人生的意义和价值,才能获得更多的工作乐趣,也更容易在工作过程中体验到幸福感。

(2) 择己所能。任何职业都要求从业者具备相应的能力,而且只有具备突出能力的人才能够在人才市场的就业竞争中脱颖而出。因此,大学生在做职业生涯决策时应充分考虑到自身的能力、性格等因素,选择在自己能力和潜力范围内且具有一定挑战性的工作。

(3) 择世所需。职业的设置是根据社会发展的需要确定的,大学生在进行职业定位时,需要考虑当前的社会需求所引起的职业变化,遵循社会发展的规律。

(4) 择己所利。职业是个人谋生的重要手段,大学生在做职业选择时,应考虑职业带来的收益。也就是说,个人在做职业选择时应综合考虑收入、职业发展前景、社会地位、成就感等多方面因素,在与社会利益不违背的情况下,选择对个人利益最大化的职业。

第三节　成为保险行业需要的人才

一、做好职业规划

大学生制定职业生涯目标时,应该考虑如何把职业生涯目标进行分解,使之更具可操作性,便于实现。

(一) 职业目标的分解

从宏观角度来看,职业目标可以按照两种途径来分解:第一,按时间分解,可以分为最终目标(人生目标)、长期目标、中期目标、短期目标;第二,按性质分解,可以分为外职业生涯目标和内职业生涯目标。

1. 按时间分解

(1) 最终目标。大学生在确定职业发展路径时,首先,自己的最终目标应明确,这个最终目标就是人生目标,应与个人的价值观相符合,一旦确立便不宜频繁改变。其次,最终目标要清晰,否则会影响后期具体的长期目标、中期目标和短期目标。

(2) 长期目标。长期目标主要是指时间为5年以上的目标,它主要受个人人生目标的影响。大学生在确立长期目标时要考虑以下因素:①该目标是否符合自己的价值观;②自己对该目标是否感兴趣;③该目标是否具有一定的挑战性;④自己是否能够实现该目标。

(3) 中期目标。中期目标是指3~5年的目标。中期目标是在长期目标的基础上确立的,较长期目标要更具体一些。中期目标有如下特点:①通常与长期目标保持一致;②该目标须结合自己所学专业、能力、兴趣和掌握的社会资源来确定;③可用明确的语言来定量说明;④该目标实现的可能性较大;⑤有比较明确的完成时间且可做适当调整。

(4) 短期目标。短期目标通常是指每天、每周、每月、每季、每年的目标,是中期目标和长期目标的具体化、现实化,是最清晰的目标。其主要的特征有:①该目标具有可操作性;②有非常具体的完成时间;③比较容易实现;④服从于中期目标;⑤比较切合实际。短期目标十分重要,短期目标的设定是否合理关系到中期目标和长期目标能否实现。短期目标还可以进一步细化,也可以根据不同的分类标准再分类。

2. 按性质分解

美国职业心理学家施恩教授最早把职业生涯分为外职业生涯和内职业生涯。他指出,外职业生涯是指个人经历一种职业的通路,包括职业的各个阶段,如招聘、培训、提拔、解雇、奖惩、退休等(外职业生涯目标见表 2-2);而内职业生涯更多地注重个人所取得的成功或个人主观情感的满足(内职业生涯目标见表 2-3)。

表 2-2　外职业生涯目标

目　标	提　示
职务目标	职务目标应当具体明确
工作内容目标	在现实生活中,能够做到高层职位的人是少数,而且职位越高可以选择的机会也就越少且继续晋升的可能性也越小。因此,个人不能只关注职务目标的晋升,而要把外职业生涯目标规划的重心移到工作内容目标上
经济目标	在外职业生涯中,经济目标的制定要注意切合实际,并结合自己的职业能力
工作地点目标和工作环境目标	由于这两个因素对个人生活有具体的影响,个人在择业时应慎重考虑

表 2-3　内职业生涯目标

目　标	提　示
工作能力目标	工作能力包括管理能力、策划能力、研究和创新能力、沟通协作能力等,必要的工作能力积累是达到职务目标和收入目标的前提,工作能力目标应优先于职务目标
工作成果目标	良好的工作成果能带给工作者极大的荣誉感和成就感,也是晋升的重要因素
心理素质目标	心理素质的好坏会影响人的心态和决定,也会影响个人职业生涯发展。良好的心理素质包括能够经受挫折、包容他议以及能够在成功面前保持清醒和冷静
观念目标	立足企业文化,随时更新自己的观念

(二) 大学阶段的具体任务

从微观层面来说,大学生职业生涯规划的实施应贯穿大学生在校读书的每个阶段。

1. 适应阶段

在进入大学后,大学生需要一段时间去适应新的学习环境、生活环境、人际环境等,在这一阶段,大学生需要了解所学专业的相关信息,明确专业的发展前景,明晰所学专业与未来职业之间的关系,并逐步形成职业生涯意识,进行相应的职业生涯规划。

(1) 了解专业设置目标。专业设置目标是专业的灵魂,大学生可通过它了解社会对该专业人才结构的需求信息。因此,大学生应当先了解专业设置目标,由此明确自己通过几年的专业学习应具备的素质与能力,以便对自己的未来有一个基本的定位。

(2) 了解专业发展前景。专业发展前景是大学生最关心的问题之一,不少大学生在入学初期就开始对自己未来的职业有所憧憬。因此,面对所学专业,大学生必须关注本专业的就业领域和就业困难等问题,只有对专业发展前景有所了解,才能做好学习上的计划及思想上的准备。

（3）掌握专业学习方法。大学的学习模式与学习方法和高中有较大的区别，不同专业的学习方法也存在差异。大学生在适应阶段尤其要重视对学习方法的掌握与探索，只有掌握了正确的专业学习方法，才能事半功倍、提高学习效率，从而增强自己的自信心。

2. 探索与学习阶段

大学二年级是大学生打好专业理论基础的关键时期。在这一阶段，大学生尤其应该重视专业知识的学习和探索。

（1）学习专业理论。专业理论是大学生专业水平的基础，大学生应认真学习本专业相关课程，掌握专业理论知识；同时还要认真学习专业基础知识，掌握专业知识的重点和难点。

（2）提升专业技能。专业技能是个人将理论知识应用于实际操作的一种能力。大学二年级是个人学习专业技能的重要时期，大学生应抓住机会进行专业技能训练。比如，保险专业的学生应加强实务操作训练和专业素质训练等。只有通过参加各类活动，个人的专业技能才会逐步得以提升。

（3）提高综合素养。综合素养是衡量一个人综合水平的重要因素，体现在人际交往技巧、处理事情的方式、性格等方面。大学时期是提高个人素养的重要时期，大学生应主动提高自己为人处世的能力，塑造个人独特的个性。

3. 应用与实习阶段

在这一阶段，大学生在专业学习方面已积累了一定的专业理论知识，是大学生自身能力由理论层次向实操层次过渡的重要阶段。因此，这一阶段大学生应重视对专业知识的应用，争取到专业对口的单位去实习、见习，了解行业实际操作方法与流程。

（1）参加专业见习，即大学生到专业对口的行业进行参观学习。大学生可以在观摩相关行业工作流程、工作方法及工作内容的过程中对这个行业的实际操作有一定的了解。

（2）参加专业实习，即大学生到专业对口的行业及具体岗位从事实际操作工作。专业理论知识终究需要应用于实际操作中，专业实习是大学生在校期间的一个重要实践活动，实习单位为大学生提供了一个实际操作的锻炼平台，大学生在这个过程中可掌握相关专业技能，为以后求职或者就业积累实践经验。

（3）参加社会实践活动。大学生可通过各种社会实践活动提升自己的专业实践能力和对社会的认知能力，并在服务社会的过程中增强自身的专业认同感与自豪感，用专业知识奉献社会。

4. 就业能力与技巧提升阶段

大学四年级是大学生进入职场前的一个关键学习阶段，个人就业能力与求职技巧的提升是这个阶段应关注的重点。

（1）提升个人就业能力。在这一阶段，大学生可以将自己之前所学的各种知识和技能进行总结，凝练出个人的综合能力，并对自己的专业优势、个人竞争力进行分析，以提升自己的就业能力。

（2）提升个人求职技巧。个人的求职技巧直接关系到求职道路的顺利与否，大学生在这一阶段应该认真学习并提升求职技巧，如简历制作、面试礼仪等，以便在应聘和面试时充满自信并脱颖而出。

二、制定行动策略

职业生涯行动策略是指为实现职业生涯目标而制定的行动措施，即一系列较为具体的、可操作的策略。它主要包括教育培训、讨论交流、实践锻炼、利用有效资源等。

（一）制定行动的主要策略

根据个体的现实差异，职业生涯行动策略大体可分为以下三类。

1. 一步到位型策略

一步到位型策略是指大学生以现有的优势条件直接从事目标职业，然后整合利用已有资源，最终实现自己的职业生涯目标。比如，你如果想成为一名中学高级教师，首先必须要能够进入中学做老师，然后通过努力取得高级职称。

2. 多步趋近型策略

多步趋近型策略是指大学生如果目前无法实现自己的目标职业，可以先选择一个与该目标相近的职业，稍微走一点"弯路"，然后逐步趋近，以达成自己的理想目标。比如，你想创业，但目前经验和资本也不足，那就可以先去相关行业工作，积累一定的企业运行经验和资本以后再去创业。

3. 从业期待型策略

与前两者不同，从业期待型策略强调个人对职业理想状态的追求。坚持这一策略的求职者认为，在什么行业谋职和从事什么职业并不重要，关键是要满足自己所坚持的职业价值观。

（二）制定行动的方案

大学生在确定职业目标后，制定一个行动方案是很有必要的，而行动方案的制定通常需要遵循以下步骤。

1. 行动思考准备

（1）所学专业的发展前景如何？

（2）个人发展计划必备的要素有哪些？

（3）个人职业目标是什么？

（4）怎样才能实现职业目标？

2. 制定行动方案

完整的行动方案应包含职业方向与总体目标、社会环境分析、学校分析、自身条件及潜力测评、角色及建议、目标分解、成功标准、缩小差距的方法等内容。

3. 开始行动

(1) 实际行动。

(2) 做好记录。

(3) 分析行动结果。

(4) 利用一切资源和机会。

4. 反思改进

(1) 发生了什么事？

(2) 为什么会发生？

(3) 结果如何？

(4) 现在怎么办？

(5) 该如何改进？

三、实施行动方案

大学生在明确奋斗目标、找到差距、确定具体行动方案之后，就要开始实施行动方案了。首先，你可以列一个行动计划表（见表 2-4），将你的各项目标和行动策略记录下来。其次，你还应该列一个行动计划评估表（见表 2-5），对你的行动计划做出评估。若评估总分小于 21 分，你最好放弃这个计划，因为你对计划的承诺不足以支持你完成它；若评估总分小于 28 分，你应再考虑完善你的计划；若评估总分在 30 分以上，你就可以全力以赴地去实施这个计划了。

表 2-4　大学期间职业生涯发展行动计划表

短期目标	差距分析	具体任务	实施策略	实施期限

表 2-5　行动计划评估表

问题	5分	4分	3分	2分	1分
最亲近的人对你的支持度如何？	非常支持	支持	一般	反对	坚决反对
本计划有多少是你的真心选择？	100%	80%	60%	40%	20%
本计划对你的重要程度如何？	100%	80%	60%	40%	20%
本计划与其他重要目标冲突有多大？	没有	较大	有一点	很大	极大
若遇重大困难你会放弃本计划吗？	坚决不会	不会	不好说	也许	会
你愿意为本计划作出必要的牺牲吗？	当然	尽量吧	不好说	一般不会	不会
本计划符合你的价值观吗？	非常符合	较符合	不矛盾	有冲突	很大冲突

本 章 思 考

1. 职业素养的内涵是什么？

2. 职业生涯决策包括哪些内容？

第三章 诚信:保险人才的基本素养

诚者,天之道也;诚之者,人之道也。

——孟子

通过本章学习,学生应了解诚信精神在当代的重要意义,明确诚信精神对保险从业人员的重要性和必要性,掌握培养保险人才诚信品质的路径。

 导读案例

保险代办员导演骗保大闹剧

48岁的杨伟原是安徽省灵璧县的一名保险代办员,多年的工作经验让他对投保、理赔流程和手续非常熟悉,也对其中的漏洞了然于心。这使他萌生了伪造交通事故骗保的想法。在这个想法还没"成熟"前,杨伟已经做好了准备。2012年10月13日,他给登记在妻子名下、自己实际控制的一辆面包车投保了机动车交通事故强制责任保险和第三者商业责任保险。

2012年11月,杨伟因到医院看护母亲而认识了刘銮英,了解到刘的丈夫崔某是一名肺癌患者,将不久于世。这给杨伟计划的实施带来了可能性——将癌症患者伪装成交通事故的死者。于是,杨伟让刘銮英提供其夫妻两人的身份证件,由杨伟替崔某在4家保险公司分别投保人身意外伤害险。之后,杨伟找到帮手杨夫玉,商量好"出演"骗局的费用。

2012年12月16日18时许,崔某病危,在灵璧县人民医院弥留之际,杨伟安排杨夫玉驾驶已投保的面包车,伙同王建业在灵璧县城南酒厂路口伪造撞伤崔某现场,而后由杨夫玉拨打报警电话,并向保险公司报案,声称发生交通事故。4日后,崔某病亡,杨伟将交通事故认定书及崔某的法医学尸检报告进行篡改和套打后,伙同刘銮英等人持虚假索赔材料向所投保的公司进行索赔,骗取保险金34万余元。事后,杨伟分给刘銮英2.2万元。得手后,杨伟一发不可收拾,先后利用5名癌症患者,以相似手段编造未曾发生的保险事故5起,累计索赔总额达人民币356万余元,其中既遂196万余元,未遂160万余元。

这一场场不断"复制"的骗局之所以能接连成功,离不开各方的卖力"演出"和"戏份"

的无缝对接。

一是寻找目标患者,寻求患者家属配合。伪造事故的首要条件是要找到符合条件的癌症患者。杨伟通过自己寻找或医院医生介绍,结识多名癌症患者家属,并商议共同骗取保险金。之后,杨伟再帮患者家属买保险并办理银行账户。

二是不断变更牌照,雇用"临演"伪造事故。伪造交通事故,不仅需要"伤者",还需要不同的肇事者。为此,杨伟先给肇事车辆买好车险,然后指示杨夫玉、苏凯、赵玉会(另案处理)、杨夫动、王建业等人驾车,先后在灵璧县城区多地伪造与4名被保险"被撞"并经抢救无效死亡的虚假交通事故。为避免露出马脚,在每次出"车祸"前,杨伟会将涉案车辆转让,将车号变更。

三是串通医院医生,里应外合假抢救。癌症患者是被撞死还是因病死亡,在医院"抢救"这个环节最容易暴露。但杨伟早已打点好,让原灵璧县人民医院医保科科长王士斗做内应,安排该院综合科医生宁道福和医保科副科长李礼对被保险人按照交通事故致伤的治疗程序对被保险人进行"抢救",制造其因交通事故而死亡的假象,出具虚假病例。

四是篡改骗保材料,骗取保金分成。杨伟持篡改或伪造的交通事故责任认定书、法医学尸检报告及被保险人的死亡证明、火化证明、户口注销证明和虚假的病例等材料,单独或者共同与患者家属向被保险人所投保的保险公司进行索赔。杨伟将所得赃款除按照事先约定分给癌症患者家属外,其余赃款被其非法占为己有。

2016年9月,安徽省灵璧县人民法院在宿州中院二号法庭对这起案件进行公开宣判,因犯保险诈骗罪,主犯杨伟被判处有期徒刑13年,剥夺政治权利3年,并处罚金20万元,此外,参与诈骗的其他12名从犯也分别被判刑并处罚金。杨伟等人不服,提出上诉。之后,宿州中院终审裁定,驳回上诉,维持原判。

(资料来源:范天娇,曹杰.保险员车祸骗局 多家公司发现疑点未深究[N].法制日报,2017-04-02.)

思考与启示:上述案例暴露出保险行业的监管和制度存在漏洞,因此,政府有关部门要加强对保险行业的监督管理,保险公司要完善自身的制度建设,保险从业人员也要不断加强自己的职业素养。只有保险从业人员严守诚信底线,才能预防骗保事件的发生,才能维持保险行业的良好形象。

第一节　诚信及其当代意义

一、诚信的基本内涵

明末清初著名思想家王夫之认为:"诚者,实也。实有之,固有之。"这句话的意思是内诚于心为诚信,表现在外便是言出必行、言而有信。诚信是我们中华民族的传统美德,历来都被人们奉为做人处事的准则和信条,受到儒士们的推崇和褒扬。从社会学角度来看,诚信可以推动社会法制化进程,规范生活秩序,有助于人际关系的协调。

"诚"作为一个重要的传统伦理规范,中国古代的先哲们对其有不少论述。例如,《周易·乾》中就有关于"诚"的表述,如"修辞立其诚,所以居业也",即说话必须要讲求诚信,如此才可以建功立业。又如,《礼记·中庸》中提出:"诚者,天之道也。诚之者,人之道也。"这是首次用道德评价"诚"的表述,认为"诚"是天人合一的必要条件。

"信"首次出现在金文上,后经儒家学者整理和发扬,人们才逐渐丰富了对"信"的认知。孔子曰:"人而无信,不知其可也。"他认为,"信"是做人立世的基点,在伦理上占据十分重要的地位。孔子提出"五伦关系",即长幼有序、夫妇有别、君臣有义、父子有亲和朋友有信。这是中国传统道德教化社会背景下的伦理规范和基本标准。至汉朝,在"孔孟思想"的基础之上,董仲舒将"信"的内涵进行了扩充,将"五行"与"仁义礼智信"结合,称为"五常之道"。

"诚信"作为一个词,其内涵是指诚实无欺,恪守信用。传统的诚信重人伦道义,强调为人处世都要重义轻利、信守承诺。在现今社会,诚信的内涵释义更多为重诺守约、真实不欺骗、诚实不说谎,但其深层含义是指一个人的言行与其责任、能力、权利的一致与统一。社会主义层面上的诚信则不再局限于道德领域,已经发展到了国际交往、社会主义文化、社会主义政治、市场经济和现代法律等领域。

二、中西方文化中的诚信

(一)历史追溯:我国传统文化中的诚信

"守诚信"是我国传统文化中非常重要的思想文化资源。习近平总书记指出,培育和弘扬社会主义核心价值必须立足中华优秀传统文化,并将中华优秀传统文化概括为六个方面:讲仁爱、重民本、守诚信、崇正义、尚和合、求大同。由此可见,诚信是中国传统道德思想和道德生活的重要内容,有着重要的社会意义。作为儒家文化的鼻祖,孔子总结了夏、商、周三代至春秋时期人们对诚信重要作用的认识,留下许多精辟的论述,对后世产生了深远影响。例如,孔子在《论语》中多次对"信"进行了论述:"与朋友交,言而有信""人而无信,不知其可也""子以四教:文、行、忠、信"……孔子还认为,在朋友交往方面,要结交那些为人正直、讲诚信、见闻广博的人,如"友直,友谅,友多闻,益矣"。此外,我国古文献《周易》也把忠信作为进德修业的基础,如"君子进德修业。忠信,所以进德也。修辞立其诚,所以居业也。"这句话的意思是,一个人积蓄功业离不开修治言辞,而修治言辞绝不能离开诚挚、忠信。

在我国传统文化中,道家和儒家虽然在价值追求和思想旨趣上大不相同,对诚信的立足点和功能的认识亦不尽相同,但他们在强调诚信对于个人修养的重要性这一点上则是一致的。道家所倡导的诚信是一种顺乎自然、发自内心、不矫不伪、真实不欺的品德,主张"道法自然""法天贵真"。以信待人是道法精神的重要内容。老子告诫人们:"信言不美,美言不信。"庄子倡言:"真者,精诚之至也。不精不诚,不能动人。""精诚"是道家诚信思想的重要概念,它是贯通人天,实现天人感应、天人合一的重要基础。从个人修养看,精诚藏于内,修己出诚。从天人关系看,只有恪守天道,以诚待人,才能感动天地,赢得天下人的追随。此外,道的施行也离不开精诚。例如,老子说:"怀自然,保至真,抱道推诚,天下从之,如响之应声,影之像形,所修者本也。"之后,道教继承了道家的诚信思想,注重用诚信思想教化民众,并将其向宗教化方向发展。

总之,诚信在我国历史上发挥着广泛而重要的社会作用,被看作是立身之本、为政之基、交友之道、兴业之源。人以诚立身,国以诚立心。历代统治者也都把诚信作为立身治国的根本。由上可见,尽管我国历史上不同时期对"德"的内容有不同的认识,但诚信是不变的核心内容。明清以来,随着经济的发展,人们更把诚信作为经商之道。例如,明清时期最有影响的两股兴业力量——晋商和徽商在总结自己的经营之道时,无不把诚信作为制胜要诀。可见,诚信不仅是商务往来的制胜之道,而且是个人事业和社会发展的兴盛之源。

(二) 世界眼光:国外诚信观念及诚信教育的核心内容

1. 西方思想中的诚信

在西方思想史上,诚信观念起源于古希腊。在古希腊城邦中,诚信无疑是公民最重要的德行之一。其中,最具代表性的是亚里士多德对诚信的论述,他主要从三个层面对诚信进行了论述:一是把诚信看作是介于自夸与自贬之间的一种德行,认为有适度品质的人是诚实的,这种人在语言上、行为上都实事求是,既不夸大也不缩小;二是把诚信看作是公正德行的一部分,认为诚信与否表现出一个人是否公正;三是提出经济交往中应该坚持诚实守信原则。亚里士多德强调,交易双方要想取得互利的效果,必须遵守诚实信用,交换的产品必须以量化的比例形式达到平衡,才能实现公平交易。这种观点开启了现代意义上信用观念的先河。到了罗马时期,诚信成为一种最重要的法理原则,如在罗马法中,诚信原则不仅体现在实体法中,也体现在程序法中。

2. 国外诚信教育的核心内容

1) 制度和法律层面

在制度层面大力倡导诚信的典型代表是美国。美国有着较为完善的个人征信、评信组织机构,且这种信用信息是通过市场化运作实现的。美国有独立于政府和其他组织的、服务于信用信息使用者的第三方机构——信用局。信用局是一家私营机构,不与政府或者企业走得太近是信用局保持第三方独立性和公平性不受到质疑的必要条件。此外,制度也是德国社会诚信建设的主要方式之一,从制度的制定到后期的执行,德国都有着严格规定。德国政府通过制定一系列相关制度,规范和监督人们的行为,告诫人们要遵守诚信。例如,德国的《民法典》中就有关于诚信的明确规定,其第二百四十二条明确指出:"债务人有义务按照诚信要求,并参照交易习惯,履行给付。"

很多国家通过立法的形式确认公民必须在各项社会活动中应遵守的诚信原则。例如,加拿大法律明文规定,在选举、商业行为、雇佣关系以及学术研究中均须遵守诚信。此外,瑞士也很早就将诚信原则纳入法律,如 1907 年瑞士国会通过的《瑞士民法典》是世界上最早制定的民法典之一。这部法典的第二条规定,任何人在行使任何权利或履行义务时,均应以诚实信用为基本原则。在瑞士国家公务员中,有一个职位叫"价格先生",专门负责监督餐饮、医药、旅游等行业的定价,防止不法商人哄抬物价。但自设立这一职位以来,瑞士很少发生"价格先生"处罚不法商贩的事件,因为商家明白,一味追求利润、不诚信经营就没有立足之地,早晚会被市场淘汰。

2) 学校和学术层面

经过多年的发展,美国通过设立荣誉制度和明确的处罚机制,建立了较为系统的多层级诚信教育体系,其中,荣誉制度是其核心制度。美国传统的荣誉准则与我国现阶段的诚信准则相似,包括无人监考、签署诚信承诺书、设立以学生为主体的诚信团体等。后来,这一荣誉准则发展成为荣誉制度体系,涉及:①入学就要求学生签署诚信协议和立下诚信誓言;②遴选荣誉教育家,加强对诚信行为的宣传和教育;③建立对违反制度行为的判定和惩罚体系。此外,美国的大学都制定了学生学术诚信条例,对考试作弊、论文抄袭等学术不诚实行为,从定义、表现形式到处罚规则和申辩程序都做了详尽的规定。比如,宾夕法尼亚大学在每年秋季开学之际,都会举行一次"学术诚信周"活动,让每位新生在签署保证书时阅读学术诚信条例。

美国大学对于学术诚信是非常重视的,以下行为都会被判定为作弊:①抄袭或协助他人抄袭;②学术剽窃;③代写、代考。值得注意的是,在美国,在未征得所学科目教授授权的情况下,学生将该科目的作业或类似的作业提交给其他科目的教授,这种行为属于剽窃;事先未经教授授权,学生自作主张地与他人商量着一起写作业,这种行为也属于剽窃。

3) 家庭层面

在瑞士,公德教育深入人心。谈及子女教育问题时,绝大多数瑞士人都表示,最重要的是子女能够遵纪守法、正直善良。尽管瑞士有完善的国家信用体系和严格的法律保障,但这一体系的根本基础则是全体公民的公德意识和自觉自律。在德国,人们更加重视家庭中的诚信教育。德国的教育心理学家普遍认为,3~5 岁是培养孩子价值观和辨别是非能力的关键时期,绝大部分孩子的品性是在这个时期养成的。因此,在德国的青少年教育体系中,家庭是道德教育的重要场所,父母则是孩子道德教育的启蒙者。德国教育法明确规定:家长有义务承担教育孩子的职责。在日本,"诚实"是很多学校的校训,而且日本的中小学生每人都有一本道德手册,该手册用通俗的语言记载着各种道德规范,旨在帮助学生自我反省和自我约束。日本的诚信教育贯穿学生学校生活的始终。

4) 社会文化层面

社会文化建设也是德国社会诚信建设的重要路径。德国的社会文化有着深刻的历史渊源，如古希腊罗马文化、日耳曼民族文化以及基督教文化等，都对德国文化的形成具有重要的影响。在德国的社会文化中，规则意识和契约观念是其核心因素。按照古罗马历史学家塔西佗的记载，德国人在日耳曼民族形成初期就具有浓厚的规则意识，这种规则意识通过文化得以延续。随着现代契约观念的确立，德国文化中的规则意识愈发凸显，一个人如果违背社会规则的话，周围人都会对他投来谴责和异样的眼光，对其形成潜在的规范压力，促使其行为符合规则要求。

（三）诚信的当代意义

诚信是中华民族的传统美德，是社会主义核心价值观的重要组成部分，更是社会主义市场经济发展不可缺少的重要元素，它在塑造诚信道德的过程中也发挥着至关重要的作用。

1. 传承中华诚信美德

习近平总书记指出："中华文明有着五千多年的悠久历史，是中华民族自强不息、发展壮大的强大精神力量。"我国人民在五千多年的发展历史中逐渐形成了一种诚实无欺、恪守信用的诚信精神。纵观历史，我们可以看到，诚信精神一直作为我国人民安身立命的基础而被珍视和发扬，对我国社会的发展起着重要作用。这种宝贵的精神品质体现在我国传统社会的诚信实践中，并被人们不断地传承和发扬。这种诚信精神来自人们自身社会化的学习过程，并融入人们的行为习惯之中，自然而然地在我国人民的社会生活中发挥着重要的作用，成为中华民族普遍认同的价值观念。诚信精神的传承，能够加深人们对诚信的理解，使之得到更好的践行。

2. 涵养诚信价值观念

我国自古便是诚信之邦，诚信精神渗透于古代"五常"等道德准则之中，也体现在许多历史人物的家训和流传甚广的名人轶事上。然而，在经济全球化时代下，人们面临着巨大的利益诱惑以及诸如拜金主义、功利主义等不良思潮的影响。在这种情况下，如果没有诚信精神作为支撑，诚信精神的践行必然会大打折扣。因此，我们必须加强诚信精神的宣传和教育，将诚信精神融入社会道德体系建设的过程中，为诚信价值观的建设保驾护航。在古代，诚信实践较少依赖法律的强制，而是依靠诚信道德约束。传统诚信精神作为我国人民在长期生活实践中形成的珍贵道德品质，同中国特色社会主义的诚信价值观在信守承诺、承担责任、相互信赖等内涵上有许多相通之处。因此，将传统诚信精神的内容融入核心价值观教育活动中，能够使人们对社会主义诚信价值观有更深的理解，从而引导人们形成守约重信的良好品德，营造和谐有序的社会氛围。

3. 坚守诚信道德品质

市场经济的产生推动了生产力的提高和商业贸易的繁荣，同时，市场本身所具有的自发性、盲目性与滞后性也为经济的有序发展带来了挑战。现代市场经济可以说是一种诚信经济,在这种经济环境中,人们之间的交易关系要靠社会契约来维护,即以诚信的态度处理各方的权利与义务,这样才能保证彼此利益的实现。然而,人们往往受利益诱惑,将全部精力用于追求利益的最大化,而忽略了对道义的遵循,甚至有时会越过法律和道德的底线。

事实上,当前社会主义市场经济发展过程中出现的一些乱象,如食品安全事件、电信诈骗事件、校园贷纠纷等,都是企业过于看重自己的私利而丧失诚信精神、规则意识造成的。这些不良现象仅靠法律是难以完全避免的,因为无论法律条款多么严密,总会有所疏漏,只要交易者心存恶意,就有可能找到其中的漏洞。在这种情况下,我们迫切需要将诚信精神作为有效应对市场经济挑战的精神动力和道德支撑。然而,一种意识观念的产生往往是人们在社会化的过程中逐步形成的结果,因此,在面对市场经济挑战时,我们必须大力加强对我国传统诚信精神的宣传和教育,使人们深刻认识到自己在享受社会主义市场经济带来的便利时所需履行的义务,认识到自己对社会和他人应尽的责任,认识到诚信精神对社会稳定和自身长远发展的重要作用,进而逐渐形成一种人人守约重信的道德品质。

4. 重塑民族理性和民族精神

民族理性和民族精神体现着我国特有的经济、政治和文化品质,是中华民族战胜各种挑战而发展至今的精神凝聚力,在我国漫长的历史发展进程中发挥着重要的作用。然而,随着我国的现代化进程的日益加快,在市场化、网络化和全球化的社会环境下,许多人过于关注工具理性而忽视了对价值理性的追求,对科学精神的重视程度也超过了人文精神,物质主义的大行其道也使民族精神遭到了冲击,人们难以避免地面临着现代化带来的信仰危机、社会危机、生态危机等诸多困境。在这种情况下,诚信精神的传承有利于人们认识中华民族悠久的历史和灿烂的文化,加深对中华民族的文化认同,坚定对国家发展的信心,从而进一步激发人们的爱国热情,弘扬爱国主义精神。由此可见,诚信精神对重塑民族理性和民族精神有着至关重要的作用。

第二节　诚信在保险行业中的重要性和必要性

一、社会发展视角下的保险诚信

保险是指投保人根据合同约定向保险人支付保费,保险人按照合同约定对被保险人承担保障责任,被保险人在保险合同到期或者保险期限内发生合同约定的保险事故时,保险人承担给付保险金责任的商业保险行为。保险是经营风险的特殊行业,负债经营是保险业的基本特征,其自身拥有的资本金与所承担的责任相比完全不对称。

此外,保险商品与一般商品相比具有无形性、复杂性、长期性以及内在价值透明度低等特征。因此,在相同的情况下,社会对保险业的诚信要求要高于一般性企业。这就决定了诚信在保险行业中的重要地位。

 拓展案例

成功来自信誉

1835年,摩根先生成为一家名为"伊特纳火灾保险公司"的股东。这家公司不用马上拿出现金,只需在股东名册上签名就可以成为股东。这正符合当时摩根先生没有现金却想获得收益的心理预期。

不久,在该公司投保的一位客户家里发生了火灾。按照规定,如果完全付清赔偿金,保险公司就会破产。股东们一个个惊慌失措,纷纷要求退股。摩根先生斟酌再三,认为自己的声誉比金钱更重要。他四处筹款,甚至卖掉了自己的住房,低价收购了所有退股的股份,将赔偿金如数付给了投保的客户。一时间,伊特纳火灾保险公司声名鹊起,但保险公司已经濒临破产。无奈之中,摩根先生打出广告:凡是再到伊特纳火灾保险公司投保的客户,保险金一律加倍收取。不料,客户看到广告后竟然蜂拥而至。因为伊特纳火灾保险公司在人们心目中已经成为最讲信誉的保险公司。许多年后,摩根家族主宰了美国华尔街金融帝国,而当年的摩根先生,正是摩根家族的创始人。

成就摩根家族的并不仅仅是一场火灾,而是比金钱更有价值的信誉。因为有多少人信任你,你就拥有多少次成功的机会。

(资料来源:姜越.诚心——精诚所至金石为开[M].北京:海潮出版社,2012.)

案例思考:在现代经济社会中,即使一个企业拥有雄厚的资本实力、现代化的机器设备和誉满全球的品牌优势,建立了很好的采购和销售网络,并且有一支高素质的员工队伍和高学历的管理者队伍,但如果它在财务报表、商品、服务上不诚信,欺骗客户和投资者的话,那么就没有银行愿意给它贷款,这个企业的股票、债券和商品也就没有人买,企业必然会陷入困境,并最终在市场中消失。诚信是为人之道,是立身处世之本,是人与人之间相互信任的基础。诚实守信作为职业道德,对于一个企业来说,其基本作用是帮助企业树立良好的信誉和值得他人信赖的企业形象。

说到保险诚信,不得不提的是"最大诚信原则"。《中华人民共和国保险法》(以下简称《保险法》)中的诚信原则又被称为"最大诚信原则","最大"是指它比一般诚信原则要求更高。"最大诚信原则"的内容主要通过保险合同双方所约定的诚信义务来体现,具体包括投保人或被保险人的如实告知义务和保证义务,以及保险人的说明义务、弃权和禁止反言义务。"最大诚信原则"实际上是给保险合同利益双方提供了一条道德界限。具体来讲,保险诚信则是指在进行保险交易时，保险合同双方要恪守诚实与信用，不得隐瞒保险标的的真实情况，保险人必须充分说明保险产品真实的保障范围，且双方必须遵守合同中的各项约定。保险诚信是一个完整的体系，包括保险产品诚信、保险产品宣传诚信、保险产品销售诚信以及理赔售后诚信，涉及保险产品的设计、宣传运作及后期服务等。

2014年8月10日，保险业"新国十条"正式出台，明确了现代保险服务业在经济社会发展全局中的定位，指明了现代保险服务业的发展方向。"新国十条"给出了现代保险服务业的发展目标，即到2020年，基本建成保障全面、功能完善、安全稳健、诚信规范，具有较强服务能力、创新能力和国际竞争力，与我国经济社会发展需求相适应的现代保险服务业；努力由保险大国向保险强国转变；努力使保险成为政府、企业、居民风险管理和财富管理的基本手段，成为提高居民保障水平和生活质量的重要渠道，成为政府改进公共服务、加强社会管理的有效工具。

随着保险行业的快速发展，因信息不对称引起的各种保险诚信问题也日益凸显。一方面是投保人欺诈、骗赔事件屡有发生，并且这些事件随着科技的发展呈上升势头；另一方面是保险人及其代理人对投保人的误导、欺骗，以及由此引起的纠纷问题。这些都直接导致了整个保险行业的公信度下降，并阻碍了保险行业快速发展的良好形势。因此，保险市场中的诚信建设亟须加强。2017年5月15日，中国银保监会发布了《关于2017年继续开展打击损害消费者合法权益行为"亮剑行动"通知》，并针对销售误导、客户信息真实性和小额理赔服务等问题，对近两年保险消费投诉数量排名靠后的公司进行了专项检查，同时也提出要加强对保险公司创新业务和交叉领域的监管。2019年，中国银保监会印发的《2019年保险中介市场乱象整治工作方案》强调，对保险中介市场中存在的风险防范意识弱、管控责任落实不到位、与第三方网络平台非法合作等乱象进行重点整治，严肃查处相关违法违规行为，通过乱象整治工作倒逼保险机构加强内控管理，妥善处置潜在风险，有效规范市场秩序，促进保险中介市场长期稳健发展。

二、经济学理论视角下的保险诚信

（一）"柠檬市场"理论

"柠檬市场"也被称为次品市场，是指存在信息不对称情形的市场。在该市场中，由于产品的卖方比买方拥有更多关于产品的信息。因此，在极端情形下，这种市场会止步不前、萎缩甚至消亡。这就是信息经济学中的逆向选择。在阿克罗夫于1970年发表的《柠檬市场：产品质量的不确定性与市场机制》中有一个关于二手车市场的案例：在二手车市场中，买家知道他面对的是一个汽车质量不一且信息不对称的市场，在这个情形当中，买者不会相信卖者的话，唯一的办法就是通过压低价格来避免信息不对称所带来的风险损失。但同时，买者要求的过低价格也使得卖者不愿意提供高质量的汽车，结果就导致质量在平均水平以上的二手车车主面临着要么不卖、要么贱卖的困境，这些卖者只好选择退出市场,从而导致低品质商品充斥着市场,高品质商品被逐出市场,买家的出价也随之进一步下降,最终导致二手车市场的萎缩、甚至消亡。

根据阿克罗夫所描述的"柠檬市场"理论,保险行业也存在着类似的情况。例如,保险市场中 65 岁以上的人很难买到医疗保险,而且保险公司也不愿意通过增加保费的方式承担这部分人的保险风险,因为如果保费上升,那些 65 岁以上的投保人将会越来越确信自己需要保险,并在投保前或在体检中故意隐瞒自己的健康问题,结果导致投保人的平均健康水平随保费的上升而下降。这与上述二手车市场的例子极为相似,即在信息不对称的情况下,人们很容易出现逆向选择,并导致保险诚信问题。

(二)"囚徒困境"的博弈论分析

博弈模型可以用于分析经济学、社会学、政治学等领域中的很多问题,也可用于保险诚信问题的分析。在此,我们借助博弈论中的"囚徒困境"模型对保险行业中的诚信问题进行相应的分析。

"囚徒困境"模型的基本理论是由美国兰德公司的梅里尔·弗勒德和梅尔文·德雷希尔首先提出的,后来艾伯特·塔克又对其进行了深入的研究和进一步的阐述。经典的"囚徒困境"如下:在两个共谋犯罪的人被关入监狱并不能互相沟通的情况下,如果两个人都不揭发对方,则由于证据不确定,每个人都坐牢 1 年;若一人揭发而另一人沉默,则揭发者因为立功而立即获释,沉默者因不合作而入狱 10 年;若互相揭发,则因证据确实,两人都判刑 8 年。一般情况下,囚徒不会信任对方,因此他们倾向于互相揭发,而不是同守沉默。

"囚徒困境"是非零和博弈中具有代表性的例子,即个人最佳选择并非团体最佳选择。在保险活动中,存在着交易关系的保险人与投保人在每一次交易中可以选择的策略只有失信或守信,如果一方失信而另一方守信,则失信方会实现利益最大化,因此,双方都倾向于选择失信战略。但如果在保险合同中加上惩罚条款,则会出现不同的结果。由此可见,对失信行为进行行政处罚、完善保险诚信的法律法规、建立保险行业的自律组织及全社会的征信体系,对保险失信行为将会起到极大的遏制作用。

三、诚信对保险业经营的重要性

2016 年 5 月,由中国政法大学中国诚信建设研究中心主持完成的《中国诚信建设状况报告》发布。该报告指出,商业欺诈、合同违法、制假售假、偷逃税、学术不端等诚信缺失问题,在一定程度上已经成为影响和制约我国经济社会持续、有序、健康、稳定发展的关键。相关数据显示,我国企业每年因不诚信导致的经济损失高达 6 000 亿元人民币。此外,失信行为在法院民商事案件中相当多见。例如,来自苏州一家基层法院的统计数据,70％的民商事案件都是由失信行为引起的。

由于我国经济、社会正处于转型期,保险业经营还不规范,诚信缺失问题表现尤为突出,已严重制约当前保险行业的稳健发展。诚信是保险市场发展的助推器,只有抓住保险诚信建设的重点和关键,才能使保险业诚信建设有大的飞跃,构建和谐生动的保险局面,推动保险业的持续快速发展。

(一)最大诚信原则是保险活动存在的基础

《中华人民共和国民法通则》第四条规定,民事活动应当遵循自愿、公平、等价有偿、诚实信用的原则。这一规定确立了诚信原则是中国民法基本原则,是市场经济运行效率得以保障的基石。由于保险行业相对于一般行业的特殊性,保险活动中所适用的诚信原则又称为"最大诚信原则",这一原则源自最早的一个险种——海上保险。20世纪初期,由于当时造船技术、航海技术均十分落后,航船因遭遇恶劣气候和意外事故而导致的船货损失事件屡有发生,加之当时通信技术落后,被保险航船若在海上发生事故,其具体情况往往只能等船主(被保险人)返回后,根据其所陈述和提供的情况才能得知。因此,船主是否如实陈述事故真相,对保险双方至关重要。

此外,当时保险条款、法规不完善,也就是说,保险双方违反诚信原则的"机会"很多。如果船主隐瞒事故真相、编造谎言,将使保险人遭受重大经济损失;同样,如果保险事故发生后,保险人千方百计推卸责任,逃避保单项下应承担的责任,也会使被保险人遭受严重的损害。英国《1906年海上保险法》第十七条规定:"海上保险是建立在最大诚信基础上的合同,如果任何一方不遵守最大诚信,另一方可以宣告合同无效。"海上保险能够发展到现在的规模和水平,并推动其他形式保险险种的发展,充分说明保险双方能够最大限度地信守诚信原则是保险业经营的重要保证。

(二)保险诚信是对保险交易信息不对称的必要弥补

保险市场是一个典型的信息不对称市场。所谓信息不对称,是指保险合同双方当事人对与合同有关信息的了解、掌握程度不一致。在信息不完全的市场上,个人的信息资源、知识存量和获取信息的能力等方面的差异将导致交易双方的信息不对称。当存在信息不对称和交易成本时,大多数交易就变得"危险"起来,即具有"信息优势"的交易主体就会利用对方的"信息劣势"获取利益,从而产生失信问题。美国经济学家斯蒂格利茨认为,不对称信息的交易过程会出现交易主体的"特征隐瞒"或"知识隐藏",即信息优势方在交易过程中会有意识地隐藏对自己不利的真实信息,甚至伪装出良好的信息假象。

由于保险条款的专业性、技术性非常强,一般消费者很难理解和把握,而且保险合同是格式合同,事先由保险人拟定,投保人只能做出同意投保或不同意投保的选择,而没有修改具体条款的权利。因此,保险人必须本着最大诚信原则履行其应尽义务,明确说明条款内容,以免投保人误解,更不能设陷阱误导投保人或不兑现承诺。可见,最大诚信原则可以保护合同双方当事人的合法权益,是对双方信息不对称这一交易缺陷的必要弥补。

(三)保险诚信是保险经营和服务的根本要求

穆勒认为,人类的产业活动和所有其他联合活动的效率,取决于人类在多大程度上相互信任和遵守契约。诚信是依附在人与人之间、单位与单位之间以及商品交换之间的一种信任关系。从经济学角度看，诚信同版权、专利、品牌等一样，属于无形资产。诚信不断累积，就会形成信誉，良好的信誉可以促进企业做大、做强，而做大、做强反过来又强化了企业的信誉，从而形成良性循环。

保险业是一个特殊的金融服务行业，它提供无形化的产品，通过保险合同约定的承诺为保险事故提供补偿。"最大诚信原则"是保险经营和服务的根本要求，是贯穿于企业长期发展战略的一条基本原则，是建立保险企业核心竞争力的必要条件。保险公司的信誉度是其赢得市场的重要保证，直接影响到保险公司的生存和发展。正因如此，英国保险界有两个普遍信奉的道德口号：一是"信用是最大的资本"，二是"信用是经商的第一生命"。

四、诚信对保险从业人员的重要性和必要性

保险业的诚信建设是关系国家长治久安、行业健康发展和全体从业人员前途命运的重大问题。早在 2005 年，当时的中国保险监督管理委员会就发布了《关于进一步加强保险业诚信建设的通知》，其中提到保险业诚信建设是社会信用体系的重要组成部分，直接关系到行业兴衰和广大被保险人的切身利益，对保障人民生活、促进经济发展、构建和谐社会具有重大意义。

（一）保险从业人员遵循诚信原则有利于解决保险经营中信息不对称的问题

信息不对称是指市场交易的双方有信息优劣的差异。按照信息经济学原理，卖方总是比买方了解产品的质量、性能等情况，而且受到短期利益的驱使，卖家很有可能会利用信息不对称来误导、欺瞒客户并从中牟取暴利。保险作为一种特殊的无形商品，能给消费者带来安全感，投保人通过向保险公司缴纳保险费。获取保险公司提供的安全保障；保险公司通过收取客户的保费为客户提供与保费价值相等的保障。在保险这个特殊的行业中，信息的不对称一方面表现在投保人一方对保险标的的信息总是比保险人了解得深入一些；另一方面表现在保险人一方在保险条款和责任免除方面了解得更多。因此，在保险关系中，保险当事人双方都应当按照"最大诚信原则"行使相应告知义务。

在保险交易中，投保人骗保、骗赔以及保险公司拒保、拒赔的情况时有发生，其原因是保险公司和投保人之间的信息不对称，保险双方未能完全履行如实告知义务，未能尽到最大诚信原则。交易双方如果都想利用信息不对称误导对方，最终博弈的结果就是陷入相互欺骗的恶性循环当中，并对保险业造成巨大的负面影响。"最大诚信原则"的应用有利于解决保险行业中信息不对称的问题。在保险关系中，保险人与被保险人、投保人之间是相辅相成的关系，如果双方都能以诚实信用原则作为"立业之本"，都能真诚地对待对方，保险纠纷就会大大地减少。保险双方如果能做到诚实守信，保险事故就会较少发生，保险公司的偿付能力才能得到应有的保障。这对于保险公司和客户都是具有积极意义的。同时，保险人和投保人、被保险人之间是利害相通、唇齿相依的关系，保险双方只有严格遵守诚信原则，杜绝尔虞我诈、坑蒙拐骗，才能有效地改变信息不对称问题带来的不利影响。

（二）保险从业人员遵循诚信原则有利于规范保险行为，规避道德风险

保险行业是市场经济的重要组成部分，是金融行业的三大支柱之一。在市场经济下，由于个人的信用和企业的信用的缺失，大范围的保险诚信缺失问题时有发生，包括保险代理人的失信行为、客户的失信行为和保险公司的失信行为，都将对保险市场造成恶劣的影响，并严重影响我国道德体系的建设。因此，诚信原则在保险行业中的实际应用具有重要的意义。我国《保险法》第五条正是基于规范保险活动当事人履行"最大诚信原则"的目的而制定的，这充分体现出诚信对于保险行业的重要性。保险的对象是风险，保险行业实际上是一个转嫁风险的行业，由于保险本身具有的特殊性，保险人希望在收取高额保费的同时少承担保险责任，而投保人则希望以最少的保费来换取最多的赔偿。在这种情况下，道德风险必须通过诚信原则进行规范和预防，即诚信原则可以对投保行为、索赔活动形成一定的约束。例如，投保人必须将被保险标的的实际状况如实告知保险公司，不得隐瞒和欺骗。同时，投保人也应附有保险事故发生后的及时通知义务，如果因投保人未及时通知而导致保险事故的性质发生变化，并影响到保险公司对事故的判断和处理，则保险公司有权拒赔。这有效地制约了投保人的投保行为。除了对投保人的制约，诚信原则也有效地制约着保险公司的承保经营，保险代理人也应将保险合同中有关保险责任等重要保险信息对客户进行告知和讲解，不得有欺骗、隐瞒和误导客户。同时，对于客户的基本情况，保险代理人员也必须如实上报给保险公司，便于其做出核保决定。

近些年，各大媒体、报纸时有报道保险公司与客户因为保险索赔分歧发生纠纷的恶劣事件。因为索赔程序一旦被启动，保险公司将付出巨额的赔偿保险金，客户将从保险当中获取赔偿。因此，保险双方为了获取利益，保险人一方往往会以各种理由进行推脱，找借口拒绝为客户承担责任；投保人一方往往会编造虚假事故向保险公司索赔。这些严重违背诚信原则的实例对保险行业造成了恶劣的影响。鉴于此，《保险法》第二十七条列举了索赔过程中违背诚信原则的各种表现，并规定了相应的法律责任："未发生保险事故，被保险人或者受益人谎称发生了保险事故，向保险人提出赔偿或者给付保险金请求的，保险人有权解除合同，并不退还保险费。投保人、被保险人故意制造保险事故的，保险人有权解除合同，不承担赔偿或者给付保险金的责任；除本法第四十三条规定外，不退还保险费。保险事故发生后，投保人、被保险人或者受益人以伪造、变造的有关证明、资料或者其他证据，编造虚假的事故原因或者夸大损失程度的，保险人对其虚报的部分不承担赔偿或者给付保险金的责任。投保人、被保险人或者受益人有前三款规定行为之一，致使保险人支付保险金或者支出费用的，应当退回或者赔偿。"由此可见，保险双方当事人都应诚实守信地行使保险权利，化解可能存在的道德风险。

（三）保险从业人员遵循诚信原则有利于促进保险市场的繁荣

诚信是保险的"立足之本"，是保障社会稳定的基石。保险活动当中的失信行为将会给保险交易带来风险，使广大的保险客户对于保险市场逐步失去信心，不利于保险行业的

发展。因此,保险行业要想健康稳健地发展,保险从业人员必须遵循诚信原则,保险公司必须进行科学化的管理和诚信经营。失信会使保险市场低迷,诚信会促进保险市场繁荣。市场经济实际上可以说是信用经济,市场体系和市场机构的健全来源于信用经济的运作,保险活动中的失信行为会加大市场交易风险,增加交易成本,扰乱保险市场经济秩序,对市场经济的正常运行造成消极影响;相反,保险活动中的诚信行为会增强保险客户的信任度和归属感,更好地促进保险交易的达成,避免道德风险的发生。可以说,保险行业诚信原则的有效运用,必将加快保险市场的信用建设,促进整个保险市场的繁荣健康发展。

第三节　保险人才诚信品质培养

诚信是立人之本,成事之基。保险是经营风险的特殊行业,必须遵守“最大诚信原则”,但是从现实情况来看,诚信缺失已成为当前保险行业必须解决的问题。长期以来,一些保险从业人员在经济利益与道德观念的冲突中丧失了诚信和职业道德,导致保险公司的信誉度越来越低。可见,保险从业人员如果不讲诚信,必然会败坏自己的道德和声誉,最终还会影响行业的发展。当代保险专业大学生是未来的保险人才,代表着保险行业的未来和希望。因此,培养当代保险专业大学生的诚信品质势在必行。

一、保险人才诚信品质的现状

保险人才的诚信意识、诚信行为、诚信品质关系到良好社会风气的形成,关系到社会主义和谐社会的构建。当代保险人才*诚信品质的培养与形成受价值观、心理发展、人际交往等因素的深刻影响。

(一) 保险人才价值观发展的新趋向

社会价值观的变迁与社会政治、经济、文化的发展有着密切的内在联系。因此,随着时代的变迁,包括保险人才群体在内的整个社会价值观也在不断地发展变化,并呈现出许多深层次的特征。

第一,在价值目标上表现为理想价值观与世俗价值观共存。由于受市场经济机制的深刻影响,当代保险人才在价值目标的选择上更加现实,但其并未放弃对理想的追求。与以往相比,当代保险人才的理想更多的是满足个人的生活理想,在价值观上实现了从理想价值观向理想价值观与世俗(现实)价值观共存的转变。

第二,在价值取向上表现为整体价值观与个体价值观的融合。整体价值观与个体价值观是社会价值观研究的基本课题和核心课题。追求独立人格、注重自我感受、崇尚个人生活,成为当代保险人才的共识。在这种思想观念的指引下,当代保险人才充分运用属于

---

* 本节语境下的当代保险人才专指高校保险专业大学生。

自己的权利,积极参与社会生活,展示着青春的活力和力量。

第三,在价值选择上表现为一元主导价值观与多元价值观的互动。当代保险人才的价值观呈现出多元特征,他们倾心于自己在社会这个大舞台上展示自己的多变风采;但同时,他们始终坚持中国特色社会主义的主导价值观。

(二)保险人才心理发展的新特点

当代保险人才正处于生理发育的成熟期和心理发育的过渡期,他们出生在社会转型加剧、改革开放扩大和信息飞速发展的重要时期,他们既是经济发展的受益者、网络时代的体验者,也是不良社会现象的受害者,经受着社会转型带来的挑战。

在行为上,当代保险人才表现出很强的自主性,渴望独立,但实际上他们的依赖心理较强,抗挫折能力较差。他们大多数都是独生子女,衣食无忧,自我意识很强,不太考虑别人的感受。他们特立独行,张扬个性,乐于接受新鲜事物,但缺乏团队忠诚度,心里成熟度与社会实际的要求相差甚远,抗压能力不足。在情感上,当代保险人才情绪丰富,热情高涨,高尚情操日益发展,但他们对情绪、情感缺乏控制,易冲动和情绪化。同时,社会环境的现实情况导致保险人才在情感上躁动不安、荣誉感强、虚荣心强。

(三)保险人才人际交往的新变化

人际交往是一种以个人为对象,彼此联络感情、协调关系、寻求心理需求满足的活动方式和过程。当代保险人才作为人类社会的一个组成部分,正处于从学校走向社会的过渡阶段,大学校园这种相对单纯的内部环境和社会这个相对复杂的外部环境交织在一起,组成了保险人才所处的特殊环境。因此,当代保险人才的人际交往呈现出以下三方面的特点。

第一,交往的迫切性。人际交往是人的基本需要,当代保险人才思想活跃、精力充沛、兴趣广泛、活泼好动,与其他年龄段的人相比,他们对人际交往活动的要求更迫切。

第二,交往的自主性。社会心理学研究表明,青年时期是个人自我意识发展和完善的关键时期。处于这一时期的当代保险人才不愿意再依赖他人,希望独立地进行一系列的活动。他们在人际交往过程中,从交往观念的建立到交往对象、交往方式的选择等,都希望由自己决定。

第三,交往的易变性。当代保险人才虽然思想观念初步建立但并不稳定,容易受外部环境的影响,其交往的对象、内容、方式等都容易发生变化。他们在选择交往对象时,往往缺乏一种全面、客观、辩证的态度,只看表面现象,看不到其内在本质。

二、保险人才诚信品质培养的途径

诚信对于保险行业意义重大,诚实守信是对保险人才的基本道德要求。鉴于当前我国保险行业的现状,相关部门在保险人才教育方面必须大力倡导诚信观念,加强诚信教育,提高从业人员的诚信道德水平,使诚实守信成为保险人才的自觉行为。保险人才的诚信教育需要全行业共同参与,从提高思想认识、建立健全诚信教育机制、丰富诚信教育的内容、拓展诚信教育的形式和渠道、营造良好的诚信教育氛围、加强诚信教育队伍建设等方面出发,搭建完善的诚信教育体系,使保险人才诚信教育落到实处,产生实效。

(一) 高度重视保险人才诚信教育

保险人才的诚信教育要从当代保险专业大学生抓起,高校要高度重视诚信教育工作,培育大学生诚信经营的理念,采取有力措施,将诚信教育作为推进保险行业诚信体系建设的重要手段,确保诚信教育顺利展开。

作为诚信教育的对象,保险人才应充分意识到诚信是做人的基本道德准则,是保险行业的道德基础,是市场经济条件下经济活动中一项最基本的道德要求。保险人才应以主人翁的心态积极主动地参与诚信教育,系统学习诚信原理和相关法律法规等理论知识,不断地进行自我修炼,提高诚信水平,自觉地将诚信落实到自己的工作中,切实保障保险合同当事人的合法权利得以顺利实现,真正实现诚信经营,做有诚信的保险人才。

(二) 丰富保险人才诚信教育内容

加强保险人才诚信教育需要进一步明确和丰富诚信教育的内容。诚信教育的内容针对不同人群、不同行业存在一定差别,具体到高校保险人才诚信教育,其内容应主要包括爱岗敬业教育、诚信观念教育和合规教育。

1. 爱岗敬业教育

爱岗敬业是保险职业道德规范中的一项重要内容。孔子曾指出,"居处恭,执事敬,与人忠"。其中,"执事敬"就是说一个人无论做任何事情都要有敬业精神,都要认真履行自己的职责。在实际工作中,爱岗和敬业是相互联系的,一个人只有对工作投入无限的热情,才能对工作有深刻的认识,才能做好本职工作。爱岗敬业是做好本职工作的基本要求,是诚信在保险人才业务活动中的重要表现。爱岗敬业教育能端正保险人才的工作态度,提高保险人才的职业道德水平,帮助保险人才塑造良好的职业形象。

高校保险人才的爱岗敬业教育应从爱岗敬业精神的历史发展过程出发,结合当代市场经济及行业特点对爱岗敬业精神的新要求,使高校保险人才了解爱岗敬业精神的内涵及要求,树立崇高的职业理想,自觉地以岗位要求来约束自己的行为,正确对待自己所从事的职业。

此外,爱岗敬业教育有利于帮助高校保险人才树立职业责任感和职业荣誉感,有利于激发其强烈的使命感,使其不断提升专业技能,时刻遵循诚信原则。

2. 诚信观念教育

诚信观念教育就是帮助保险人才树立正确的诚信价值观,认识诚信发展的社会规律,正确处理行业角色中的各种关系,分清善恶,明辨是非,形成对诚信的正确认识并按照正确的诚信行为准则行动。

诚信观念教育是一个长期的过程,应该贯穿于保险人才职业生涯的始终。保险人才应通过诚信知识的学习,深刻体会诚信对保险业的意义,树立诚信的观念,将诚信视作"立身之本"和"立业之本",在各种复杂的利益关系中找准坐标,正确处理各种问题,维护保险合同当事人的利益。诚信原则只有得到全体保险人才的认同,才能由抽象的概念转化为从业人员的精神财富,才能真正体现出它在保险活动中的价值。

3. 合规教育

诚信是一切经营管理行为的出发点和落脚点,而合规是诚信在经营层面的一个重要内容和表现。保险人才在合规经营中所表现出来的诚信理念将大大提升保险行业的整体形象,成为人际关系的黏合剂、业务发展的推动剂。因此,相关部门在保险人才诚信教育中应加强"合规"教育。

合规教育要深入保险经营的各个方面,引导保险人才自觉地遵守相关法律及制度规定,将诚信贯穿于保险业务的各个环节,规范经营行为,从而树立良好的行业诚信形象。

三、保险人才诚信教育的渠道

(一)建立诚信教育基地,提供保险人才实践环境

建立诚信教育基地是进行保险人才诚信教育的有效途径。诚信教育基地可分为两种:一种是校内的诚信教育基地,如学校图书馆中丰富的诚信史料,以及在课堂上专业课教师讲授的保险诚信事迹等,这些都是诚信教育的生动教材;另一种是保险行业内的诚信教育基地,如一些诚信教育、诚信管理走在行业前列的保险公司,它们的诚信事迹更易引起共鸣,更能发挥榜样的力量,是更有实践意义的诚信教育基地。

建立多种渠道的诚信教育基地,以鲜活的诚信素材对保险人才进行教育感化,可以使诚信教育与时代相结合、与行业发展相联系,增强诚信教育的生动性、社会性,增进保险人才对社会诚信实践成果的了解,帮助保险人才学习更多的先进诚信事迹,以诚信原则规范自己的行为,提高自己的诚信品质。

(二)积极开展诚信实践活动

诚信教育应坚持"从实践中来,到实践中去"的原则。保险人才只有在学习诚信理论知识、诚信法规的同时积极参加各种诚信实践,才能理论结合实际,将诚信理论运用到实际工作中,并在实践中不断升华诚信理论,从而极大地提升诚信教育的实际效果。保险人才的诚信实践活动可以通过各种形式开展,例如,开展"保险诚信宣传周""7·8保险公众宣传日"活动,举办诚信知识竞赛、诚信辩论会、诚信征文、诚信座谈会,等等。我们只有通过多种活动形式将诚信实践融入日常活动中,增强诚信教育活动的吸引力,才能不断强化保险人才的诚信意识,确保诚信教育的良好效果。

本 章 思 考

1. 谈谈你对高校大学生诚信品质重要性的理解。

2. 结合自身实际,谈谈你对保险从业人员基本素质的认识。

第四章 责任：保险人才的可贵精神

人生须知负责任的苦处，才能知道尽责任的乐趣。

——梁启超

通过本章学习，学生应了解责任的内涵、特点和分类；明确新时代赋予青年大学生的新职责、新使命；学会积极履行责任，培养自身的责任感；了解保险从业人员职业责任的具体内容。

 **导读案例**

你的事？还是我的事？

——一位教育工作者眼中的大学生责任心缺失原因

我时常在工作中会遇到这样的问题：每当通知学生某个事情的时候，有些同学会认为，"啊！这不是我的事，真麻烦！"什么是"我的事"？什么又是"你的事"？在学生群体中，这种"你""我"分得特别清晰，一点点生活琐事都会被放大成原则性问题。那么，为什么会这样呢？

一、社会环境的影响

现代大学生作为"00后"群体，出生在社会经济高速发展的时代，他们的生长生活环境比其父辈有了大幅度提升。但是，优渥的条件在为他们的成长、成才带来便利的同时，也在他们长大成人的道路上设下了"障碍"。有些大学生习惯了"理所应当"的获得，将"担当"与"付出"视为一种"吃亏"，遇到问题就推三阻四，遇到好处就争先恐后。同时，随着社会环境的复杂化和外来干扰因素的增加，现代大学生置身于不同的环境和思潮之中，其生活环境与价值观的差异导致每个人的"三观"也有很大的不同。

二、家庭教育的影响

"00后"大学生的父母基本上都是"70后"或者"80后"，其家庭的经济条件和教育方式都存在很大的差异，而且家长的"三观"直接影响着孩子的"三观"，这就导致"00后"大学生在生活方式、生活态度、为人处世等行为习惯上各不相同。例如，有的父母工作比较忙，无暇顾及自己的孩子，对孩子的愧疚表现在对其金钱需求的满足上，但对孩子的成长缺乏正面的引导;有的父母则对孩子过于溺爱,导致孩子缺乏自我管理能力和生存能力。

总而言之,当代大学生在责任心方面存在缺失,究其原因,一方面受社会大环境的影响,另一方面也和家庭教育息息相关。作为大学教师,我们能做的就是尽力去正面引导,让大学生在成长过程中感受到责任和担当带来的快乐。

(资料来源:石桃丽.你的事,我的事——浅谈大学生责任心.[EB/OL].(2017-05-31)[2020-06-22].http://uzone.univs.cn/blog/blog_3093088_xknbaxc3e0veavosc3el.html.)

案例思考:新时代赋予了现代大学生新的使命与职责,大学生能否担负起时代的使命与职责,成长为顶天立地"大写"的人,归根结底取决于责任意识是否能够入心、入脑,是否能够将那些既是"我的事"也是"你的事"的事情做好。

第一节　责任与责任感

责任是各种社会道德、伦理规范的基础,一个人只有承担起属于自己的那份责任,才能将自己与社会连接在一起,才能被社会认可和接纳,才能在社会中生存和发展。当代大学生作为社会主义事业的建设者和接班人,即将进入社会,融入政治、经济和社会生活中。他们是否具有责任意识并勇于承担属于他们的历史重任——实现中华民族的伟大复兴,关系到社会主义和谐社会的构建,也关系到社会的整体利益和未来发展。

一、责任的内涵

责任意识的出现,最初缘于社会的分工和角色的分化,并伴随着个人能力的增长、对行为后果的自觉以及社会交往的发展而不断增强。在西方,"责任"是一个古老的话题,早在古希腊罗马时期,苏格拉底、柏拉图、亚里士多德等学者就对责任问题有过不少著述。苏格拉底把责任看成是城邦公民为国家和人民做贡献时所应具有的本领与才能。柏拉图在《理想国》一书中多次提及苏格拉底关于责任问题的论述,如"正义是一种责任"。亚里士多德指出,人应该为自己的行为负责任。伊壁鸠鲁提出:"我们的行为是自由的,这种自由就形成了使我们承受褒贬的责任。"公元前44年,西塞罗写成《论责任》,使责任问题更加系统化。

在中国传统文化中,儒家思想从人伦关系和社会角色出发,将社会中的人划分为各种角色,规定了人们应尽的各种责任,如"天、地、君、亲、师""修身、齐家、治国、平天下"等。《论衡·问孔》中记载:"责小过以大恶,安能服人。"这里的"责"就是指没能做好分内的事而必须承担惩罚。"责任"一词最早见于《新唐书·王珪薛收等传》中:"观太宗之责任也,谋斯从,言斯听,才斯奋,洞然不疑。"这里"责任"的意思是人们应担当的某种职务或职责。

宋代司马光撰写的《谏西征疏》曰："所愧者圣恩深厚,责任至重。"这里的"责任"是指"分内
应做好的事"。明清时期,"责任"一词的含义与《现代汉语词典》的解释非常接近：一是分
内应做的事;二是因没有做好分内应做的事而应当承担的惩罚。例如,清代文学家李渔在
《玉搔头·止兵》中记载："曾与老爷当面说过,内患不除,是老爷的责任。"这里的"责任"就
包括"分内应做的事"和"因没做好分内之事应承担的惩罚"两重含义。

 **拓展阅读**

论　责　任

　　人生的各个时期都有其不同的责任,有些责任属于青年,有些责任属于中年或老年。
下面说一说不同责任的区别。

　　年轻人的责任是尊敬长辈,与他们中的佼佼者结成忘年交,以便受惠于他们的忠告和
影响。因为年轻人缺乏经验,需要老年人的实用性智慧加以扶持和指导。人生的这一时期
最重要的在心、身两个方面锻炼自己的吃苦精神和耐力,以便日后在军队或行政部门里能坚
定地履行繁重的责任。甚至当他们想轻松一下头脑而行乐时,他们也应当谨防无度,牢记节
制之道。如果年轻人甚至在作乐时也愿意让老年人参加,那就更容易做到有节制了。

　　老年人应当减少体力劳动,而且他们的精神活动应该增加。他们应当尽可能地以其
忠告和实用性智慧为朋友和年轻人服务,尤其是为国效劳。老年人最重要的是要防止变
得衰颓懒散,虽然任何年纪的人奢侈都是不好的,但是老年人奢侈尤其令人厌恶。如果老
年人不但生活奢侈,而且还纵欲,那更是加倍的邪恶。因为老年人这样做不仅玷污自己的
名声,而且还会对青年人造成不良影响。在这一点上,我们似乎还可以讨论一下行政长
官、本国公民和外国人的责任。

　　一个行政长官特别要记住的是国家托付给他的神圣职责,他代表国家,他的责任是维
护国家的荣誉与尊严,执行法律,使所有的公民都享受到法律所赋予的权利。

　　首先,公民应当在私人关系上与同胞平等相处,既不奴颜婢膝,也不飞扬跋扈;其次,
在有关国家的事情上,公民应当为国家的太平和荣誉而努力。这样的人总是为人们所尊
敬,并且被称为好公民。

　　至于外国人或外侨,他的责任是严守自己的本分,不打听别人的事情,在任何情况下
不干涉别国的内政。

　　我想,当我们探讨责任对于各种人、各种情况和各种年龄来说意味着什么的时候,我
们就会很清楚地看到自己的责任。但是最恰当的莫过于在一切行动和计划的构想上都保
持前后一贯。

　　(资料来源:西塞罗.论老年 论友谊 论责任[M].徐奕春,译.北京:商务印书馆,2011.)

　　从现代语义学视角出发,责任的内涵具体包括以下三方面内容。第一,责任是法理层面的"必然之责"。这种责任不以责任主体的意志而转移,是一种客观的、必然的存在,如护士照看患者的职责、列车司机负责列车安全的职责等。这些职责都因该职位的存在而存在,无论谁来当护士、司机,相应的职责都不会改变,相关人员如果没有履职尽责,就会受到法律的惩罚。第二,责任是伦理层面的"应然之责"。这种责任具体包含两种情形。第一种情形是,责任主体因没有做好分内应做的事而需要负责的状态。在大多数情况下,当责任主体的行为(作为或不作为)产生了不利结果时,他就必须对这种结果承担相应的责任。第二种情形是,当不利后果是因为非人为或者不可归咎于人的因素而引起的时候,比如,"因雷电造成电器损坏"可以说是"雷电应对电器损坏负责",但当事人觉得"如果我……,就不会使电器被雷电损坏了",此时的责任是指当事人内心的伦理约束。第三,责任是管理层面的"实然之责"。这类责任是指责任主体因没有做好分内应做的事而必须承担的指责、处罚或其他否定性的后果,通常表述为"受到了怎样的处罚""承担了什么样的责任"等。这是"责任"一词最为常见的含义。这类责任的产生,既需要以责任主体没有做好分内应做的事而应受到处罚("应然之责"中的第一种情形)为前提,又需责任主体具备能力责任。也就是说,"实然之责"是在责任主体同时具备应苛责性和能苛责性的前提下所承担的否定性后果。可以说,这类责任是责任最为本原的含义,责任的其他含义都来源于"实然之责"。

　　从以上中西方对"责任"语义的界定与分析中可以看出,责任的概念具有多义性,即在不同情境中,其侧重点不同,含义也不同,有的强调道德责任,有的强调法律责任,有的强调因果责任,有的强调能力责任。本书认为,"责任"是个人或群体在其所承担的人际关系、社会关系、人文关系、人天关系中由法律与道德规范所要求的,对自我、他群、文化、自然等应该自觉实现的合乎规范的行为以及对行为结果的承担。

 **拓展阅读**

对人民负责的好榜样

　　1962 年冬天,焦裕禄作为县委书记赴兰考上任时,展现在他面前的是一幅让人揪心的灾荒景象:看不到边的黄沙向天边延伸着,一片片内涝的洼地里结着青色的冰白,茫茫的盐碱地上只有枯黄的草在寒风中颤抖。看到这一切,焦裕禄对生活在这片土地上的人民充满了深深的同情,他下定决心要帮助兰考人民改变这里的一切。他拖着患有慢性肝病的身体,在 1 年多的时间里,跑遍了全县 140 多个大队。在带领全县人民封沙、治水、改地的斗争中,焦裕禄身先士卒,以身作则。在风沙最大的时候,他带头去查风口,探流沙;在大雨倾盆的时候,他带头顺着齐腰深的洪水察看流势;在风雪铺天盖地的时候,他率领干部访贫问苦,登门为群众送救济粮款。他经常钻进农民的草庵、牛棚,同普通农民同吃、同住、同劳动。1964 年 5 月 14 日,焦裕禄被肝癌夺去了生命,年仅 42 岁。他临终前对组织上的唯一要求就是:"在我死后把我运回兰考,埋在沙堆上。我活着没有治好沙丘,死了也要看着你们把沙丘治好。"

　　(资料来源:穆青.县委书记的榜样——焦裕禄[N].人民日报,1966-02-07(06).)

　　思考与启示:虽然焦裕禄已经离开我们 50 多年了,但他"为兰考人民负责任"的精神一直闪耀在中原大地上,并在亿万人民的心中树起一座不朽的丰碑。作为党员,为了党和人民的利益,他一生鞠躬尽瘁、死而后已。他这种勇于担当、丝毫不计较个人得失的精神值得当代大学生学习和传承。

二、责任的特点

(一) 责任的客观性与主体性

　　社会历史是由人来创造的,所以人对历史的发展负有不可推卸的责任。但是历史不是被人随心所欲创造的,它有一定的客观规律。责任是人之为人的本质规定,是社会对人的一种规定和使命。马克思指出:"作为确定的人,现实的人,你就有规定,就有使命,就有任务。至于你是否认识到这一点,那是无所谓的。"这里提到的规定、使命和任务,就是社会生活和社会关系赋予每个人必然要承担的不可推卸的责任。人们在社会实践中,客观上必然具有一定的任务、使命和规定,这是社会发展对现实中的人的客观要求,因为社会发展需要遵循客观规律,个体需要在尊重客观规律的前提下主动参与社会生产。可见,这种责任是客观存在的,不是由个人主观意愿决定的。

　　责任的主体性表现在两个方面。其一,责任主体具有独立人格。基于人格的独立性,责任主体才能具有独立选择行为的能力,并对行为选择的结果承担应有的责任。其二,责任是对主体行为的自主管控。责任的主体性表现为人要对自己的选择行为负责。因为人有自主管理能力、自觉认知能力、自我决定能力,可以主动规范个体活动目标的方向性以及实现目标过程中的科学性,避免因违反客观条件与规律而造成的负面影响或不良后果。

(二) 责任的社会性与实践性

　　马克思主义认为,因为人的本质在其现实性上是社会关系的总和,所以人具有社会性。处在一定历史条件下和一定社会关系中的人,必然要受到客观条件的制约,这体现出社会对人的客观要求与规定,而这种客观要求与规定就是我们所说的责任。人的社会性决定人不能脱离社会而存在,责任是社会对人的客观要求,任何人都要有一定的社会责任。

　　责任的实践性体现为实践活动是责任产生的历史前提。人类在改造自然和征服自然的过程中产生了实践活动,因此,实践活动是人的"自由自觉的活动"。人与人、人与集体、人与社会、人与自然这多种关系也恰恰是在大量具体的生产实践中形成的,如果没有实践活动,那么就不存在各种各样的社会关系。在现实生活中,社会成员扮演着多种角色,其自身的职责也各有不同,社会实践活动要取得效果,就必须要使活动中的每一位成员肩负起自身的责任。因此,社会中各项实践活动的顺利开展以及各种规则的产生会极大地促进人的责任意识的形成,于是,责任在这种社会实践活动的促使下应运而生。

(三)责任的选择性

马克思主义认为,价值是客体与主体之间的利益关系,归根到底探讨的是客体对主体的有用性。因此,价值完全依赖于人,依赖于人的内在需求。价值观是关于价值的根本观点和看法,是人们处理价值问题时表现出来的态度、观点的总和。人们的责任行为要受到个体价值观的指导,即一个人能否履行责任、承担责任的大小等都要受到其价值观的影响,而且价值观的正确与否也影响到责任承担的状况。正确科学的价值观会使人积极履行责任,而错误的价值观会让人消极对待工作和责任。责任主体能否承担责任取决于其价值取向,责任行为就是责任主体的价值选择,即责任具有个体独特的选择性。

(四)责任的强制性与自律性

责任是社会外在规范对个体或群体提出的要求,但并不是任何个体都能自觉认同并自愿履行自己的责任。责任的强制性是指责任主体的行为选择是源于外部规范(包括道德规范和法律规范)对自身的制约,具有外在强制性,属于他律范畴,主要通过内容约束、制度约束以及追究或惩罚不负责任的行为表现出来;而责任的自律性是指责任主体自觉自愿地接受外部规范的约束,并主动把外部要求内化为自觉的行动,属于自律范畴,表现为责任主体自觉自愿地做应当做的事,而不以谋取相应的报偿为条件的行为。

三、责任的分类

(一)根据承担责任的内容划分

根据承担责任的内容不同,责任可以分为法律责任和道德责任。

1. 法律责任

法律责任与法律义务是同义词,是指人们依法应承担的义务以及因未尽义务或违法行为而被迫承担的后果。它是由国家立法机关制定的,由国家司法机关保证实施的,具有强制性。责任主体如果不履行法律规定的责任,就要受到相关法律的惩罚或制裁。例如,《中华人民共和国宪法》对公民的基本权利和义务进行了规定,其中,父母抚养子女的义务以及子女赡养老人的义务就属于法律责任。

2. 道德责任

道德责任是人们对自己行为的过失及其不良后果在道义上所应承担的责任。马克思主义认为,人的行为虽然受到客观必然性和社会历史条件的制约,但是人又具有主观能动性,有辨别是非、善恶的能力,对自己的行为具有一定的选择自由,必须承担相应的道德责任。

（二）根据承担责任的动机划分

根据承担责任的动机不同，责任可以分为客观责任和主观责任。

1. 客观责任

客观责任是指由社会、组织或他人，通过法律的、道德舆论的形式所施加的、要求责任主体务必承担的义务和责任。客观责任在性质上表现为他律性。

2. 主观责任

主观责任是指行动主体自身所认可的、愿意主动承担和履行的责任。主观责任在性质上表现为自律性。当个体的道德判断能力达到一定水平，并把道德规范内化为一种自觉的行为选择时，其体现出来的就是主观责任。

（三）根据责任的范围划分

根据责任的范围划分，责任可以分为有限责任和无限责任。

1. 有限责任

有限责任是指个体只承担一定范围限制的责任，当责任范围超出个体应该承担责任的能力范围时就不再承担超出部分的责任。例如，对于登记注册的有限责任公司，其股东和董事会就承担明确规定的有限责任。

2. 无限责任

无限责任是指个体承担的责任没有任何限制。我们生活中的大部分责任都是无限责任。

（四）根据责任的履行类型划分

根据责任的履行类型划分，责任可以分为角色责任和自然责任。

1. 角色责任

角色责任是个体在自己所扮演的角色、所承担的任务以及所认可的协议中应承担的责任。个体在社会生活中总是扮演不同的角色，同时也要承担不同的责任。因此，角色责任是一种外在的、强制性的、必为性的责任。例如，在家庭中，父母要养育子女、子女要赡养父母；在工作中，医生要救死扶伤、教师要教书育人、军人要保家卫国、官员要服务大众等。每个人正是通过角色责任来获得社会的认可，并获得相应的社会地位以及角色资格。

2. 自然责任

自然责任是个体作为社会存在而应承担的与个人能力相当的责任。这是人作为社会人的一种自然能力责任，是不可取消的、不受社会制度影响的、个人应当承担的责任，如助人、行善、仁慈等。它主要依赖于个体主动自觉自愿的努力，属于道德伦理范畴。

四、责任感的内涵

责任感是指个人自觉主动地做好分内、分外一切有益于社会的事情的精神状态。一个人只有具备责任感，才能具有驱动自己一生都勇往直前的不竭动力，才能感到许许多多有意义的事需要自己去做，才能感受到自我存在的价值和意义，才能真正得到人们的信赖和尊重。

责任感属于道德范畴，是社会个体所拥有的一种品质，是个体在社会实践和个人发展过程中所要履行和承担的责任意识，是对自身在道德实践中的行为是否符合道德要求的一种精神感知。社会个体拥有了责任感，才会用自己所持有的道德评价来衡量自身道德责任的履行情况。当社会个体的行为满足道德要求时，其会产生愉悦的心情感受；反之，则会产生消极的和失意的歉疚情绪。

从人的本质视角来看，责任感反映的是人的价值问题，而人的价值问题就是个人与社会的关系问题。人生的价值是在人承担各种社会责任中实现的。一个人越是深刻地认识到社会对自己客观要求以及自己在满足这些需求中的作用，就越有某种社会责任感，并表现出相应的责任行为，也就越能充分实现自我价值，并且体现出更大的社会价值。

从心理学视角来看，责任感是个人对自己在承担人类社会和自身发展的责任中做出的行为选择、行为过程以及后果是否符合内心需要而产生的情感体验。

从德育视角来看，责任感是道德情感的重要组成部分，是个人对自己在道德活动中完成道德任务的情况是否满足的总体判断，是个人对自身在人类社会和自我发展中所承担责任的一种自觉意识，对自己在道德活动中完成任务的情况是否满足其道德任务的需要而产生的情感体验。

五、责任感的特点和功能

（一）责任感的特点

1. 客观性

责任感不但具有主观性，还具有客观性。责任感是人类特有的现象，自人类诞生以来，责任感便客观存在并伴随着人类社会的发展而发展变化，而且在社会发展中表现出自身的价值。人类生活实践的客观性决定了责任感的客观性。责任感对人的成长和社会发展的影响和作用是客观存在的，人们只能人为地影响这种功能发挥的水平和程度，而不能无视它或人为地消灭它。责任感的发挥还会受到一定的环境因素和物质设施等客观条件的制约，这也是责任感客观性的一种体现。

2. 多方面性

责任感的功能不是单一的，而是多方面的，这是由责任主体和客体的复杂性决定的。主体的复杂性是指责任感的主体具有复杂性，包括不同年龄、不同职业、不同群体的人。客体的复杂性是指责任感作用对象的复杂性，包括个人、家庭、集体、社会、国家、民族等。

3. 发展性

从功能角度来讲，责任感本身的功能是动态的，责任感的功能会随着时代和社会的发展而不断地发展变化。发展性使责任感的功能不断得到强化，也使责任感的地位和作用日益凸显。

(二) 责任感的功能

1. 导向功能

责任感通过启发人们对自身责任的认知,了解大势,明确自身对他人、家庭、国家、民族及人类责任的重要性,使人们在责任感的导向下热爱祖国、心系民族、坚持人类的可持续发展、关心他人的幸福美满,从而使人的思想朝着社会发展要求的方向发展。

2. 约束和规范功能

责任感是人与世界联系的一种方式,责任感会对人的心理和行为产生约束和规范,使人懂得如何处理人与自然、人与社会、人与人之间的关系。因此,约束和规范功能在责任感的功能中占据着重要的地位。

3. 激励功能

责任感的激励功能体现为责任感可以把人们的积极能动性激发出来。具体而言,责任感通过榜样激励、情感激励、意志激励等各种手段和方法,强化人们的责任感,使人们形成一种自觉的、能动的精神状态,并在实践活动中显示出来,向着共同的目标而努力。

4. 人格塑造功能

责任感的重要功能之一就是能够重塑社会成员的主体人格,即责任感能够有效地引导社会成员明确自身作为责任主体的地位和价值,明确自身对于社会发展所必须要承担的责任,从而促使人们正确地认识自我与环境之间的关系,提高自身适应环境、改造环境、回报环境的综合能力。

第二节 责任创造卓越

如何使"责任创造卓越"不成为一句空话?关键在于一个人能否把责任意识转化为行动自觉。"千里之行,始于足下。"对于即将迈入职场的青年学子而言,能够明确自身的责任,培养自身的责任感,主动担当历史使命,就是个人"创造卓越"的第一步。

一、当代青年责任的构成

根据当代青年自身的特点和时代与社会发展的要求,当代青年的责任包括对自我和他人的责任、对家庭和社会的责任以及对国家和民族的责任。这些责任从内容和逻辑上是相互促进、辩证统一的,共同构成了青年学子的责任。

(一) 对自我和他人的责任

1. 对自我的责任

对自我的责任是指个体能够为自己负责,是对自身价值的一种肯定。当代青年必须要先对自身负责,才能对他人负责,才能够承担起建设社会、富强国家的历史重任。青年的自我责任意识指的是青年在成长的过程中,对于自身的言行所产生的结果拥有清醒的预见和认识,也包括为自身的言行负责的自觉性和主观意识。美国著名伦理学家优纳斯指出:"深刻的自我责任意识是一切的根基,它构成了人生存的意义。"这里的"自我"包括两个方面的内容,即社会自我和生理自我。社会自我主要从人本身的社会属性来说,指的是处于社会中的人对自我的一种认识。生理自我主要是从个体的自然属性而言,指的是个体对自身的心理与生理的基本认识。因此,个体的自我责任主要包括人对自身和社会的两方面的责任。人也只有理性、客观地对自身有一个正确的认识,才能够真正地理解何为自我责任。从生命角度来说,青年对于自身的生命体征要承担责任,身心健康是青年维持生命体征的先决条件,健康的体魄是创造价值的基础,健康的心理则是健全人格的基本保障。从发展角度而言,青年必须要完善自身的内在结构,包括身心、知识以及能力结构等。

总体而言,当代青年自我责任的内容可以总结为:自爱、自尊、自律、自强。

(1)自爱:是青年自我全面发展的基础,要求青年爱惜自己的身体、人格和名誉,树立科学正确的生命观,包括爱惜生命,不断地提升和挖掘生命的价值。具体而言,就是保证良好的身体素质,养成健康的心理素质,保持自身人格的完整与建立和谐、良好的人际关系,培养正确的生命意识。

(2)自尊:是青年发展的内部动力,要求青年对自己有正确的认识,拥有积极阳光的内心状态,用充满热情的精神风貌来看待社会现实,实现自我认识、自我评价、自我接纳和自我调控的统一。

(3)自律:是青年的行为规范,要求青年必须使自己的行为符合社会道德规范,树立良好的纪律和法制意识,提高法律素养和自律能力。

(4)自强:是青年自我全面发展的目标,要求青年树立远大的理想,不断提高自身的思想道德素质、科学文化素质、心理素质等,使自身的社会实践能力以及创新能力得到良好的锻炼,制定科学合理的人生规划方案,力争将自己塑造成为一名未来社会建设所需要的合格建设者。

2. 对他人的责任

对他人的责任是自我责任的提升,是在对自我负责的基础上,也对周围的人进行负责,是人与人之间保持和谐关系的桥梁和纽带。他人与个人相对,是指在一定社会关系中与个人相关的其他个体。个人与他人的关系是相互作用、互为前提、两者缺一不可的个体间的关系。人作为有意识的"自为存在者"而存在,决定了人必然要与他人发生多种多样的社会关系。当个人对他人付出尊重、信任、理解、宽容、帮助的同时,自我也会从他人那里获得尊重、信任、理解、宽容、帮助。也就是说,当你微笑面对他人时,他人也会回报你以微笑。因此,当代青年在对自己负责的同时,还要对他人负责,坚持以"明礼"作为人之道,以"诚信"作为人之本,在人与人交往中做到讲礼貌、明礼让,以诚信调节人与人之间的关系,做到人与人之间互不欺诈、坦诚相待,共同维系社会的正常秩序。同时还要坚持以"友爱、互助、团结、进步"为主要内容,在为他人负责的同时,履行自我的责任,实现个人和他人共同进步和发展。

(二) 对家庭和社会的责任

1. 青年的家庭责任

青年的家庭责任是指青年在处理个人和家庭成员关系时所表现出来的价值评价和行为选择,体现着青年在对待与自己有血缘关系或者姻缘关系的亲属的一种责任心理。青年是社会群体的重要组成部分,同时也是一个家庭的重要组成成员,青年本身属于家庭也属于社会,在家庭的角色中,青年在经济和情感等多方面都存在一定的依赖性,而在社会中,他们的独立性会得到一定的锻炼。然而,作为"社会人",青年也应该而且必须具有较强的家庭责任感。当代青年不但要创造自身的社会价值,同时也要履行一定的家庭责任,实现自身的家庭价值。主要包括养成良好的家庭美德、孝敬长辈、关爱兄弟姐妹、关心下一代、勇于承担婚姻责任等。青年只有拥有了自我责任感,才能产生家庭责任感;青年只有对自己负责、对家庭负责,才能实现对他人和社会负责。

2. 青年的社会责任

青年的社会责任是指青年在社会建设中促进社会和谐、健康、有序发展的责任。当前我国正处于改革开放和社会转型的关键时期,各种社会矛盾和问题层出不穷,如屡见不鲜的食品安全问题、道德滑坡问题、诚信问题等,都是我国在某一特殊发展阶段中,社会责任感缺失的一个个缩影,这严重阻碍了我国和谐社会和全面建成小康社会的建设进程。因此,当代青年要勇于承担起应有的社会责任,树立良好的社会公德,培养高尚的社会责任感,弘扬中华传统美德,宣传真善美,贬斥假恶丑,倡导自由、平等、公正、法治的价值观,以自己的实际行动引导人们自觉履行法定义务、社会责任,不断促进社会和谐、健康、有序地发展。

青年的家庭责任与其所要承担的社会责任两者之间是相互统一的关系,社会责任形成的前提和基础是家庭责任,青年只有积极承担起相应的家庭责任,才能在情感上对社会产生深刻的认识和感悟。和谐、健康、有序的社会环境是家庭温馨和睦的必要条件,只有大的社会环境良好,家庭环境才能得到保障。因此,青年对社会责任的履行从另一种角度来讲也是家庭责任的深化和发展。

(三) 对国家和民族的责任

从本质上来讲,青年的国家和民族责任就是青年的爱国主义和民族精神。中华民族拥有着五千多年的历史文明,中华民族爱好和平、勤劳俭朴、团结统一,在历史的锤炼中,中华民族形成了以爱国主义为核心的民族精神。无论是在革命战争时期还是在改革开放的社会建设时期,爱国主义与民族精神都是人民群众奋勇向前、积极开拓的重要精神支柱。爱国主义和民族精神是我国整体社会共同认同的精神文化,对于社会的和谐与发展发挥的作用是不可替代的。

值得强调的是：在全球化时代，全球化与本土化的冲突、国家与国家之间的冲突、民族与民族之间的冲突、主权国家与跨国公司的冲突更加激烈，这要求当代青年更加重视身上的国家和民族责任，坚持以爱国主义为核心，以热爱祖国为荣，以危害祖国为耻，把民族意识、民族品格、民族气质深深融入心中，增强青年的民族自尊心、自信心和自豪感。在新形势下，青年的国家和民族责任应该具备以下几种意识。

1. 国家统一意识

国家的统一是一个国家繁荣富强的基本前提，只有国家统一、领土完整，才能实现民族与国家的团结。当代青年应该具有国家统一意识，把实现祖国的统一作为自己的使命，努力为实现祖国的统一大业做出应有的贡献。

2. 国家安全忧患意识

国家安全忧患意识是人们对国家和民族的命运、前途的牵挂和担忧，凝聚着人们炽热的爱国情感。我们从小学习的"小小放牛郎"精神所展现的就是一个普通少年儿童在民族危难面前表现出的强烈的责任感和爱国情怀。在全球化时代，我们的国家仍面临着诸多新的安全隐患，有来自国防安全的隐患、科学技术安全的隐患、生态安全的隐患、意识形态安全的隐患、文化安全的隐患等。因此，当代青年要有国家安全意识，积极应对各种威胁和挑战。

3. 民族复兴意识

中共十八大报告明确提出，建设中国特色社会主义的总任务是实现社会主义现代化和中华民族伟大复兴。因此，为全面实现中华民族的繁荣昌盛而奋发图强，这是当代青年的神圣使命。当代青年要正确认识人类社会发展的规律，正确认识国家和民族的前途与命运，坚持在中国共产党的领导下坚定地走中国特色社会主义道路，为实现中华民族伟大复兴而努力奋斗。

二、责任感培养过程与规律

责任感培养过程可以分为两个基本阶段：内化阶段和外化阶段。内化阶段是将责任规范转化为个体的责任意识，促进青年学子的责任认知，激发青年学子的责任情感，完成由客体向主体的转化。外化阶段是将责任意识转化为责任行为，以期影响或改变客观环境，完成由主体到客体的转化。

（一）知和行的统一

责任感的培养过程一般包括三个阶段，即发生责任认知矛盾的内化阶段、解决责任认知矛盾的斗争阶段和外化为责任行为的养成阶段。简而言之，责任感的培养过程就是责任认知和责任行为的统一，是内化和外化的统一。个体责任感的形成，一般都开始于责任认知。责任认知在责任感形成过程中居于十分重要的地位，是责任感形成过程中的核心。

第一，责任认知是心理要素深化的必经之路，它决定着心理系统各要素的发展方向和深化程度;第二,责任认知是行为稳定实施的支配中枢,在责任认知的支配下,个体行为才能减少随机性,保持长期的稳定性,不易受外界影响而改变。因此,责任认知在责任感中处于中间联结的地位,又具有将零散认知转化为稳定观念的作用,从而使社会责任感更加稳定,更能适应复杂的社会环境。同时,责任感的形成不仅停留在责任认知上,更重要的是在践行社会责任行为过程中使责任感不断得到强化和升华。责任行为是责任感形成的关键环节,责任认知、责任情感和责任意志在人们还没有实施责任行为之前都不能构成完整意义的责任感,而且当个体实施责任行为之后,通过接收外界反馈,能进一步加深认知的内化。因此,责任行为作为责任感形成的关键环节决定了责任感形成的效果。

在现实生活中,责任认知和责任行为还存在一定的矛盾,并不是每一次的责任认知都能转化为责任行为,每一次设想好的行为也并不是都能够在责任认知的支配下履行,而是存在着言行不一、理论与实际脱节的现象。

 **拓展阅读**

态度与行为:为什么你总在"言行不一"?

为什么我们说好的、想好的事情总是做不到?为什么我们做好心理建设、提上日程的计划表和拍着胸口说出的保证,总在一次次上演着"言行不一"呢?我们总说细节决定成败,态度决定命运,可为什么我们的态度和行为有时却会自相矛盾呢?答案可以从以下三方面来探寻。

第一,笼统的态度决定不了具体的行为。好比你对于"身体健康"这一笼统概念的态度就无法保障你能拥有科学的锻炼行为和饮食习惯。

第二,"表面功夫"和"真实态度"有时是对反义词。生活中我们或多或少都曾说过"善意的谎言",比如,即使你认为室友的唇色过于妖艳,你也会对其进行夸赞。

第三,遵从和违背的界限在于是否会被察觉。对于大部分学生而言,"作弊是不道德的、不对的"是公认的观点,但是作弊的学生依旧层出不穷。心理学家曾组织学生进行过一个实验,在研究者声称智商测试的背景下告知学生们当屋内铃响时须停止解题。学生们被分为两组,各自单独答题的学生有71%在铃响后继续作答;而另一组"自我知觉"组的学生被安排在一面镜子前做题,同时听录有自己承诺声音的磁带,只有7%的人作弊。

(资料来源:每日谜题.态度与行为:为什么你总在"言行不一"?[EB/OL].(2017-12-11)[2020-06-22].https://m.sohu.com/a/209828866_175596.)

思考与启示:责任认知和责任行为之间,只有经过责任认知矛盾的内化阶段、解决责任认知矛盾的斗争阶段和外化为行为的养成阶段,才能实现真正意义上的有效转化。

（二）个体性和社会性的统一

责任感作为一种心理现象虽然存在于社会个体身上，但它不是个体主观自生的，也不是个体生命机体的附属物，而是从个体与社会的客观责任关系中产生的。个体与社会之间存在着客观的责任关系，社会是责任赋予者，个体是责任接受者。个体性和社会性之间的关系是多层次的。

1. 个体与家庭建立的责任关系

家庭是社会这一有机组织的基本单位，同时也是个体活动的最基本场所，家庭能够为个体的身心发展提供稳定的环境和必要的物质条件，个体本身又是组成家庭的基本因子，而要想实现家庭的和谐就必须要求个体拥有一定的家庭责任感。

2. 个体与社会公共生活的责任关系

维护社会公共生活健康和谐的秩序是每个人的责任，没有个人良好的社会责任感不可能有健康和谐的社会公共生活秩序。

3. 个体与社会具体工作岗位之间的责任关系

在社会运行的过程中，不同行业的不同岗位为社会成员提供了发挥自身聪明才智的平台，不仅能够满足社会成员的生存需要，还能够使人的社会实践能力得到深入的发展，然而社会成员在向社会索取生存资源支持的同时，社会的具体工作岗位也为个体赋予了个体相应的岗位责任，即要求社会个体要肩负起岗位责任，秉持职业操守，积极地做好本职工作。

4. 个体与国家和民族之间的责任关系

个体必须对国家和民族的发展履行相应的责任，最基本的是作为一名普通公民应具备的公民责任感，最高的要求则要具有以国家兴亡为己任的强烈社会责任感。

（三）自律和他律的统一

1. 自律

自律是一种自我约束、自我强制和自我规范。自律本质上的规则是对人提出的要求和人对规则的主动遵守，自律来自主体自身的力量，它依靠自我对意识、情感、行为的控制、评价和调解，从而使所坚信的责任认知和责任情感通过行为反复地表现出来。

2. 他律

他律是靠规范约束的，或者是社会环境的影响和制约，或者是教育者的引导，他律是来自外在的力量。他律具有强制性的特点，他律依靠的社会外在环境经常变化，而且具有复杂性和广泛性。

自律和他律是辩证统一的，自律的认可是接受他律的内在基础，如果没有对自律的认可，责任认知、责任情感及责任意志达不到一定的水平，就很难接受社会外在他律的制约，其责任行为就很难实施，也只有自律才能使社会责任感逐步升华到最高的境界。同时，他律是为了更好地提升自律，即通过社会环境的影响和制约及教育者的引导，使主体认识到自身的不足，不断地加以调整和完善自己，实现更好的自律。

第三节　保险人才责任意识培养

责任不仅仅是人生哲学,更应该是工作中的践行。工作作风、行动力等都是责任意识和责任思维的具体体现。在现实领域,责任更应该成为一种结果,比如每个优秀的职场人都必须对自己的业绩负责,对企业的效益负责。工作呼唤责任,工作意味着肩负责任,我们在由学生转变为职场人的过程中必须明确:工作中,无论处在什么样的岗位上,每一个员工都应该严格要求自己,勇敢地担负起属于自己的那份责任,全力以赴,做到最好。只有这样,一个人才算是真正履行了职责,完成了使命。事实上,只有那些能够勇于承担责任的人,才有可能被赋予更多的使命,才有资格获得更大的荣誉。

一、职业责任的基本概念

(一) 国际视阈的职业责任

按照国际通行定义,职业责任(professional liability)是指专业技术人员因自身在提供职业服务过程中的疏忽或过失造成他们的当事人或其他人的人身伤害或财产损失,依法应由提供职业服务的职业人士承担的赔偿责任。国际咨询工程师联合会将职业责任定义为:指那些由于其所提供职业服务中的疏忽行为而遭受损失或损害的当事方进行赔偿的责任。可见,国际上对职业责任的定义是从法律层面出发的,主要强调技术人员的赔偿责任。这种界定与行业人才应当"主动承担的职责"有一定差别,本节所重点描述的"职业责任"侧重于伦理学层面。根据美国学者卡尔·米切姆的考察,责任(responsibility)在伦理学中是较为新近出现的用语,其本意为"允诺一件事作为对另一件事的回应"或"回答",转化到汉语语境,则更加强调"分内应做的事,即人们承担起与自己能力相配的责任"。

(二) 职业责任的内涵

从责任范畴的角度来看,职业责任通常是指人们在特定职业领域中要承担的特定责任,即人们本应该完成的本职工作和应担负的义务。从这一定义可以看出,职业责任是以人所特有的社会属性即根据社会分工和劳动分工的不同而产生的社会关系为基础划分的,人不仅属于自己要为自己负责,人的生存和发展更是依赖于社会关系,作为以获得物质利益为重要目的的劳动者,存在具有法律及其纪律的他律性和意志的自律性,根据自己的职业活动的不同而遵守各自的职业规则,在职业活动中承担与自己能力相当的责任和义务。

(三) 保险人才的职业责任

保险人才的职业责任强调保险人才作为责任主体对与职业相联系的人或物担负的责任,即保险从业人员在工作实践中,应自觉履行自身的义务,并从事有利于社会的活动,或为从事不利于职责的行为所造成的过失承担责任。

现代化管理技术的应用将保险人才职业责任界定地更为具体和细致，一般表现形式为岗位职责、岗位绩效等。

 **拓展阅读**

保险公司人员管理岗位说明书
（人员管理室主任）

一、岗位概述

在个人业务部经理的领导下，负责人员管理室的全面工作，推动个人业务人力、组织的健康、持续发展。

二、岗位职责

（一）人员管理室年度计划的制定和管控

（二）月度计划分解及总结

（三）个人业务人力发展推动工作

——根据人力发展实际情况，拟定相关激励政策和实施方案。

——为营业单位提供人力发展中所需的人力数据支持。

——对人力发展情况进行分析预测，并就人力发展计划的调整、工作侧重点、应对措施向个人业务部经理提出建议。

（四）人员管理相关政策的宣导、落实和追踪

（五）负责人员管理室的全面工作

——敦促、指导、协助本室成员完成岗位工作，并对工作质量进行检查、追踪、管控。

——每月主持召开计划总结例会，每周主持召开人力研究通报会。

——负责对中心支公司、各部门科室的协调沟通，积极做好相关配合工作。

——对本室成员进行业务工作培训，不断提升员工的工作技能与综合素质。

（六）人员管理工作的创新

——收集各基层营业单位及人员管理员的意见和建议，积极做好流程改进工作，不断提高效率、优化服务品质，为业务一线提供有力支持。

——利用人员管理室在《基本法》利益分析、人力数据分析方面的资源，深入开发针对不同层级业务人员的培训课题，并组织科室成员及人员管理员编写相关教材。

——根据人力发展中存在的现实问题，针对增员系统、转正系统、留存系统、晋升系统、维持考核系统等专题，开展调查研究、探讨、分析个人业务组织发展存在的问题，并提出有关建议。

（七）所辖机构人员管理的业务指导与培训

——主持召开人员管理例会做好工作安排及业务指导。

　　——对人员管理员进行相关管理政策、人员管理工作知识技能及操作流程、电脑技能等方面的培训。

　　——收集人员管理员关于基层业务单位组织发展情况及存在问题的信息，先进工作经验的交流、总结与推广。

　　——直接定级人员的资格审核。

　　——对人员管理员工作质量进行追踪、管控与评估。

　　（八）接待、解答个人业务员关于保险相关政策的咨询、受理

　　（九）个人业务人员关于营业单位、业务主管违规问题的重大投诉

　　（资料来源：佚名.保险公司人员管理岗位说明书［EB/OL］.（2018-06-27）［2020-06-22］.https://wenku.baidu.com/view/368dd362b7360b4c2e3f64f0.html.）

　　思考与启示：你了解保险公司人员的岗位职责吗？

二、职业责任缺失带来的问题

　　我国银保监会的统计数据显示：2018年上半年，中国银保监会机关及各保监局接收涉及保险公司的保险消费投诉47 900件，较上年同期下降0.72%。其中，保险合同纠纷投诉46 896件，占投诉总量的97.90%，较上年同期下降0.77%；涉嫌违法违规投诉1 004件，占投诉总量的2.10%，较上年同期增长1.83%。通过数据不难看出，保险从业人员职业责任缺失是引起保险消费者投诉的重要因素。除此之外，保险从业人员职业责任缺失问题还体现在以下两个方面。

（一）未尽应尽之职责

　　如果将《岗位说明书》视作保险人才职业责任的具体呈现方式，那么绩效考核就是公司用以评价从业人员职业责任履行情况的主要方式。

　　绩效是组织中个人（群体）在特定时间内的可描述的工作行为和可测量的工作结果，以及组织结合个人（群体）在过去工作中的素质和能力，指导其改进完善，从而预计该人（群体）在未来特定时间内所能取得的工作成效的总和。从调节组织预期与个人行为的角度分析，如果组织的绩效按一定的逻辑关系被层层分解到每一个工作岗位以及每一个人的时候，只要每一个人达成了组织的要求，组织的绩效就实现了，我们常说的"螺丝钉"精神就是一种良好的组织与个人关系。

　　1962年4月7日，雷锋在日记中写道："一个人的作用对于革命事业来说，就如一架机器上的一颗螺丝钉。机器正是由于这些螺丝钉的连接和固定，才成了一个坚实的整体，才能运转自如，发挥它巨大的工作能力，螺丝钉虽小，其作用是不可估量的，我愿永远做一个螺丝钉。螺丝钉要经常保养和清洗才不会生锈。人的思想也是这样，要经常检查才不会出毛病。"

绩效考核是指考评主体对照工作目标或绩效标准,采用科学的考评方法,评定员工的工作任务完成情况,员工的工作职责履行程度和员工的发展情况,并且将评定结果反馈给员工的过程。通过调研走访保险公司,我们发现,在每年的绩效考核过程中,员工在履职方面普遍存在无法完成任务指标的问题。

(1)基础指标完成方面。基础指标一般包括业务指标、成本指标和过程指标。在这些指标中,员工对于过程指标完成度较低,"保单续保率不高""人员年化产能较低"等因素成为员工履职道路上的"拦路虎"。

(2)特色指标完成方面。也有公司根据年度工作计划,将其称为"关键工作指标"或"正面清单"等。存在的主要问题有:有些员工工作勤恳、踏实,但因能力和方法问题,在这项指标中表现为"永远拿不到分数";而另外一些员工则为了实现这项指标,仅完成或大幅度倾向于完成列入年度特色考核指标中的内容。存在投机行为,影响到公司的实际业绩。

(二)承担过失之职

1. 销售误导

所谓的销售误导就是指保险行业的相关机构中的从业人员在销售保险时,对消费者进行误导、隐瞒以及欺诈,从而让消费者曲解,做出不适合自己判断的行为。它的体现形式主要是欺瞒合同主要条款,不照实说明合同内容以及诱骗消费者谎报实情等不正当销售行为。

2. 不正当竞争

在保险从业人员职业职责缺失的表现形式中,商业贿赂是不正当竞争中的主要表现行为。比如,保险公司在银行代理保险业务中,通过虚假设置相关费用的方式来向银行的相关负责人支付"激励金"或"红包"。这种商业贿赂行为即违背我国法律,也违反我国的基本职业道德和操守。

3. 虚假业务

虚假业务就是假借大型保险公司的名义制作和销售假的保单,出售一些不合法的保险公司的保单,仿冒合法保险公司印章等,以此来欺骗消费者从而让自己获得不合法的利益。

4. 侵占保费

侵占保费也就是销售人员将保险消费者的保费非法占为己有的行为。其中包括个人保险代理人利用保险公司已经加印章的保单,或者用保险公司授予的保险代理章向公民置办各类保险业务,在收到相应的保险金以后,分离出一部分风险较低的保单,并且将该部分保单的保险费据为己有的行为。有些代理人在代办的保险业务保单生效以后,仅把已经出险的业务保单交还给保险公司以承担保险责任,个人侵吞未出险业务的保费。

5. 非法集资

非法集资主要是指保险行业的相关机构以及从业人员开展不合法的资金筹集项目,

还包括保险行业以外的集团或者个人打着保险的旗号从事不合法的资金筹集活动。其最本质的解释就是保险销售的个人以高额保单获得的高额回报为诱导而做出的不合法的资金筹集。

6. 洗钱

洗钱主要是指在进行保险销售的过程中,利用不合法的方式获得的非法利益,利用不同的途径遮盖、隐瞒其资金的真实来源及性质,使其资金实现合法化的违法行为。目前出现的通过保险产品进行洗钱的主要行为表现如下:首先购买变现性较强的投资保险类产品,通过购买保险后申请提前退保,随后取回保费;用人身保险合同的现金价值进行保单贷款,随后让保单自动失效;利用跨国经营的独立经纪人或者代理人做中介人进行洗钱等。

 拓展案例

保险代理人诈骗案例

吕某于 2006 年年底至 2012 年夏初在某保险公司担任支公司的保险代理人。2011 年 1 月 10 日,吕某获得了卫某的信任,骗取卫某办理了一份保险。2011 年 8 月 24 日,吕某私自虚构一份"支公司可以办理五年翻番的存款保险"的业务,并利用私自违法制作的保险收费单据,骗取卫某现金 3 万元。5 年后,卫某因未获得预期的收益,于 2006 年 9 月 4 日向公安机关报案。2008 年 6 月 21 日,该市中级人民法院以诈骗罪判处吕某有期徒刑 5 年,令吕某返还原告卫某保险金 3 万元,支付 5 年期间中的利息 8 370 元,并支付罚款金 2 万元。

案例分析: 虚假业务就是假借大型保险公司的名义制作和销售假的保单,仿冒合法保险公司印章等,以此来欺骗消费者从而让自己获得不合法的利益。以上保险从业人员的做法危害了消费者的合法权益,该行为给保险行业抹了黑,让公民对保险行业的诚信产生了怀疑态度,损害了保险行业的社会形象。这是一种典型的职业责任缺失行为。

销售误导案例

2012 年 1 月到 5 月,某保险企业所属的某省分公司针对人身保险产品的说明会一共进行了 24 次,其中人身保险产品的总数量有 5 个,在这些产品的宣传中,有 3 个产品的讲解以及产品说明中提到了很多误导言辞,如"投保也是投资""合理逃债逃税""归还本金""资产转移""让本金增值"等含糊诱骗型的言辞;中国保险行业于 2012 年 3 月也在该省的一个市开展了"财富一生"两全保险产品宣传说明会、2011 年 4 月还在这个市开展了智盈、智胜人生终身人身保险等产品宣传说明会,在这些产品宣传说明会开展的过程中,宣传者也用了一些诱骗的言辞,如"利息比银行还高""类型跟基金的模式相似""投保就像把钱存在银行""用合法的方式帮助你们逃债逃税""资金的存取比银行还要便利"等,这些措辞都是对人们极大的误导。2011 年 11 月,中国银保监局的下属监管机构对该企业的执行经理进行了严重的警告,与此同时也对该企业做出了 2 万元的金钱责罚,对具体实施该诱骗措辞的下属分公司也给出了 6 万元金钱责罚。

案例分析:销售误导就是指保险行业相关机构中的从业人员在销售保险时,对消费者进行误导、隐瞒以及欺诈,从而使消费者曲解做出不适合自己判断的行为。销售误导直接危害了消费者对产品真实的知情权,因个人的意志妨碍了消费者的选择,从而使保险交易出现不平等的现象,导致了公民对保险行业的失信,也让保险行业更加难以良性发展。

商业贿赂案例

从 2011 年 4 月到 2012 年 3 月,某保险公司下属分公司在让某银行的分行进行保险代销时,该分公司的负责人李某通过"展业费"的方式,经常给某银行的一线柜员"返回扣",回扣资金总计高达约 100 万元。另外,在此期间,李某为了让保险业务延伸到该市的另一家分行,总共给该行的业务部负责人贿赂 10 万元,同时也向该行的副行长贿赂 5 万元,向业务部的副总贿赂 3 万元。2012 年 5 月 11 日,该市中级人民法院对该案件进行终审判决,结果如下:某保险公司下属分公司触犯了行贿罪,给予其 90 万元的资金处罚;负责人李某触犯单位行贿罪,给予其有期徒刑一年零九个月的处罚;牵涉这桩案件中的 6 个人均因触犯单位行贿罪,而被给予了不同的处罚。在该案件中接受贿赂的银行分行业务部负责人因受贿罪给予有期徒刑 10 年的处罚,该行的副行长给予有期徒刑 3 年的处罚,业务部的副总给予有期徒刑 2 年的处罚。

案例分析:商业贿赂行为是一种不正当竞争行为,代理机构的工作人员因金钱交易触犯了法律。商业贿赂不仅提升了保险行业的经营成本,也让保险行业的名誉受损,对保险行业的发展是极其不利的。

虚假业务案例

2012 年 5 月 27 日,张某投保的车辆发生了保险事故。张某第一时间报案至保险公司,并在较短时间内提供了有关材料。在检查单据和材料过程中,保险公司发现需要投保单位盖章的材料均无盖章,便要求张某提供单位盖章,但是一直没见到张某提供相应材料。保险公司经过调查获知,此投保车辆是个人车辆而非单位用车。后经张某自述 2011 年 9 月 19 日,张某为自己的车辆投保机动车辆基本险时,在保险公司个人代理人李某的指引下把原本要填写的"私人用车"改成了"单位用车",李某称"这样能降低保费"。李某指使张某把私人用车改为单位用车,是主观故意妨碍投保人履行真实告知的义务。投保人张某本着对李某的相信,并非故意隐瞒车辆实情。最终,保险公司承担了保险责任,并将李某告上了法庭。

案例分析:在保险职业行为里,保险从业人员基于个人利益,不管公司和投保人的利益,掩盖真相,给公司造成巨大损失,不仅违反职业道德同时也违背法律。由此,提升保险从业人员的素质刻不容缓。

三、强化未来保险人才的职业责任

作为未来保险人才,现代大学生强化自身职业责任,可以从三个维度进行思考:首先,通过自我教育,坚定责任信念;其次,依托学校教育,在理论学习与实践过程中,通过对责任感"知情意行"——即责任认识、责任情感、责任意志、责任行为的思考领悟循环往复,内化责任意识、具备责任担当、养成履职习惯;最后,运用社会(未来职场)资源,在实习实践、服务社会、参与社会生活的过程中,将"责任"二字落实到具体行动中去。

(一) 注重自我教育,坚定责任信念

自我教育是责任感培养的核心。正如苏霍姆林斯基所指出的:"只有能够激发学生去进行自我教育的教育,才是真正的教育。"只有认识到自身作为社会成员所必须要承担的各种责任,一个人才能够在履行自身责任方面养成良好的习惯,形成坚定的责任信念。因此,大学生要注重自己在心理健康方面的发展情况,提升人文道德修养和水平,促进自我意识方面的不断完善。

1. 客观地认识自我,正确地体验自我,有效地调节自我

大学阶段是一个人从青春期向成年期转变的重要时期,也是人的自我意识发展,逐步走向完善的重要时期,能否客观地认识自我,正确地体验自我,有效地调节自我,有助于增强自信心,建立健康的自我形象。因此,如何踏出第一步"认识自我"至关重要。在《苏菲的世界》一书中,14 岁的少女苏菲某天放学回家,收到了神秘的一封信,信上写着"你是谁? 世界从哪里来?"伴随着苏菲对人生根本问题的思考,世界像谜团一般在她眼底展开。想要客观认识自我,不妨先从对自身的"探秘"之旅开始,思考你的三观、梦想(欲望)、行为倾向、先天条件、能力边界和所处环境分别是什么? 从而更加清晰地认识自我、体验自我,才能实现有效地调节自我。

2. 自我悦纳,感受幸福,善待世界

自我悦纳是指个体能正确评价自己、接受自己,并在此基础上使自我得到良好的发展。自我悦纳不仅指接纳自己人格中的优点、长处,更要接受自己的缺点与不足。在接受不足的基础上,努力改进自己、完善自己。

养成方法:第一,接受自己的全部,无论优点还是缺点,成功还是失败;第二,无条件地接受自己,接受自己的程度不以自己是否做错事有所改变;第三,喜欢自己,肯定自己的价值,有愉快感和满足感。只有当你快乐地接受了自己,你的整个心胸便会舒展和开阔,你也更加容易接受他人,更能够感受幸福和善待世界。

3. 学思并重

学思并重是指通过虚心学习、积极思索、辨别善恶、学善戒恶，以达到涵养良好的德行。

养成方法：通过网络平台、电视、报纸以及微信等渠道，积极主动地去关注和关心社会时事，深入思考社会现象，虚心地向那些在责任践行方面做出良好表率的先进人物学习，让"做一个有责任感的人"成为自己的人生追求。

4. 省察克治

省察克治是指通过反省检验以发现和找出自己思想与行为中的不良倾向、不良念头，并加以及时抑制和克服。

养成方法：运用自身的自我意识进行有效的自我调节，加强自我教育与控制，通过内在自省对于自身的思想和行为进行控制和引导，不断矫正自己的言行举止，使自身更加符合现代社会对于现代社会国家公民的要求。

5. 慎独自律

慎独自律是指在无人知晓、没有外在监督的情况下，坚守自己的道德信念，自觉按道德要求行事，不因为无人监督而恣意妄为。

养成方法：有意识地在没有外在监督的情况下更加严格地要求自己，自觉地遵守道德和法律规范，并依此来进行自我约束，通过自我意识有效地克制自己，做出负责任的行为。

6. 积善成德

积善成德是指通过积累善行和美德，使之巩固强化，以逐渐凝结成优良的品德。

养成方法：在自我意识逐渐形成和巩固的前提下，充分运用"学思并重""省察克治""慎独自律"以及"积善成德"等多种自我教育的办法，在体悟中获得，在反思中提高，在自我约束中坚定责任信念。

（二）依托学校教育，强化责任担当

学校是强化责任担当的主阵地，大学生应通过第一课堂、第二课堂、第三课堂、第四课堂的学习和实践内化责任意识，具备责任担当，养成履职习惯。

1. 第一课堂：在课堂教学主渠道中强化责任认识

（1）上好思想政治理论课，打牢责任认识基础。思想政治课包括《马克思主义基本原理概论》《毛泽东思想和中国特色社会主义概论》《中国近现代史纲要》《思想道德修养和法律基础》等。

（2）上好专业课，培养行业自豪感和荣誉感。专业课程包括《保险学》《保险法》《社会主义市场经济》《微观经济学》等。①

---

① 各高校保险专业课程设置有所区别。

（3）上好包括"中国系列"等特色课程①，将专业志趣转化为责任实践。"中国系列"课程在形式上融合课堂主讲、现场回答、网上互动、课堂反馈等多种教学方式，寓社会主义核心价值观的精髓要义于多样化的课堂教学之中，在引人入胜、潜移默化中实现教育目标。现有"中国系列"课程包括：复旦大学开设的"治国理政"、华东师范大学开设的"中国智慧"、东华大学开设的"锦绣中国"、上海体育学院开设的"体育强国"以及上海立信会计金融学院开设的"信用中国"等。

2. 第二课堂：在丰富多彩的课外活动中培养责任情感

（1）加入青年社会组织。青年社会组织是国家治理体系和治理能力现代化的重要组成部分，青年学子应当积极响应共青团号召，通过加入社会组织以群策群力，推动形成"共建共治共享"的社会治理格局，成为"值得依靠的工作力量"。

（2）积极参加课外活动。保险专业大学生可以通过参加公文比赛、保险知识竞赛、演讲竞赛、保险产品路演大赛等（见图 4-1）课外活动强化对自身理论知识的转化和拓展，增强运用专业知识解决实际问题的能力。同时，大学生在积极参与课外活动的过程中，遇到困难和挑战时，能够激发个人的牺牲精神和在团队中的责任意识，从而逐渐养成坚韧、顽强的优良品性。

图 4-1　在校大学生课外活动一览

3. 第三课堂：在紧贴专业的实践教学中锻炼责任意志

（1）认真参加校内教学实训。校内教学实训主要在保险实训室进行，可分为单项实训和综合实训。单项实训主要针对保险专业课程理论教学过程中某一部分的重要知识点。比如，在"财产保险"和"人身保险"课程教学中，进行主要或常规险种的投保单和保险单的填制实训等。

（2）积极开展社会调研。社会调查是保险专业实践教学最普遍、效果也较好的一种方法，主要开展保险市场的调查研究。

（3）努力做好校外定岗实习。校外定岗实习，包括岗位认知实习和专业综合实习。岗位认知实习一般安排在保险专业基础课程开设之初甚至开设之前，增加学生对保险工作岗位和工作流程的认知度，树立正确的就业和岗位观念，提升职业认同感。专业综合实

---

① 在"课程思政"理念下，上海先行试点从高等教育"育人"本质要求出发，从国家意识形态战略高度出发，推出了《大国方略》等一批"中国系列"课程。

习是顶岗实习的主要环节,一般安排在大二或者大三专业课学习期间,先由实习单位对学生进行岗前培训,然后根据学生意愿和用人单位的要求将保险专业学生分成若干小组,由专业教师带队组织学生到保险机构进行为期3～4周的顶岗实习,实习的内容和安排由保险机构的工作人员具体负责,主要进行保险营销、核保、出单、查勘、定损及客户服务等具体业务的实际操作,为学生积累工作经验。

（4）高质量完成毕业实习。毕业实习是对学生所学专业知识的全面检验,是理论和实践相结合的重要方式。一般在最后一个学期,学生到相关保险机构实习,将所学专业知识及技能运用到实际工作中去,加深对职业与行业的了解,调整自己的职业理念、行为方式和心理习惯,为从学生向职场人士转变做好准备。

4. 第四课堂:在创新思维的网络课堂中践行责任担当

积极参与第四课堂的主要形式包括:通过网络课堂开展责任素养学习,在网络生活中担当始终践行"风清气正"的文明网民;在自媒体时代勇当敢于正面发声的"意见领袖"。

（三）利用社会资源和职场资源,提升履职能力

1. 社会资源方面

制度的建设能够使制度的约束力在青年履行自身责任方面发挥作用。例如,加快促进社会信用体系与高校信用体系之间的接洽互通;健全一系列的法律法规,确保权责明确,使大学生能够根据全社会所公认的行为方式行动,自觉地去承担相应的责任。

2. 职场资源方面

保险行业要积极参与到未来保险人才的责任感培养的过程中来,为大学生的专业实践锻炼提供合适的岗位和机会,使大学生在真实的职场环境中得到洗礼,让大学生尽可能地接触行业,深入了解真实的行业情况,进一步感悟职业责任的本质和特点,从而对自身的职业责任提出更高的要求。

本 章 思 考

1. 请根据你在不同环境下扮演的不同角色,谈谈当代青年学子应当主动承担哪些责任。

2. 请在课后通过查阅文献、阅读新闻等形式归纳总结上海国际保险中心建设对保险从业人才具备职业责任的具体要求,谈谈应当如何强化未来保险人才的职业责任意识。

第五章 专业：保险人才的必备技能

除知识和学问之外，世上没有其他任何力量能在人们的精神和心灵中，在人的思想、想象、见解和信仰中建立起统治和权威。

——弗朗西斯·培根

通过本章学习，学生应了解保险专业教育发展历程，掌握人才的专业知识要求；了解保险业务人员的基本技能，掌握沟通的技巧，提升职场沟通能力。

 **导读案例**

宁波市公共巨灾保险台风理赔案

涉及险种：宁波市公共巨灾保险。

风险类别：台风。

赔付金额：7 667 万元。

案件摘要：2015 年 7 月、9 月，受超强台风"灿鸿""杜鹃"影响，宁波市普降暴雨，大量居民房屋被淹，宁波市公共巨灾保险共接到约 13.36 万户受灾村（居）民报案。灾害发生后，由人保财险牵头，太保财险、平安财险、国寿财险、阳光财险、大地财险组成的共保体加强内部协调，积极与政府部门联动，迅速组织人力物力开展查勘定损，放弃国庆长假，两次台风仅用约 18 天就完成现场查勘工作，并通过赔款公示、支付到户确保依法合规，维护广大居民权益，共计支付赔款 7 667 万元。同时，通过两次巨灾理赔，完善了巨灾保险政府基层组织与保险公司协同机制，积累了高效开展巨灾保险理赔服务经验。

（资料来源：2015 年度中国保险风险典型案例[DB/OL].（2016-03-16）[2020-06-22].http://www.guangtai-bd.com/newsx.asp?id=6055.）

案件思考：本案是国内公共巨灾保险的典型案例，具有很强的参考价值和推广意义。我国自然灾害频繁，巨灾保险的建立对于完善我国巨灾管理体系、确保社会生产生活稳定、促进保险行业的发展有重要意义。社会需要专业的保险服务体系，也需要具备专业知识的保险从业人员。

第一节　保险专业概况与保险人才培养

保险人才的专业知识来源于在校期间的专业学习以及从事岗位工作后的培训和继续学习，即保险学历教育和保险继续教育。保险学历教育是保险教育的主流途径，主要依托高校的保险院系开展全日制教育，培养专业知识较为全面的保险人才；而保险继续教育包括技能证书、业务培训以及在职修读学历课程等。梳理高校保险专业的人才培养计划和保险公司的培训课程，可以从总的方面把握目前保险人才培养的专业知识体系和保险公司对于人才的专业知识需求。

一、保险专业教育发展轨迹概述

我国保险教育事业的发展经历了创设期、调整期和发展期。保险行业发展促进了保险专业高等教育领域的重大变革，同时也促进了我国保险教育水平的提升。

第一阶段（1980—1998 年）：创设期。1980 年，经财政部批准，中央财政金融学院（现中央财经大学）率先恢复国际保险专业，在全国范围内招收四年制本科生。1982 年，中国人民银行研究生部设置保险专业，并开始招收硕士研究生。为了满足保险事业发展对于保险高等专业人才的迫切需要，经原国家教育委员会、中国人民银行等部门批准，原中国人民保险公司总公司先后委托南开大学、武汉大学、辽宁大学和西南财经大学四所高等院校开设保险专业，于 1985 年秋开始面向全国招收保险专业四年制本科生。对保险专业本科生实行的是委培方式，毕业后由中国人民保险公司统一分配、安排。之后，保险专业数量增长迅速，截至 1988 年，全国开设有保险系（保险专业或保险方向）的高校数量达 38 所。这些高校的保险专业为国家保险事业培养了大批高层次人才，学科体系也显示出多层次、开放式、国内外结合等特点，人才培养模式也颇具特色，在一定程度上缓解了国内保险行业恢复发展初期高级专业人才的供需矛盾。

第二阶段（1999—2004 年）：调整期。1988 年 7 月，教育部（原国家教育委员会）颁布了新的《普通高等学校本科专业目录》和《普通高等学校本科专业设置规定》等文件，以解决当时高校中存在的本科专业划分过细、专业范围过窄等问题。高校本科专业目录进行了修订，新的目录中设有金融学专业（专业代码 020104），但没有保险学专业。按照新的高校学科专业分类的规划，保险学被合并在经济学门类中的金融学专业内，因此，当时的保险学属于金融学下的一个方向。从 1999 年开始，全国高校调整专业设置，减少并合并了许多专业，很多高校的保险专业被取消或者停办。但是，经教育部认可，武汉大学、南开大学、中央财经大学、西南财经大学、北京大学五所高校特许单独设置保险学专业，与金融学专业并立，独立招收和培养本科生。1999 年 9 月，国家教育部颁布了新修订的《普通高等学校本科专业设置规定》，对于目录外专业的论证与专业的设置做出了新的规定，扩大了高校办学自主权。在随后的几年里，教育部批准增设专业目录以外的若干专业，其中就包括保险学院，在新增目录外专业中排名第四（专业代码020107W）。按照教育部的本科专业设置管理，一大批高校经教育部批准或者备案，相继获得设置保险学本科专业的权利（见表5-1）。

表5-1　经教育部备案或批准设置保险学本科专业的高校名单（2001—2004年）

年　度	高　校
2001	天津理工学院、天津财经大学、山西财经大学、东北财经大学、华东师范大学、江苏大学、厦门大学、中南民族大学、湘南大学、中山大学、云南大学、西北大学
2002	北京工商大学、河北经贸大学、沈阳航空工业学院、东北农业大学、复旦大学、南京经济学院、浙江财经学院、安徽财经大学、江西中医学院、山东大学、山东财政学院、中南财经政法大学、广东外语外贸大学、云南经贸学院
2003	首都经济贸易大学、河北大学、内蒙古财经学院、辽宁大学、上海对外贸易学院、上海金融学院、山东经济学院、湖北经济学院、广东商学院、重庆工商大学
2004	长春税务学院、上海师范大学、南京大学、南京审计学院、江西经贸大学

第三阶级（2005—2013年）：发展期。随着保险行业的快速发展，设有保险学本科专业或方向的高校梳理逐年增加，攻读保险学专业的学生数量也逐年增加。在保险学课程方面，其在经济学教育中逐渐普及，选修保险学课程的学生人数也递增。关于保险理论发展的许多高质量论文在专业刊物上发表，在一般经济学和金融学学术期刊上的出现频率也提高。此外，还有越来越多的保险学者和教育者受到大众传媒的关注。简而言之，保险教育得到越来越多的关注和认可。

第四阶段（2014年至今）：进一步发展期。2014年8月，国务院印发《加快发展现代保险服务业的若干意见》（简称"新国十条"），赋予了保险行业全新的定位，提出："到2020年，基本建成保障全面、功能完善、安全稳健、诚信规范、具有较强服务能力、创新能力和国际竞争力，与我国经济社会发展需求相适应的现代保险服务业，努力由保险大国向保险强国转变。""把商业保险建成社会保障体系的重要支柱。""新国十条"凸显了保险行业发展的时代重要性，行业发展对于保险人才的职业素养和专业化程度提出了更高要求，面临行业大发展的契机，高校的保险人才培养显得尤为紧迫。

二、保险专业概况

高校中的保险专业人才培养主要依托保险专业开展，部分高校单独设立保险学院进行保险人才培养，如中央财经大学、对外经济贸易大学、西南财经大学、山东财经大学、上海立信会计金融学院（原上海金融学院）。还有一些高校以保险系的形式开展保险专业教学和人才培养，保险系通常设在金融学院，如上海财经大学、首都经济贸易大学。学历涵盖本科、研究生，学位涵盖学士、硕士（学术型、专业型）、博士。据教育部不完全统计，2019年全国已开设保险专业(或保险课程)的高等院校至少有 103 家,其中本科一批高等院校合计 53 家。

(一) 保险专业简介

1. 基本信息

(1)专业代码:020303。

(2)授予学位:经济学学位。

(3)学制:4 年。

(4)专业简介:保险学是一门研究保险及保险相关事物运动规律的经济学科。保险涉及的领域是多元化的,包括金融学、法学、医学、数学、经济学以及自然科学等内容。

2. 开设课程

保险专业开设的课程有微观经济学、宏观经济学、国际经济学、货币银行学、金融市场学、计量经济学、会计学、统计学、财政学、管理学、保险学、经济法、保险公司经营管理、保险学原理、保险精算、财产保险原理与实务、人寿保险原理与实务社会保险、人寿与健康保险、财产和责任保险、保险公司财务管理、利息理论、寿险精算、非寿险精算、公司金融等。

3. 专业要求

(1)培养目标。本专业培养适应我国保险业现代化、国际化发展要求,具有保险学、保险业务与管理、金融投资等方面的理论知识与业务技能,能够从事商业性保险业务的营销、经营管理、社会保险基金运作与管理、保险监管等实际工作以及科学研究工作的高级保险人才。

(2)培养要求。第一,系统掌握保险学的基本理论和基本知识;第二,掌握定性与定量相结合的分析方法,具有精算、保险经营管理等方面的业务技能;第三,能将保险学的基本理论和方法应用于实践;第四,熟悉国家有关保险的方针、政策和法规,了解国内外本学科的理论前沿和发展动态;第五,具有较强的交际能力。

4. 保险专业排名

全国开设保险专业的高校比较多,2015 年,中国科教评价网对全国开设保险学专业的大学进行了排名,其中排名在前 20 的大学见表 5-2。

表 5-2　2015 年中国保险专业大学排行榜

排序	学校名称	排序	学校名称
1	中央财经大学	11	辽宁大学
2	南开大学	12	山西财经大学
3	中国人民大学	13	北京大学
4	对外经济贸易大学	14	复旦大学
5	西南财经大学	15	河北经贸大学
6	武汉大学	16	中南财经政法大学
7	中山大学	17	新疆财经大学
8	华东理工大学	18	兰州商学院
9	山东大学	19	广东外语外贸大学
10	天津财经大学	20	上海财经大学

2016 年,全国共有 87 所开设保险专业的高校参加了中国科教网的排名,其中排名前 20 位的大学见表 5-3。

表 5-3　2016 年中国保险专业大学排行榜

排序	学校名称	排序	学校名称
1	中央财经大学	11	山东大学
2	北京大学	12	中山大学
3	南开大学	13	南京大学
4	西南财经大学	14	湖南大学
5	复旦大学	15	四川大学
6	中国人民大学	16	山西财经大学
7	对外经济贸易大学	17	安徽中医药大学
8	武汉大学	18	江西财经大学
9	上海财经大学	19	河北经贸大学
10	中南财经政法大学	20	安徽财经大学

2019 年 1 月 12 日,中国科学评价研究中心、武汉大学中国教育质量评价中心联合中国科教评价网隆重推出《中国大学及学科专业评价报告(2017—2018 年)》。其中,关于 2017—2018 年全国保险专业大学前 20 位排名见表 5-4。

表 5-4　2017—2018 年保险专业大学排名

排序	学校名称	排序	学校名称
1	西南财经大学	11	武汉大学
2	北京大学	12	中山大学
3	中央财经大学	13	南京大学
4	中国人民大学	14	中南财经政法大学
5	南开大学	15	山西财经大学
6	山东大学	16	四川大学
7	上海财经大学	17	安徽中医药大学
8	复旦大学	18	广东金融学院
9	对外经济贸易大学	19	东北财经大学
10	湖南大学	20	安徽财经大学

截至 2020 年年初,教育部门没有发布权威的保险专业大学排名,但公布了应用经济学学科排名情况(排名在前 20 位的大学见表 5-5)。保险学属于应用经济学科一级学科的下属二级学科/专业,因此,通过应用经济学学科排名情况可以在一定程度上把握保险专业的排名情况。

表 5-5　2019—2020 年全国应用经济学学科大学排名

序号	学校名称	序号	学校名称
1	北京大学	11	江西财经大学
2	中国人民大学	12	山东大学
3	中央财经大学	13	中南财经政法大学
4	对外经济贸易大学	14	西南财经大学
5	东北财经大学	15	西安交通大学
6	上海财经大学	16	北京交通大学
7	厦门大学	17	首都经济贸易大学
8	清华大学	18	天津财经大学
9	南开大学	19	辽宁大学
10	复旦大学	20	吉林大学

（二）保险人才培养目标定位

"新国十条"中提出，我国保险行业仍处于发展的初级阶段，不能适应全面深化改革和经济社会发展的需要，与现代保险服务业的要求还有较大差距。在"互联网＋"时代背景下，保险业发展机遇和挑战并存，在新形势、新环境下，使高校培育的保险人才满足日益快速发展的保险行业发展的需求，这是保险专业人才培养的目标。

2013 年，艾瑞深中国校友会网根据学术研究水平和毕业生质量（研究型人才）等标准将中国的大学分为四种办学类型：研究型大学、专业型大学、应用型大学和技术型大学。我国的财经类高校多为应用型、专业型。在保险人才培养方面，应用型本科财经类高校的保险专业设定的目标是培养满足当地保险市场需求，并且具有专业理论知识与业务技能，能够从事实际工作以及科学研究工作的人才。时代的要求，使得高校在培育保险人才时更加注重创新、创业思想、国际视野等多种素养。

从专业化角度来看，随着社会分工的细化，保险专业培养的人才不仅是基础理论扎实的通才，更应该是注重专业性的专才。保险行业的发展，无论是险种还是企业内部分工都越来越细化，对人才的要求也越来越高，人才在保险行业内部的定义也不尽相同。在经济新常态下，高校保险院系应该针对不同的人才需求进行针对性的培养，培养符合不同需求主体的专业人才。目前，中国高校保险院系开设的课程，基本上满足了保险通才的培养，但在专才培养的课程设置和技能训练方面没有完整的体系。专才也就是更细化的专业人才，包括保险公司专业人才、保险中介机构专业人才、投保人专业人才、保险监管专业人才、保险评级专业人才、保险审计会计专业人才、社会保险专业人才等（见表 5-6）。

表 5-6　保险专业人才培养目标定位

培养方向	需求主体	主要培养目标
保险公司专业人才	保险公司、外资保险代表处	熟悉保险业务，通晓保险公司经营管理、风险管理和资金运用等知识

（续表）

培养方向	需求主体	主要培养目标
保险中介机构专业人才	保险代理、经纪和公估机构	熟悉各种险种和保险市场，通过保险中介业务开拓市场
投保人专业人才	投保人、投保人联合组织、消费者协会等	熟知投保人各项权益，懂得利用保险产品规避风险，选择最佳保险方案，掌握保险纠纷和消费者维权的各种知识
保险监督专业人才	保险监管部门、保险行业协会	保障不同群体利益，制定各项制度法规，保证保险市场的正常运转，掌握涉及保险市场宏观调控
保险评级专业人才	保险评级公司、综合性咨询公司等	熟悉保险公司的各项评级制表，了解保险市场发展，通过保险评级获得企业价值最大化
保险审计会计专业人才	保险公司、会计师事务所、金融投资公司、监管部门等	掌握保险公司和保险合同相关财会、审计知识
社会保险专业人才	社会保险管理中心	掌握社会保险理论、社会保险法律制度，熟练进行年金管理和社保规划
其他保险专业人才	高等院校、研究机构、新闻媒体	掌握保险教育理论，熟悉保险研究方法，提高社会公众的保险意识

三、典型高校保险专业人才培养介绍

（一）典型保险人才培养模式比较

人才培养的问题涉及诸多方面：学校办学层次与目标定位、办学传统与历史传承、专业设置与管理架构、招生与选拔、分类培养与学分制方案、师资配备与教材选用、课程教学与专业实践、开放式办学、国际化办学、研究生教育阶段的学术论文与学位论文、辅导员（导师）与学生的关系以及研究生导师与研究生的关系等。综合以上因素，我国目前保险人才培养比较典型的模式主要有西南财经大学模式、南开大学模式和武汉大学模式（见表5-7）。

表5-7 典型保险人才培养模式比较

类 别	西南财经大学模式	南开大学模式	武汉大学模式
主管部门（原主管部门）	教育部（中国人民银行）	教育部	教育部
学校类型	财经类	综合类	综合类
保险学科地位（与金融关系）	独立性	平行性	混合型
保险人才培育平台（涵盖本科专业）	保险学院（保险学、劳动和社会保障）	风险管理与保险学系（保险学）	金融系＋保险与精算学系（保险学、金融学、金融工程学、数理金融学）

　　以上三种保险人才培养模式有一些共性：三所高校均属于国内最早开展保险本科教育的学校，在以目录外专业形式最先恢复保险学本科专业的学校名单中，办学历史长，经验丰富，成就突出。其中，"西南财经大学模式"的特点是保险专业所属的高校背景为财经类院校（原隶属于财政部、人民银行总行，后由教育部管理），保险人才的培养主要依托学院或者直属系的建制，办学规模大、学科区别比较明显，此类高校包括西南财经大学、中央财经大学、中南财经政法大学等；"南开大学模式"的主要特点是综合性高校背景，保险系设置在经济学院架构下，与金融系平行并以保险专业名义与金融专业等一起招生，本科生阶段的保险人才培养保持相对独立，此类高校有南开大学、北京大学、复旦大学、中山大学等；武汉大学的情况原先与南开大学等高校类似，但后来保险系系务工作转交金融系管理，本科生培养呈现由新金融系负责等特点，形成"武汉大学模式"。

　　历史原因导致中国部分设置保险学专业的院校将保险系下设于金融学院或者将保险教研室设于金融系。人们对于保险学科的认识和定位存在一些争议，主要有两种观点：一种观点认为保险学科属于"大金融"的一部分，隶属金融学科；另一种观点认为，保险学科属于边缘学科，不应该被简单归属为金融学科，保险学科所需的相关知识涉及经济、金融、法律等，而且保险学科还离不开数学和统计基础，此二者是精算人员制定保险费率和建立数学模型的基石，之外，医学、气象学等与特定的险种也有相关。因此，保险学科应被称为复合学科。学科定位的差异导致不同高校在保险人才培养模式等方面存在较大差异。

（二）各高校保险专业人才培养方案

1. 复旦大学的保险人才培养计划

　　根据2019年版复旦大学保险硕士招生简章，经济学院保险硕士专业学位研究生招生主要通过统招硕士生、夏令营录取研究生、推免研究生等途径进行。经济学院招收首批专业学位保险硕士研究生。该项目致力于培养高素质的综合型保险专业人才，发挥集体培养作用，吸收企业与行业组织或监管部门中具有高级职称的人员参加论文指导工作。完成课程学习及实习实践等培养环节，取得规定学分，并通过学位论文答辩的学生，经学位评定委员会审核，授予保险硕士专业学位。

　　保险硕士专业学位研究生培养实行学分制，课程总学分不少于35学分。课程体系分为公共基础课、专业必修课和专业选修课三类，核心课程分为风险管理与保险和精算两大研究方向。采取校内课程学习和校外实践教学相结合的培养方式。实施多学科、宽口径的课程培养，建立校外实习基地，采用顶岗实习形式开展实践教学。鼓励案例教学，并逐渐增加在教学中使用案例的比例，注重理论联系实际，强调培养学生分析和解决实际问题的能力。综合评定学生的学习成绩，加强实践环节。

　　双导师制是专业学位培养中的亮点和重点，专业学位项目学生进校后配制学院导师的同时，也将为其分配校外兼职导师。保险硕士专业学位项目充分利用广泛的校友资源，聘请业务素质高、专业知识丰富、工作能力强、职业道德好的来自保监会、保监局、人保资产管理公司等单位资深管理人员作为业界导师,逐步建立校外兼职导师库。专业实践是专业学位研究生培养工作中的一项重要教学环节。建立固定或相对固定的实习基地,是实现专业学位教育实践系列化、科学化、制度化、规范化,确保专业实践的连续性和保证实习质量的重要措施之一。保险硕士专业学位项目已与长江养老保险股份有限公司等单位签署了专业学位实践基地合作协议。保险硕士专业学位项目将与实践基地在实务型专业核心模块课程建设、校外导师指导、专业实习、职业培训等方面展开合作。国际合作方面,与世界最大的保险公司之一法国安盛保险集团合作成立安盛-复旦保险研究中心,与美国、日本、中国台湾、中国香港等国家与地区的有关保险机构建立了较为稳固的交流联系。

2. 武汉大学的保险人才培养计划

武汉大学保险专业是国内最早成立的保险本科专业,历经近 30 年的持续发展,已经成为国内风险管理与保险人才培养的重要基地。1984 年 5 月,武汉大学受中国人民保险公司的委托及赞助,设立保险专业,隶属于武汉大学经济系,是我国高等院校中最早恢复保险教育的四大保险专业之一。1986 年 4 月,武汉大学成立经济学院,在保险教研室的基础上组建金融与保险学系。1999 年,教育部进行专业目录调整,武汉大学是被特许保留保险专业的 5 所高等学校之一。1999 年 4 月武汉大学进行院系调整,金融与保险系一分为三,金融学教研室划归金融学系,社会保障教研室划归社会保障系,保险教研室单独成立保险学系。2000 年 8 月,武汉大学、武汉水利电力大学、武汉测绘科技大学、湖北医科大学四校合并成立新的武汉大学时,保险系更名为保险与精算系,隶属于商学院,内设保险经济研究所。2005 年 10 月,更名后的武汉大学经济与管理学院进行机构调整,保险与精算系与金融系合署办公。2012 年 1 月,保险与精算系重新独立办公。截至 2012 年 1 月,武汉大学保险与精算系拥有一个保险本科专业和独立的博、硕士点,形成了完整培养阶梯。依托风险管理与保险学科以及精算研究力量,武汉大学与国家民政部建立了部级研究中心"民政部灾害评估与风险防范重点实验室",同时设有武汉大学保险经济研究所,中国保险行业协会中国精算师考试中心。

表 5-8 武汉大学保险专业(方向)设置

专业代码、名称	专业代码:020303 专业名称:保险学
专业培养目标	培养通晓经济学、金融学等理论知识,能力强、素质高、具有扎实的保险理论功底与基本实务技能,能在各种保险机构、其他金融机构从事经营管理,在大中型企业从事风险管理的高级专门人才
专业特色和培养要求	以经济学、金融学、数学和法学理论为基础,坚持理论与实践相结合、专业理论学习与职业资格考试相结合、国内教育与国际交流相结合,培养精通保险理论与实务,具有保险经营、资金运用和风险管理能力的复合型人才 a. 学习和掌握风险管理理论和风险识别、风险评估、风险控制等技术

（续表）

专业特色和培养要求	b. 学习和掌握保险原理和主要保险险种的保险条款、承保、理赔、投资等知识 c. 学习和掌握与保险经营管理实践相关的民商法、保险法及其司法实践、国家有关保险的政策、方针和法规 d. 学习和掌握保险精算的基本理论和技能，具有保险产品开发、保险公司财务稳定性控制的基础知识和能力 e. 学习和掌握保险经营管理的理论和技能，具有从事风险管理、保险业务管理与保险机构经营管理的基本能力 f. 学习和掌握从事科学研究的基本方法，具有从事科学研究的基本能力
学制和学分要求	学制：四年 学分要求：学生在校期间应修满 140 学分，其中，必修课（含学校通识必修课、学院通识课、学科通开课、专业必修课以及毕业实习和毕业论文）94 学分（其中毕业论文 6 学分，专业毕业实习 2 学分），选修课（含学校通识选修课和专业选修课）46 学分（其中学校通识选修课必须达到 30 学分）
专业主干（核心）课程、双语课程、特色课程	专业主干（核心）课程：政治经济学、微观经济学、宏观经济学、会计学、统计学、计量经济学、财政学、货币金融学、保险学原理、风险管理、保险公司经营管理、财产/责任保险、人寿/健康保险、利息理论、寿险精算、非寿险精算、保险会计与财务、再保险、社会保险、民商法、保险法学、员工福利计划、保险投资管理等 双语课程：寿险精算（life actuarial models）；保险公司经营管理（insurance company operations） 特色课程：保险学原理、保险法学、风险管理、再保险、员工福利计划
学位	经济学学士学位
主要实验和实践性教学要求	实验教学包括独立开设的实验教学课程和理论课程教学中的实验教学内容。独立开设的实验教学课程主要包括计量经济模型实验、数据统计分析实践、寿险精算模型实验、非寿险精算模型实验、保险案例分析、财产/责任保险实例分析 专业实践教学环节包括毕业实习、暑期社会实践、专业实习等。学生在第二学年暑期、第三学年暑期进行暑期社会实践，在第四学年的第二学期进行毕业实习和研撰毕业论文。学生还可在其他时间以其他方式参加社会实践

3. 西南财经大学的保险人才培养方案

西南财经大学保险学院始终秉持"面向市场、面向社会、面向国际和定位培养"的办学理念，以培养理论与实践相结合的专业人才为宗旨，着力提高学生综合素质，形成了"聚合国内外优质办学资源，铸造一流师资，建设一流专业，培养一流人才"的办学思路，与国内外知名保险企业及高校联合办学、建立学术交流、师生互访、资料交流和培训进修等合作项目，取得了一系列成果，多次获得国家和省部级奖励。

保险学院已建立起本科、硕士、博士和博士后的完善办学层次。首先，在本科办学层次中，设有保险学、劳动与社会保障和精算学三个专业，其中在保险学专业中设置风险管理与保险、保险精算、保险财务与会计三个方向，在劳动与社会保障专业中设置企业年金方向，精算学本科专业于 2018 年获教育部批准建设。其次，在硕士办学层次中，设有保险学和社会保障两个硕士点并具备保险硕士专业学位培养资格，其中在保险学硕士点中设置风险管理与保险、国际保险会计和保险精算三个方向。最后，在博士办学层次中，设有保险学、社会保险与经济保障两个独立博士专业和博士后流动站。截至目前，学院共有全日制在校本科、硕士、博士生 1 200 余人(见表 5-9)。

表 5-9　西南财经大学保险学院本科专业(方向)设置

学　院	专　业	备　注
保险学院	保险学	风险管理与保险、保险精算、保险财务与会计三个方向
	精算学	2018 年获教育部批准建设
	劳动与社会保障	含企业年金方向

　　西南财经大学保险学院无论在办学层次、办学规模、人才培养质量、师资队伍和科研学术水平等方面都在国内高校中处于领先地位,其改革创新业绩、办学特色、学生质量、科研学术水平等先后被《人民日报》《瞭望》周刊、中央人民广播电台、英国《普斯特保险周刊》《中国教育报》《中国青年报》《金融时报》《中国保险保》《四川日报》《北京晚报》、四川电视台等 20 多家新闻媒体广泛报道。毕业生被《人民日报》和《中国教育报》喻为“抢手货”“稀缺品”。

　　根据西南财经大学 2019 级本科生招生人才培养方案,其人才培养的基本原则有以下四点。一是促进互融共通,坚持立德树人根本任务,把立德树人融入人才培养全过程,建设好思想政治课程和课程思政,充分发挥每门课程的育人功能;以思想政治教育为统领,完善“通识教育＋宽口径专业教育”的人才培养体系,推动思想政治教育、通识教育、专业教育与创新创业教育的互融共通。二是注重协同育人,围绕创新驱动、“一带一路”“人工智能＋”等国家重大发展战略,针对“新财经”人才需求,有效整合各类资源,进一步加强与企业、实务部门、兄弟院校和国际组织的合作。完善“跨专业、跨学科、跨学院、跨部门、跨学校”的协同育人机制,积极营造“全员育人、全过程育人、全方位育人”氛围,将社会优质资源转化为教学资源。三是实施大类培养,确立按学科大类培养专业人才的主导思想,适应大类招生制度改革,继续夯实通识教育基础课程和大学科基础课程建设,进一步打破学科壁垒,拓宽专业口径,着眼于知识内容的基础性、系统性与先进性,科学重组和有效整合课程资源,构建通识教育课程、学科基础平台课程和专业教育课程三位一体的有机融合、层次分明、比例协调的课程体系。四是强化个性化培养,主动适应区域经济发展和行业产业转型升级,满足多元化人才需求,实施多样化人才培养模式。完善拔尖人才培养体系,通过光华学院、光华实验班、双学位、分类培养、联合培养项目等为学生发展提供更多选择;通过优化课程设置与课程体系,设置专业方向模块化课程,为学生自主学习、研究和创新创业创造条件;进一步丰富荣誉课程和荣誉学位,激发学生学习潜能,为学生人格养成和个性发展提供多样化机会和充分条件。五是追求卓越教学,强化教师在教学中的主导地位和学生在教学中的主体地位;鼓励教师积极开展教学研究,深化教师课程教学范式和学生学习方式的转变,广泛开展探究式、个性化、参与式教学,推广翻转课堂、混合式教学等新型教学模式,注重过程性考核,积极探索非标准化考试,提升教育教学质量。六是拓展国际视野,借鉴吸纳国内外知名高校人才培养的先进经验,加强全英文专业和全英文课程建设,积极推动与国际知名大学开展联合培养,继续开展暑期国际夏令营,鼓励本科生利用假期开展国际游学,为学生扩大国际交流、拓展国际视野创造条件。

4. 上海立信会计金融学院的保险人才培养计划

2016 年 3 月,经上海市委、市政府批准,上海立信会计学院和上海金融学院合并组建上海立信会计金融学院。4 月 22 日,教育部批复上海市教委,同意立信、金融两校合并,对上海立信会计金融学院予以备案。截至 2019 年 4 月,学校共有 15 个二级学院,本科专业 38 个。上海立信会计金融学院保险学院主要培养对象是本科学历的保险人才,是华东地区唯一独立的保险学院。据上海立信会计金融学院保险学院官方网站的专业介绍,主要培养保险学和精算学两个专业的保险人才。

上海立信会计金融学院保险学专业的设置可追溯至原上海金融学院。2003 年 9 月,经上海市人民政府批准,在上海金融高等专科学校的基础上建立了本科层次的普通高校——上海金融学院。保险学专业是上海金融学院第一批获准招收本科学生的专业之一,2004 年开始招收本科学生,2005 年开始分设保险和精算两个方向进行招生,招生的班级与人数不断增加。截至目前,上海立信会计金融学院保险学院的专业设置情况见表 5-10。

表 5-10 上海立信会计金融学院保险学院专业设置

专业介绍	保险学	精算学
专业培养目标	培养适应社会主义市场经济和现代保险市场发展的需要,具备开拓创新精神,系统掌握经济、金融基础理论,通晓保险、市场营销、金融、财务等基础知识,具有良好逻辑思维、分析和解决专业问题的能力,能够胜任保险机构以及其他金融机构工作的,具有较高职业素养的应用型人才	本专业培养品德、知识、能力、综合素质等各方面全面发展,适应社会市场经济发展的需要,系统掌握宽厚的经济、金融、数学、统计、精算等相关领域基础知识,能在保险公司、银行证券、社会保障、资产评估等机构胜任精算、产品研发、风险管理和行业分析工作的,具有较高国际视野的现代精算与风险管理的应用型高级专业人才
专业主干课程	保险学、财产保险、人身保险、保险营销、再保险、保险经营与管理、风险管理、利息理论等	保险学、利息理论、风险理论、寿险精算、非寿险精算、风险管理、精算数学、精算模型、准备金评估及偿付能力监管、保险数据挖掘等
毕业去向	保险公司的营销、核保、理赔、产品研发、风险管理等业务部门;再保险公司;保险经纪公司、保险代理公司、保险公估公司等保险中介机构;大型企业风险管理部门;银行、证券公司、金融信贷公司等金融机构	在保险公司、银行、证券公司、基金管理机构、社会保障、资产评估等金融企业及相关机构从事保险保障、产品研发与定价、风险管理、经济活动定量分析、投资理财、资产评估和偿付能力监管等相关工作
学制	四年	四年
授予学位	经济学学士	理学学士

（三）高校保险人才培养模式分析

培养人才的根本是教育，而规范性的学历教育是主要形式。我国高校保险专业教育招生人数、开设院校数最多的是本科层次，因此，提高本科层次教育水平是保险行业人才队伍更新换代的重要保证。经过梳理，我国高校本科保险专业人才培养模式主要有以下三种。

第一，"重基础、宽口径"的培养模式。"重基础"是明确金融专业基础知识的掌握，开设核心课程为西方经济学、货币银行学、商业银行学、投资学、保险学等。"宽口径"指的是教学包含金融和保险的多种课程内容，核心有财产保险学、人身保险学、国际金融、中央银行学、财政学等。"重基础"的目的是让学生掌握该专业的基础知识，"宽口径"的目的在于让学生在就业时有更多自主选择空间。随着金融行业发展，无论在银行、证券公司还是保险公司工作，无论是从事产品开发、项目研究还是市场营销，大学生都需要对金融制度和融资产品有广泛认识和深入理解，"宽口径"的培养模式可以让大学生成为多元化人才。

第二，单一的保险专业人才培养模式。有学者认为，保险专业应由四大基础课程群（法学、数理、财务会计和一般经济管理）、两大工具课程群（英语和计算机）、一大专业课程群（保险学原理、商业保险、社会保险、财产保险、人身保险、保险法、保险会计、保险精算、保险经营管理、风险管理等）组成。单一的保险专业人才培养模式可以使大学生成为具有全面保险知识的专业人才。通过该专业学习，大学生可以选择继续深造、考取保险精算师或者从事保险经纪人等职业。

第三，重视保险社会实践的培养模式。除了保险专业基础课程的学习，该模式偏向于实践课程学习，培养学生的工作能力。该模式下培养的保险人才能直接更新换代保险销售人员队伍和客户服务人员队伍，对于改善目前保险行业发展面貌，促进由粗放型到集约型转变起到重要作用。

保险专业学生应把握高校保险人才培养的模式，并不断取长补短，在学好专业课程的基础上，通过社会实践、专业实习等方式提升对专业知识的应用能力，知行合一，从而提升自己的就业及职业发展竞争力。

第二节　保险业务人员的基本技能

每个行业、每个岗位对于从业人员都有一定的要求，包括学历、知识、技能和素养等方面。其中，知识、技能等要求是比较显性的，也是相对具体的内容。本节将立足保险行业，梳理保险公司对人才的知识和专业技能要求。

一、中国保险业发展概况

要把握保险人员的基本技能要求，我们首先需要对于中国保险行业发展进行整体了解。根据《中国保险业发展报告 2019》(以下简称《报告》),2018 年,中国保险业总体保持平稳增长态势,但增速趋缓;保险业风险保障水平继续快速提高;保险监管向纵深推进,整治市场乱象取得阶段性成效。相关数据显示,截至 2018 年年底,我国保险市场共有 228 家保险机构;全国保费收入约 3.8 万亿元,同比增长 3.92%;保险业总资产约 18.3 万亿元,同比增长 9.45%。

根据《2019 中国保险中介市场生态白皮书》中《2019 年中国保险业总体发展态势》所述,2019 年,在全球宏观经济不确定性持续累积的大环境下,中国保险业迎来了以"转型"和"开放"为主题的新时代。不论是保费收入,还是总资产,2018 年我国保险业总体经营的各项指标相对去年均有增加,但其增速明显放缓(见图 5-1)。特别是人身险的保费收入,其增速由 2017 年的 20% 下降到 2018 年的 0.9%(见表 5-11)。行业拐点开始隐现。近十年来,中国保险业的保费年均增长率均超过 10%。截至 2018 年年底,我国年保费收入总额达到 3.8 万亿元,位列世界第二。

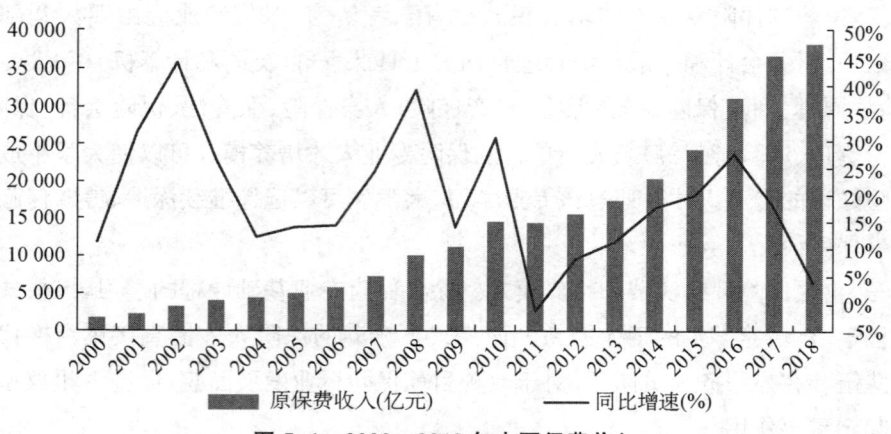

图 5-1　2000—2018 年中国保费收入

表 5-11　2017—2018 年中国保险业经营总体状况

项目	2017 年(亿元)	同比变化	2018 年(亿元)	同比变化
原保险保费收入	36 581.0	18.2%	38 016.6	3.9%
财产险	10 541.4	13.8%	11 755.8	11.5%
人身险	26 039.6	20.0%	26 260.9	0.9%
原保险赔付支出	11 180.8	6.4%	12 297.8	10.0%
财产险	5 087.5	7.6%	5 897.3	15.9%
人身险	6 093.3	5.3%	6 400.5	5.0%
资金运用余额	149 206.2	11.4%	164 088.3	10.0%
总资产	167 489.4	10.8%	183 308.9	9.5%
净资产	18 845.0	9.3%	20 154.4	7.0%

资料来源:中国银保监会。

从图 5-1 可以看到,我国保费收入的同比增速从 2017 年开始,连续两年出现下滑,而整体的赔付率则保持相对稳定,维持在 30% 上下,行业竞争压力凸显,行业整体增速下行。这些因素也影响了保险营销员人数的增长。不论是保费收入,还是总资产,2018年我国保险业总体经营的各项指标相对去年均有增加,但其增速明显放缓。不过总的来看,我国保险业未来仍然具有良好的成长空间。尽管全行业增速有所下滑,但我们也要看到中国保险业的发展潜力。截至 2018 年年底,我国保险密度为 2 724 元,而保险深度则为 4.2%。与世界发达国家和地区相比,我国的保险覆盖水平仍存在不小差距。

二、保险从业人员"数据画像"

从上述数据可以看出,我国保险行业未来仍然具有良好的成长空间。同时,在行业快速发展的背景下,保险市场已从初级阶段向成熟阶段迈进,要使粗放型的保险经营模式转变为集约型的经营模式,其必备要素之一就是具备营销、服务、管理、调控等各个方面高素质的专业人才。

根据资料显示,相对完善的保险体系中,每万人中,在美国约有 143 人为保险从业人员,在日本约有 33 人为保险从业人员,在中国香港约有 50 人为保险从业人员,在中国台湾约有 66 人为保险从业人员。结合我国国情,按每万人中有 30～50 名保险从业人员估算,我国保险从业人员需求量为 410 万～680 万人。随着保险行业的跨越式发展,保险从业人员队伍也日益壮大。1980 年我国保险从业人员只有 3 941 人,到 2015 年年底数量达到 750.17 万人。在从业人数增加的同时,保险从业人员的专业素质不断提高,保险人才外部发展环境日渐改善。但是,行业的快速发展与保险人才培育体系之间的矛盾也是存在的,主要体现在人才总量不足以及结构失衡。在上述提到的总计 750.17 万保险从业人员中,营销人员为 642.43 万人,然而,具有互联网背景、保险监管、风险管理和保险精算、审计的高层次、复合型人才只有 10 余万人,数量明显偏少。

根据北大汇丰风险管理与保险研究中心联合保险行销集团保险资讯研究发展中心在深圳发布的《2019 中国保险中介市场生态白皮书——保险营销员团队建设与个人品牌》,目前,保险行业处于行业转型时期,中国保险行业整体增速的下行影响到保险营销员总数的增长。根据监管机构公布的数据,保险营销员(含代理人)人数在 2014 年、2015 年、2016 年、2017 年年底分别为 308 万人、445 万人、644 万人、785 万人。调查发现,收入高的保险从业人员数量中,本科及以上的学历人数占比超六成。具体来看,目前,高中学历的行业从业人员数量占比为 13.4%;高中及中专学历的行业从业人员数量占比为 17.2%;本科及大专学历的行业从业人员数量占比为 31.6%;硕士及以上的行业从业人员数量占比为 39.9%。

三、保险公司对人才的需求

 拓展案例

工作三年获得公司的"杰出贡献奖"

小肖是保险学院 2016 届毕业生,大三期间在某保险公司运营支持部门理赔岗位实习,因工作踏实得到领导肯定而留用。入职后,小肖积极承担部门工作,并主动自学 excel 相关知识。通过自学,将 excel 自主学习成果运营于日常工作,将本部门工作效率提升三倍。领导十分认可小肖的工作表现,安排他到其他岗位锻炼,他进一步钻研业务和计算机技术,再次使得部门的另一项工作效率提高十倍。在工作第三年,单位评选授予其"杰出贡献奖"。

案例思考:通过小肖的职业成长,思考大学生如何在职场中价值个人发挥?

随着行业的快速发展,保险公司在招聘时对人才的要求也越来越高。根据上海部分保险公司的调研和保险公司人力资源部门负责人、营销部门负责人采访的相关信息,除精算部门等专业性较强的岗位外,保险公司对于保险人才的学历要求基本以本科为主,越来越看重具有保险专业知识的人才。除了专业知识,根据行业发展特点,具备计算机、英语等能力的人才也将在保险公司发挥更大作用。

(一)扎实的理论基础

保险学是金融学的重要组成部分,保险学科的发展必须植根于金融学的基础之上。在我国,历史原因使得从事保险教学和研究的人和从事金融学其他学科教学和研究的人几乎是截然分离的,从而不能很好地从整个金融学科的高度来认识保险学。保险人才为了更好地适应行业发展的需要,应以扎实的经济、金融理论为基础,此外,还需注意夯实哲学、数学、法学、经济学、金融学等理论基础,为今后的事业发展打下坚实的基础。

(二)必要的专业知识

根据专业课程设置,保险专业学生应对专业知识体系进行认真梳理,系统掌握保险市场、保险机构管理、保险风险管理、保险经营管理、人身财产保险、保险营销、保险精算和保险法学等必要的专业知识,提高实际操作本领。除了掌握保险学、经济学、金融学、管理学和精算学等方面的基础理论、基础知识和基本方法,还需要熟悉我国现行金融、保险、投资等领域的相关法律法规政策。此外,保险人才的专业知识还要不断更新,要及时关注保险学科的理论前沿和发展动态,了解保险实务领域的最新发展趋势。

(三)广泛的非专业兴趣

保险行业是以人为本、以客户为中心的服务行业。面对人的精神需求和客户的复杂性，保险专业人才应该知识渊博，其中"博"就包含着广泛的非专业兴趣。在学科交叉、边缘学科兴起和越来越多的渴望"人文关怀"的今天，保险学专业的学生要有意识地涉猎政治学、社会学、心理学、美学，乃至音乐、舞蹈和绘画等领域。如此，一方面能够将所学的专业知识精细化和人性化；另一方面也有助于丰富自己的文化涵养，进而以"大雅"的风度和"有血有肉"的亲和力赢得市场与客户。

（四）熟练的工具性技能

除了知识，保险人才要在国际竞争中脱颖而出的另一项重要能力是熟练的工具性技能。比如，保险学作为金融学专业的一个分支被纳入"文科"教学体系，只要求学生掌握"高等数学四（医农类）"，与国外高校保险学专业的数学要求相距甚远。由于计算机教学及其设施落后，保险学专业学生的计算机知识和上机时间都非常有限。不熟练掌握英语、数学和计算机这三大工具，便无法与国际社会沟通，无法适应金融理论与实践对定量分析和计算机运用的高要求。面对金融全球化和激烈的市场竞争，高校保险学专业人才必须通过刻苦学习，熟练掌握英语、数学和计算机这三大工具性技能，提升职业竞争力。

四、上海国际保险中心建设对保险人才的要求

《2017年中国普惠金融指标分析报告》报告显示，2017年，中国保险密度、保险深度稳步增加，增速略有下滑。此外，经济发展较快的地区居民参保意识较强。2018年由上海证券报社主办的"改革新纪元·践行新发展"2018中国财富管理峰会暨第九届"金理财"奖颁奖典礼上，原保监会副主席周延礼作题为《改革开放40年：上海保险业创新发展20年》的主题演讲，他表示，上海是中国改革开放的"排头兵"，创新发展的"先行者"，是中国对接全球的"桥头堡"。上海经济金融较其他地区开放发达，城市管理智能高效，为保险业改革开放搭建了得天独厚的舞台。当前，上海正从"点"到"面"，积极推进上海国际保险中心建设。国际保险中心建设需要高素质人才，这其中指向的首要条件是职业技能。具体来说，要求有三个方面：

第一，需要具备较高道德素养、具有基础保险知识体系的人才。在过去相当长的一段时间内，人们对于保险人才的理解被标签化为"卖保险的""销售骗子"。由于消费者在购买保险之前没有得到完整的、准确的产品信息，购买之后又缺乏后续服务，因此，当遇到事故时得不到赔偿。上述现象的产生一方面是因为人们的保险意识贫乏、保险知识贫乏，另一方面是保险行业销售从业人员缺乏高素质以及对所销售产品的专业知识。保险行业形象的转变首要条件是建立一支高素质、基础知识扎实的、具有高度责任感的营销队伍。

第二，需要具备专业理财规划和投资管理能力的保险人才。"新国十条"第六条第十三款提出对保险基金期限结构特性的利用，第十四款提出保险业作为机构投资者的史册定位，这意味着现代保险业对投资能力有了新的要求，能够提高投资收益率的新型保险人才将成为保险企业的核心竞争力。

第三,需要具有较高创新能力的保险人才。从保险实践角度看,无论商业模式选择、市场细分与定位、产品设计、展业途径,还是保险中介服务与咨询,都需要创新。保险市场同质化竞争严重,产品单一,不能够满足客户的多样化需求,如何进行产品设计以发现客户需求、满足客户需求,扩大产品销售量是保险业发展面临的重要课题。比如,医保购买商业保险问题、养老保险与老龄化社会的问题等。

第三节　有效沟通是保险人才的核心能力

通用电气公司总裁杰克·韦尔奇曾说,管理的秘诀,就是沟通、沟通、再沟通。在职场上,如果说语言水平、技能证书等是"硬实力",那么,沟通就是一项重要的"软实力"。对保险从业人员尤其是保险营销员而言,沟通能力非常重要。有效沟通不仅是指沟通概念,还经常涉及倾听和有效表达。

一、沟通的内涵及重要性

(一) 什么是沟通

1. 沟通与沟通过程

沟通(communication)是人们分享信息、思想和情感的整个过程。这个过程不仅包含口头语言和书面语言,也包含形体语言、个人的习气和方式、物质环境——赋予信息含义的任何东西。

沟通过程是指沟通主体对沟通客体进行有目的、有计划、有组织的思想、观念、信息交流,使沟通成为双向互动的过程。

2. 沟通的要素

由界定来看,沟通过程应包括五个要素,即沟通主体、沟通客体、沟通介体、沟通环境、沟通渠道。

(1) 沟通主体,即有目的地对沟通客体施加影响的个人和团体,诸如党、团、行政组织、家庭、社会文化团体及社会成员等。沟通主体可以选择和决定沟通客体、沟通介体、沟通环境和沟通渠道,在沟通过程中处于主导地位。

(2) 沟通客体,即沟通对象,包括个体沟通对象和团体沟通对象;团体的沟通对象还有正式群体和非正式群体的区分。沟通对象是沟通过程的出发点和落脚点,因而在沟通过程中具有积极的能动作用。

(3) 沟通介体,即沟通主体用以影响、作用于沟通客体的中介,包括沟通内容和沟通方法。沟通主体与客体间的联系,保证沟通过程的正常开展。

(4) 沟通环境,既包括与个体间接联系的社会整体环境(政治制度、经济制度、政治观点、道德风尚、群体结构),又包括与个体直接联系的区域环境(学习、工作、单位或家庭等),对个体直接施加影响的社会情境及小型的人际群落。

(5)沟通渠道,即沟通介体,是沟通主体把意见传达给沟通客体的途径。沟通渠道不仅能使正确的思想观念尽可能全、准、快地传达给沟通客体,而且还能广泛、及时、准确地收集客体的思想动态和反馈信息。因而,沟通渠道是实施沟通过程、提高沟通功效的重要一环。

(二)沟通的理论基础

谈及沟通,需要先理解沟通中的经典模型——乔哈里视窗(Johari window)。乔哈里视窗是一种关于沟通的技巧和理论,也被称为"自我意识的发现——反馈模型",中国管理学实务中通常称为沟通视窗。这个理论最初是由乔瑟夫和哈里在20世纪50年代提出的。他们从自我概念的角度对人际沟通进行了深入的研究,并根据:"自己知道——自己不知"和"他人知道——他人不知"这两个维度,依据人际传播双方对传播内容的熟悉程度,将人际沟通的信息比作一个包含4个区域的窗子,即开放区、盲目区、隐秘区(又称隐藏区)和未知区(也称封闭区)(见图5-2)。人的有效沟通就是这四个区域的有机融合。

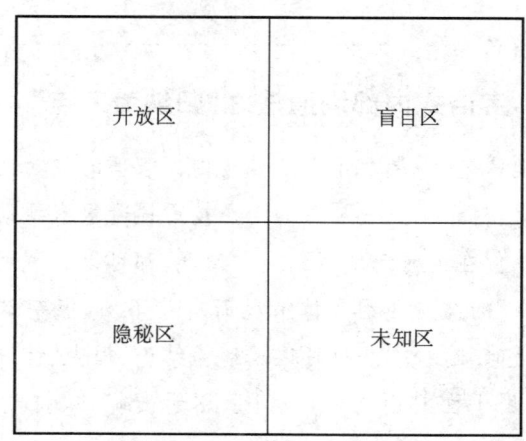

图5-2　乔哈里视窗①

(1)开放区。这个区域是自己知道、别人也知道的信息,如你的家庭情况、姓名、求学经历和爱好等。开放区具有相对性,有些事情对一些人来说是公开的信息,而对另一些人可能会是隐秘的事情。在人际交往中,共同的开放区越多,沟通起来也就越便利,越不易产生误会。

(2)盲目区。这个区域是自己不知道、别人却可能知道的盲点。如个人性格上的弱点或者坏的习惯、处事方式等。反思现代社会,为什么那些地位和权势越高的人,越难听

---

① 资料来源:研发之道.沟通的重要工具——乔哈里视窗[DB/OL](2019-12-29)[2020-06-22].https://blog.csdn.net/lsgqjh/article/details/103756900.

到关于自己的真话？就是因为围绕在这些人周围的人由于敬畏其权势而不敢说真话。如果这些人没有博大、开放的胸怀容纳一些敢于对自己讲真话的朋友或善于直言的下属，那么他的盲目区就有可能越来越大。因此，只有不断地缩小自己的盲目区，才能走向成功的。

（3）隐藏区。这个区域是自己知道、别人却可能不知道的秘密。如个人的某些经历、希望、心愿、阴谋、秘密以及好恶等。一个真诚的人也需要隐藏区，完全没有隐藏区的人是心智不成熟的。但在有效沟通中，适度地打开隐藏区，是增加沟通成功率的一条捷径。

（4）未知区。这个区域是自己和别人都不知道的信息。如个人身上隐藏的疾病。未知区是尚待挖掘的"黑洞"，也许通过某些偶然或必然的机会，个人对自我的认识也会不断深入，某些潜能就会得到较好的发挥。

后来，乔哈里模型成为被广泛使用的管理模型，用来分析以及训练个人发展的自我意识，增强信息沟通、人际关系、团队发展、组织动力以及组织间关系。

（三）保险人才沟通的重要性

 拓展案例

宝洁式内部沟通法之"归纳为三点"

《宝洁高效团队管理课》一书展示了保洁公司内部管理的成功经验，介绍了一种叫"归纳为三点"的方法，该方法对于企业中员工的沟通技巧提升很有帮助。

在企业沟通中，无论你在何时何地遇到何种情况，都可以尝试用"归纳为三点"的方法进行沟通。"归纳为三点"的结构会因具体情况而有些不同，但基本结构一致，即背景、结论、理由。在向上级汇报时，这种方法也可以表述为结论、理由、计划。

这个方法不仅可以用于面对面沟通，也可以用于发邮件、打电话或者发信息等沟通情境。

（资料来源：高田诚.宝洁高效团队管理课[M].北京：中国华侨出版社，2013.）

案例思考：相互沟通是维系同事、领导之间的一个关键要素。有什么话不要憋在肚子里，多与同事、员工交流，也让同事、员工多了解自己，这样可以避免许多无谓的误会和矛盾。尤其是在保险行业，沟通可以使得业务信息畅通，也有利于团队效率的提升，提升工作效益。

沟通是日常生活的主要部分，也是职场工作能够顺利开展的必要条件。正如澳大利亚享有国际声誉的演讲家、沟通培训专家克里斯·科尔所说："我们所做的每一件事情都是在沟通。"在保险公司，沟通的重要性体现在以下几个方面：

第一，沟通可以满足人的心灵需求，有利于提升保险人才归属感。人是社会性的动物，不能脱离其他个体而存在，每个人都有与人沟通、被人倾听和理解的心理需求；如果失去了与人沟通的机会，人们会出现一些生理症状，如产生幻觉、丧失运动技能，而心理则会失调，产生孤独、焦虑、抑郁等不良情绪。良好的沟通可以使保险从业人员产生归属感，有利于较好地融入公司氛围和企业文化。

第二，沟通是建立和谐人际关系的桥梁，营造保险团队良好氛围。社会心理学研究表明，人和人的熟悉能增加相互之间的好感。而沟通是增加熟悉感的最佳途径。在保险公司，沟通能帮助人们消除人和人之间的误解，并积累重要的人脉关系，从而为自己的事业的成功打下基础。正如美国前总统罗斯福所说："成功公式中最重要的一项因素是与人相处。"

第三，沟通是有效决策的基础，有利于保险人才职业发展。我们在生活中，总在进行着大大小小的各种决策。有的决策可能无关紧要，如晚餐吃什么或者该乘哪种交通工具去某个地方等；然而有的决策则对我们的生活至关重要，甚至可能改变我们的一生，如应该上哪所大学，毕业时应该选择什么工作等。在保险公司，沟通可以促进业务信息交换，可以扩展保险人才看问题的广度与深度，为决策打下基础。从长远的角度，有助于保险人才的职业发展。

第四，沟通是取得理解与支持的法宝，有利于保险人才业务开展。理解给人以安慰，支持给人以力量。获得理解和支持最直接的方法就是沟通。对个人而言，每个人都渴望被理解，尤其当自己的想法和愿望与他人不一致时。对组织而言，沟通也是确保组织目标顺利实现的关键因素之一。对于保险人才来说，面对同事和客户，良好的沟通可以提升得到同事协助的概率，也可以更好地得到客户理解和信任。

二、保险人才的倾听艺术

与沟通密不可分的另一项重要能力是倾听。美国著名人际关系学大师戴尔·卡耐基说，专心倾听别人讲话的态度，是我们所能给予别人的最大赞美。对于保险人才的业务开展，学会倾听能够发挥十分重要的作用。

(一) 倾听的内涵与作用

1. 倾听的内涵

倾听不是简单地用耳朵来听，它也是一门艺术。倾听不仅仅是要用耳朵来听说话者的言辞，还需要一个人全身心地去感受对方在谈话过程中表达的言语信息和非言语信息。狭义的倾听是指凭借听觉器官接受言语信息，进而通过思维活动达到认知、理解的全过程；广义的倾听包括文字交流等方式。其主体者是倾听者，而倾诉的主体者是诉说者，两者一唱一和，有排解矛盾或者宣泄感情等优点。

2. 倾听的作用

(1) 倾听可以获取重要信息。信息不但包括内容，还包括对方的情感，有时候脱离了情感,只是听取里面的内容会产生误解。有些话是反话,只有非常注意,联系语境或语气才能作出判断,听出"弦外之音"。

(2)倾听可掩盖自身弱点。俗话说"沉默是金""言多必失",静默可以帮助我们掩盖若干弱点。如果你对别人所谈问题一无所知,或未曾考虑,保持沉默便可不表示自己的立场。

(3)善听才能善言。我们常常因为急于表达自己的观点,根本无心思考对方在说什么,甚至在对方还未说完的时候,心里就已经对对方可能的言谈和观点产生心理定式,并按照我们的经验妄加评论,而我们的评论往往是错误的。因此,我们需要首先听明白对方的观点是什么。听懂对方,我们才能作出准确的评论。

(4)倾听能激发对方的谈话欲。让说话者觉得自己的话有价值,他们会愿意说出更多更有用的信息。称职的倾听者还会促使对方思维更加灵活敏捷,启迪对方产生更深入的见解,双方都会受益匪浅。

(5)倾听能发现说服对方的关键。从对方的谈话中,你能够发现他的出发点和弱点,这就为你说服对方提供了契机。同时,让别人感到你的意见充分考虑了他的需求和见解,他们会更愿意接受。

(6)倾听可以使人获得友谊与信任。人们大都喜欢发表自己的意见,如果你愿意给他们一个机会,他们立即会觉得你和蔼可亲、值得信赖。

(二) 保险人才的倾听技巧

1. 消除干扰

外在和内在的干扰是妨碍倾听的主要因素。因此,要改进聆听技巧的首要方法就是尽可能地消除干扰。在业务开展过程中,保险人才要注意尽量保持环境的安静,把手机等调成静音状态。另外从内在角度,必须把注意力完全放在客户的身上,才能掌握对方的肢体语言,明白客户说了什么、没说什么,以及客户的话所代表的情感与意义。

2. 对方优先

对方优先的第一层意思是让对方先说。在业务开展沟通中,首先,倾听客户说话会让对方觉得我们很尊重他的意见,有助于我们建立融洽的关系,彼此接纳。其次,鼓励客户先开口可以降低谈话中的对立意味。我们的倾听可以培养开放的气氛,有助于彼此交换意见。最后,客户先提出他的看法,你就有机会在表达自己的意见之前,掌握双方意见一致之处,使你更容易说服客户。

对方优先的第二层意思是非必要时,避免打断客户的谈话。善于听别人说话的人不会因为自己想强调一些细枝末节、想修正对方话中一些无关紧要的部分、想突然转变话题,或者想说完一句刚刚没说完的话,就随便打断对方的话。经常打断别人说话就表示我们不善于听人说话,个性激进、礼貌不周,很难和人沟通。

3. 注意观察

1) 观察肢体语言

当我们在与人谈话的时候,即使我们还没开口,我们内心的感受,就已经透过肢体语言清清楚楚地表现出来了。听话者如果态度封闭或冷淡,说话者很自然地就会特别在意自己的一举一动,比较不愿意敞开心胸。相反地,如果听话的人态度开放、很感兴趣,那就表示他愿意接纳对方,很想了解对方的想法,说话的人就会受到鼓舞。而这些正面的肢体语言包括:自然的微笑,不要交叉双臂,手不要放在脸上,身体稍微前倾,常常看对方的眼睛,点头。

2) 保持适当距离

很多动物如鸟类、哺乳动物等都有自己的领土范围,当其他动物进入它们的领土时,它们就会采取威胁、斗争等方式来保护自己的领土,赶走入侵的动物。在人与人沟通时,似乎不存在争夺领土的问题,但事实上,每个人也会有他们的心理领土、心理空间(见表 5-12)。当交谈时他人没有保持适当距离,进入了人们的这一心理空间时,人们就会感到不舒服、被侵犯,沟通的效果自然会打折扣。研究表明,个人的心理空间范围与人与人之间的亲疏关系有关。

表 5-12　个人心理空间范围

人际关系类型	心理空间范围
亲近的朋友或家庭	45 厘米左右
朋友或亲近的同事	45～80 厘米
同事或熟人	60～120 厘米
陌生人	大于 120 厘米

倾听时,尊重他人的心理空间,保持适当距离,会让他人感到更安全、更舒适,表达也会更放松。

3) 注意暗示信息

很多人都不敢直接说出自己真正的想法和感觉,他们往往会运用一些叙述或疑问,百般暗示,从而表达自己内心的看法和感受。但是这种暗示性的说法有碍沟通,因为如果遇到不良的听众,他们话中的用意和内容往往被人所误解,最后就可能会导致双方的失言或引发语言上的冲突。所以一旦遇到暗示性强烈的话,就应该鼓励说话的人再把话说得清楚一点。

4. 听关键词

在同事沟通或者业务开展过程中,要学会听关键词。所谓的关键词是指描绘具体事实的字眼,这些字眼透露出某些讯息,同时也显示出对方的兴趣和情绪。透过关键词,可以看出对方喜欢的话题,以及说话者对人的信任。

另外,找出对方话中的关键词,也可以帮助我们决定如何响应对方的说法。我们只要在自己提出来的问题或感想中,加入对方所说过的关键内容,对方就可以感觉到你对他所说的话很感兴趣或者很关心。

5. 关注重点

但凡业务绩效较好的工作者,都有一个特点,能够关注到重点。要抓住主要意思,不要被个别枝节所吸引。善于倾听的人总是注意分析哪些内容是主要的,哪些是次要的,以便抓住事实背后的主要意思,避免造成误解。只要我们不再纠结各种细枝末节,就不会因为没听到对方话中的重点或是错过主要的内容而浪费了宝贵的时间,或者作出错误的假设。

6. 鼓励他人

鼓励他人首先要重复他人说话的内容。这也是一种很重要的沟通技巧。这种反应可以让对方知道我们一直在听他说话,并听懂了他所说的话。但是反应式倾听不是简单的重复,而是应该用自己的话,简要地述说对方的重点,反应式倾听的好处主要是让对方觉得自己很重要,能够掌握对方的重点,让对话不至于中断。鼓励他人还要体会到对方的情绪,表示接受并了解对方的感受;注意反馈,根据别人谈话的信息,即使查证自己是否了解对方;鼓励他人最简单、直接、有效的方式就是微笑。

7. 适时总结

当我们与人谈话,尤其是洽谈业务时,我们通常都会有几秒钟的时间,可以在心里回顾一下对方的话,整理出其中的重点所在。我们必须删去无关紧要的细节,把注意力集中在对方想说的重点和对方主要的想法上,并且在心中熟记这些重点和想法。

8. 理解他人

如果我们无法接受说话者的观点,那我们可能会错过很多机会,而且无法和对方建立融洽的关系。就算是说话的人对事情的看法与感受,甚至所得到的结论都和我们不同,他们还是可以坚持自己的看法、结论和感受。尊重说话者的观点,可以让对方了解,我们一直在听,而且我们也听懂了他所说的话,虽然我们不一定同意他的观点,但我们还是很尊重他的想法。若是我们一直无法接受对方的观点,我们就很难和对方彼此接纳,或共同建立融洽的关系。除此之外,也能够帮助说话者建立自信,使他更能够接受别人不同的意见。

三、保险人才的有效表达

1. 有效的非语言表达

根据麦罕宾的研究,非语言的交际在信息传递中所占据的作用居然高达93%,语言成分只占7%的作用。既然非语言表达在交流中起到如此重要的作用,那么保险人才该如何进行有效的非语言表达呢?

(1)目光接触。诚恳而沉稳地看着对方。和一个人谈话时,维持 5～15 秒的目光接触。假如你是面对一个团体谈话,眼睛要轮流和每个人的目光接触,每一次约 5 秒钟。不要让你的眼睛转来转去,也不要刻意放缓速度地眨眼睛。为了避免盯着对方,我们可以将视线放在对方的眉宇间,这样不会太尴尬。

(2)姿势与动作。昂然站立,放松自己,自然而轻松地移动。抬头挺胸,肩膀、臀部和双腿站成一直线,让你的精神向前倾注。切记不要双臂环抱,双手交叉,这些都是封闭和防御的肢体语言,最自然的方式是两手自然下垂,放在腰际。保持良好的坐姿,脊背挺直,上身略微前倾,手放置椅背上,不要随意滑动。你的双手与手臂的动作尤其重要,柔和的手势表示友好、商量,强硬的手势则意味着:"我是对的,你必须听我的。"

(3)脸部表情。谈话时要轻松自然,适合的话,记得要微笑。微笑表示友善礼貌,皱眉表示怀疑和不满意。

(4)衣着与仪表。穿着方式并没有对错之分,但你必须觉得自己的打扮恰如其分,整洁大方、舒适得体。因此你的衣着必须遵守 TPO 原则(时间 time、地点 place、目的 object),在衣服的色彩搭配上,一般来说,黑、白、灰三色是配色中最安全的颜色。

(5)声音与语气。声音和语气在沟通中非常重要,声音需带有精力与热诚,设法让语调、节奏和声音的大小有所变化;语言要尽量直接而中肯,面对非专业人士尽量避免使用专业术语,尽量避免使用长句子。

(6)"一致"技巧。当两个人和睦相处时,你会发现他们之间肢体语言的运用是非常频繁的,而且一个人的肢体语言是其他人肢体语言的反应。一致性有助于沟通,从而帮助建立融洽的人际关系。但是,我们的目的不是要模仿一个人的每一个动作或每一个坐姿,融洽的关系是靠我们在与人相处时所做的一切事情建立起来的。

2. 提高语言表达能力的方法

语言能力是我们驾驭人生、改造生活、追求事业成功的无价之宝,是保险人才通往成功之路的必要途径。提高语言表达能力有以下四种方法。

(1)克服说话时的紧张情绪,积极大胆与别人说话。很多人与别人说话的时候会紧张,而这种紧张会影响沟通的效果。说话紧张的时候,努力使自己放松。静静地进行深呼吸,使气息安静下来。在吐气时稍微加进一点力气,这样可以使换气充分,很容易使你放松下来。笑对于缓和全身的紧张状态有很好的作用。微笑能调整呼吸,还能使头脑的反应灵活,说话集中。

(2)平时多积累一些你擅长的话题,避免谈起不擅长或不感兴趣的话题。在平时要留意观察别人的话题,了解吸引人的和不吸引人的话题。扩充自己的知识面,多看些书,多参加户外活动,这样可以多和人沟通交流。同时也要回避一些不好的话题,避免谈自己不完全了解的事情。谈一知半解的话题,会给人留下虚浮的印象。要避免谈你不感兴趣的话题,自己不感兴趣很难使自己完全投入谈话中。

（3）增加自己的幽默感。语言的幽默风趣，一定是根据具体对象、具体情况、具体语境来加以运用，而不能使说出的话不合时宜。提升自己语言的幽默性可以从以下几个方面入手：首先，当你叙述某件趣事的时候不要急于告诉结果，应当沉住气，要以独具特色的语气和带有戏剧性的情节显示幽默的力量，在最关键的一句话说出之前，应当给听众制造一种悬念。其次，重要的词语加以强调，利用重音和停顿等以声传意的技巧来促进听众的思考，加深听众的印象。最后，在说笑话的时候，不要自己先大笑起来，这样会使笑话的效果大打折扣。

（4）学会站在别人的角度。每一个个体都有完全不同的人生经历，价值观、性格等会有很大的差异，因此我们要学会理解他们，站在别人的角度来看待问题。

四、保险人才的有效沟通技巧训练

沟通是人际交往中一门重要的学问，良好的沟通技巧能让我们得到更多的欣赏和尊重。对于保险这个服务行业来说，沟通更是必不可少的。掌握好沟通技巧，可以让保险营销事半功倍。

（一）保险人才语言沟通的注意事项

1. 注意礼貌用语

礼貌是对他人的尊重，也是提高自我形象的重要手段。消费者对礼貌的感知十分敏锐，一些简单的字眼，如"您""请"等都可以让消费者感觉亲切，消除距离感。

2. 不要忘记谈话目的

记住自己的谈话目的，能够有效避免不知所云、东拉西扯等问题的出现。谈话的目的一般有以下几种：劝告对方改正某种缺点；向对方请教某个问题；要求对方完成某项任务；了解对方对工作的意见；熟悉对方的心理特点等。

3. 要有耐心和兴趣

谈话时，保险人才应适时地运用自己的身体语言表情、感叹词等，能让对方有继续说下去的动力。比如，在洽谈保险业务时，倾听的时候可以微微一笑，暂停的时候可以点头等，能让消费者更加有倾诉欲望。谈话时切忌左顾右盼、心不在焉、看手表等动作。

4. 要回应对方感受

谈话对象会时刻流露出自己的情绪，如烦恼、忧愁等。这个时候，保险人才可以适时地附和对方，使对方感觉到被尊重，从而形成一种信任的气氛。

5. 要善于使自己等同于对方

人类具有相信"自己人"的倾向，一个有经验的谈话者，总是使自己的声调、音量、节奏与对方相称，就连坐的姿势也尽力给对方在心理上有相容之感。比如，并排坐着比相对而坐在心理上更具有共同感。直挺着腰坐着要比斜着身子坐着显得对别人尊重。

6. 注意观察对方的气质和性格

营销过程中,需要观察顾客的气质和性格。如果顾客属于比较"激情型"人格的,会表现出情绪激烈等倾向;如果是"冷静型"人格,则会寡言持重。针对不同的顾客,要采用不同的谈话方式。

7. 注意观察对方的眼睛

眼睛是心灵的窗户,通过眼神可以传达许多微妙的情感。在与顾客交谈时,可以通过对方眼睛的细微变化来了解对方的心理状态。

8. 不要先入为主

要善于克服社会知觉中的最初效应,而这最初效应就是大家熟知的"先入为主"。有的人就具有特意造成良好的初次印象的能力,而把自己本来的面目掩饰起来。为此,在业务洽谈中应持客观的态度,而不应单凭印象出发。

9. 要消除对方的迎合心理

在谈话过程中,对方由于某种动机,表现出言不由衷、见风使舵或半吞半吐、顾虑重重。为此,要尽可能让对方在谈话过程中了解自己的态度;自己所感兴趣的是真实情况,而对迎合、奉承的话是很厌恶的,这样才会从谈话中获取比较真实、可靠的信息。

10. 要善于选择谈话时机

谈话时机对于沟通的效果非常重要,一个好的谈话时机在沟通中可以起到事半功倍的作用。因保险人才可以在业余时间内利用"居家优势",也可以在别人无戒备的自然的心理状态下讲话,哪怕是只言片语,也可能有意想不到的收获。

(二) 保险人才书面沟通的注意事项

书面沟通是一种重要的沟通方式,也是职场中不可避免的沟通方式。对于保险行业来说,它们对于保险人才的书面写作能力要求越来越高。保险人才的书面沟通以商务写作为主要方式,需要掌握以下七项基本原则。

1. 清楚原则

清楚原则包括两个方面的内容,一是写信者在拟文前知道自己要写什么;二是对方收到信函时可以完全了解写信者要表达的意思,不会产生误解。这就要求写信者头脑清楚、条理清晰、表达准确,避免使用一些含混不清、模棱两可的词汇。

2. 简洁原则

简洁原则是指用最少的语言表达最丰富完整的内容,并且不影响信函的礼貌性。简洁使信函更加简明有力。商务英语信函的格式要简明扼要,语言要通俗易懂,内容要精炼丰富。这就要求写信者在行文过程中尽量选用易懂、朴素的词汇,采用简洁、直接的句子。

3. 准确原则

商务英语的信函与买卖双方的权利、义务、利害关系、企业形象等息息相关,是制作各种商业单据的依据,以及进行商业活动往来的重要凭证。准确无误是商业英语信函写作中最重要的原则。准确原则不仅仅指单词拼写、标点符号无误,语法使用、结构格式正确,还应确保信函所涉及的信息、数字、事实准确无误。因此,在进行商业英语信函写作时,应反复审核相关信息,如收信人的职称、姓名、地址、交货时间、地点、货物品质、颜色、尺码、单价、总价、包装等。

4. 具体原则

具体原则是指信函中涉及的内容要言之有物,信息要翔实具体、丰富生动,表达要完整。商务信函写作中要避免使用"很快""近期""较好""几乎"等笼统的、含糊不清的说法,而应使用明确的、具体的表达方式。

5. 礼貌原则

为了建立、保持一个友好的贸易业务关系,商务信函往来一般要使用礼貌用语,以理待人。礼貌原则不仅仅体现在使用"请""谢谢"等这些词汇上面,而且要在字里行间体现我国的外贸政策和外交礼节,做到不卑不亢、得体大方。具体的礼貌原则基本包括这样几个方面:遵守国际商务往来惯例;尊重对方风俗习惯;语言表达要客气有分寸,避免使用命令口气;多用友好、肯定的语气,尽量用委婉语气指出对方不尽人意的地方,复信要及时。

6. 体谅原则

体谅原则是指以对方利益为出发点,站在对方的立场周到、细致的考虑问题,以便得到对方的好感而达到所预期的目的。体谅原则是商务交往中为了促成交易所使用的一种技巧。

7. 完整原则

一封完整的商业信函应该是对对方提出的问题逐一回答而且对自己要表达的重要信息说明清楚。信函的完整性有助于建立良好的企业形象,节省双方的商务往来时间而达到预期的效果,避免因重要信息不全而引起不必要的纠纷。

本 章 思 考

1. 保险行业对保险业务人员的知识要求有哪些?

2. 保险行业沟通的技巧有哪些?

第六章　合作：保险人才开展工作的重要方法

一滴水只有放进大海里才永远不会干涸，一个人只有当他把自己和集体事业融合在一起的时候才能最有力量。

——雷锋

通过本章学习，学生应了解团队的概念、特征及个人在团队中的定位；明确团队合作对于当代保险专业大学生或从业人员的重要性；掌握团队合作的相关知识和基本方法；学会建设团队、培育团队精神；不断提升个人团队合作能力。

 **导读案例**

别样的团队合作

某保险公司招聘职员，应聘者中有本科生，也有研究生，他们头脑聪明、博学多才，是同龄人中的佼佼者。董事长知道，这些学生有渊博的知识做后盾，书本上的知识是难不倒他们的，于是，就策划了一个别开生面的招聘会。董事长让前六名应聘者一起进来，然后发了50元钱，让他们去街上吃饭。并且要求，必须保证每个人都要吃到饭，不能有一个人挨饿。

六个人从公司里出来，来到大街拐角处的一家餐厅。他们上前询问就餐情况，服务员告诉他们，虽然这儿米饭、面条的价格不高，但是每份最低也得10元。他们一合计，照这样的价格，六个人一共需要60元，可是现在手里只有50元，无法保证每人一份。于是，他们垂头丧气地出了餐厅。

回到公司，董事长问明情况后摇了摇头，说："真的对不起，你们虽然都很有学问，但是都不适合在这个公司工作。"其中一人不服气地问道："50元钱怎么能保证六个人全都吃上饭？"董事长笑了笑说："我已经去过那家餐厅了，如果五个或五个以上的人去吃饭，餐厅就会免费加送一份。而你们是六个人，如果一起去吃的话，可以得到一份免费的午餐，可是你们每个人只想到自己，从没有想到凝聚起来，成为一个团队。这只能说明一个问题，你们都是以自我为中心，没有一点团队合作精神，而缺少团队合作精神的公司，又有什么发展前途呢?"

（资料来源:佚名.招聘故事:别样的团队合作[EB/OL].(2013-03-14)[2020-6-22].https://www.jobmd.cn/article/56696.htm.)

案例思考:通过上述案例可以发现,现代企业非常注重员工是否拥有团队合作精神。美国哈佛大学心理学教授把"与同事真诚合作"列为成功的九大要素之一,把"言行孤僻,不善于与人合作"列为失败的九大要素之首。唯有团队中人员互相协作,发挥以一当十的功效,企业才能立于不败之地。

第一节　成为团队中的一员

作为职业团队中的一员,你的首要任务就是成为团队中的一员,掌握具体的合作计划。你应该能够回答:团队是什么? 为什么要与人合作? 大家共同要做什么事情? 合作中自己的位置在哪里? 自己的具体任务是什么?

一、认识团队

(一) 团队概念的产生及内涵

20 世纪 60 年代至 70 年代日本经济腾飞,团队管理的理念应运而生,并迅速风靡日本和欧美。1994 年,斯蒂芬·罗宾斯首次提出了"团队"的概念:为了实现某一目标而由相互协作的个体所组成的正式群体。在随后的十年里,关于"团队合作"的理念风靡全球。20 世纪末,团队成为世界最热门的话题之一。

团队是指一个由若干个人组成的相互依赖的组织,这些个人共同负责为本组织提供一定的成果。需要注意的是,并非所有共同工作或联系紧密的人都属于一个团队。构成团队的人群在信息、资源和技能方面是相互依赖的,他们要通过共同努力来达到一个共同的目标。

(二) 团队的构成要素

一个成功的团队必须具备四大要素:共同目标、成员协同配合、有效分工权责和团队纪律。这样的团队才能实现"一加一大于二"的效果,而团队的目标恰恰就是实现"整体大于个体之和"。

1. 共同的目标

团队的目的是达到共同的目标。简单地说,团队应该确定一个既定的目标,为团队成员导航。这个目标必须在力所能及的范围之内,有一定的真实性和可操作性。一个好的目标可以让团队成员既觉得有难度,又会觉得比较可行,经过全体成员的通力合作和不懈努力可以实现,而且目标的实现能带给大家成就感和荣誉感。

拓展阅读案例

　　自然界中有一种昆虫很喜欢吃三叶草(也叫鸡公叶)，这种昆虫在吃食物的时候都是成群结队的，第一个趴在第二个的身上，第二个趴在第三个的身上，由一只昆虫带队去寻找食物，这些昆虫连接起来就像一节一节的火车车厢。管理学家做了一个实验，把这些像火车车厢一样的昆虫连在一起，组成一个圆圈，然后在圆圈中放了它们喜欢吃的三叶草。结果它们爬得精疲力竭也吃不到这些草。

　　(资料来源：福田康明斯心动力.组建团队的重要5点[EB/OL](2018-07-05)[2020-06-22].https://www.sohu.com/a/239470969_99922783.)

　　案例思考：这个例子说明，团队失去目标后，团队成员就不知道去往何处，最后这个团队存在的价值可能就要大打折扣。此外，团队的目标必须跟组织的目标一致。团队的大目标分成小目标，具体分到各个团队成员身上，大家合力实现这个共同的目标。同时，团队目标还应该有效地向大众传播，让团队内外的成员都知道这个目标，并共同朝着目标努力。

　　2. 成员的协同配合

　　团队成员是构成团队最核心的力量。在人员选择方面要考虑成员的能力如何、技能是否互补、成员的经验如何。原则上，团队成员的构成必须要有层次性，团队成员不能千人一面，在知识体系、技能积累等方面要避免高度重合，否则不利于团队创新能力的培养和必要的思想碰撞。组织具有不同研究专长的人员共建团队，能弥补思维、知识构成、技能方法等方面的不足，消除单一性弊端。在团队中，每个人的习惯爱好不尽相同，但团队成员都愿意调整自己的志趣，使之与大多数成员的主流志趣逐步趋同，并为了团队的前程和自己的前程，团结一致，全力以赴。

　　3. 分工与权责

　　分工必然会带来权责问题，这是现代社会组织的一个特点。一个团队目标的完成，需要大家共同配合一起来分担，因此团队分工特别重要。团队成员由于个人经历、兴趣爱好、业务素养、专业技能等方面存在差异，分工时每个人都应被安放在最适合的位置，有人出主意，有人定计划，有人实施，有人协调不同的人一起去工作，还有人去监督团队工作的进展，评价团队最终的贡献。每个人职责明确，最大限度地发挥团队成员的聪明才智，这样的团队才能形成合力，才能有条不紊地正常运转。团队领导的分工和职责至关重要，其工作重点在于把握大方向、协调团队，既不能高高在上、游手好闲，又不能事必躬亲、越俎代庖。

　　4. 规范和严守纪律

　　真正的团队具有严明、公正的纪律或规范。每一个成员的行动都不能是盲目的、随心所欲的,必须将自己的行为加以约束和限制,遵循一定的规则和方向,这种规则和方向就是根据团队的目标和整体利益而共同制定的各项制度、条例、规定等。一个无规则、无组织、无秩序的团队往往人心涣散、四分五裂,其结果也只能是全军覆没。有一个破窗理论:如果窗户的一块玻璃被打破,而又得不到及时的修理,就会有更多的人去打烂这个窗户上更多的玻璃,最后所有人都成为受害者。因此,推行和贯彻团队规范,重在及时发现和纠正有悖于规范的行为。

(三) 团队的类型

根据团队存在的目的和拥有自主权的大小,团队可以分为以下四种类型。

1. 问题解决型团队

问题解决型团队是为了解决企业某些专门问题(如产品质量、生产效率和改善工作环境等)而设立的。团队成员通常会花一定的时间聚集在一起讨论、分析问题并提出意见和建议,为解决具体问题而共同努力。

2. 多功能型团队

多功能型团队由来自企业内部同一层次、不同部门或工作领域的员工组成,他们通常会合作完成包含多样化任务的一个大型项目。多功能型团队打破了部门之间的界限,使得来自不同领域的员工能够交流,有利于激发出新观点,解决面临的问题,博采众长,集思广益,有效地开展流程变革和改进,协调解决复杂的问题。近年来,越来越多的企业采用这种跨越部门界限的横向小组。

3. 自我管理型团队

自我管理型团队是由具有必要的专业技能、人际关系技能、发现解决问题的能力和决策能力等不同技能的成员组成。它保留了工作团队的基本性质,但运行模式方面增加了自我管理、自我负责、自我领导、自我学习的运行机制,共同实现团队目标。传统的工作群体通常是由领导者来决策,自我管理型团队拥有更大的自主权,给自我管理工作团队确定了要完成的目标以后,就承担了很多过去由他们的领导来承担的职责,如进行工作分配、决定工作节奏、决定团队的质量如何评估,甚至决定谁可以加入团队中来等。

4. 虚拟工作团队

前面的三种团队形式都是基于我们的传统理解,即团队的活动是面对面进行的。由于现代科技的发展,如互联网、可视电话会议等,使得协同性的工作并不需要面对面进行了。这种利用计算机和网络技术把实际上分散的成员联系起来,以实现一个共同目标的工作团队,即为虚拟工作团队。

二、认识团队合作

在职业领域,雇员与雇主、下级与上级、员工与客户、个人与同事组成了复杂的关系网络,这就要求人们通过合作来获得共同的利益,达到双赢的目的。

(一) 什么是团队合作

"团队合作"就是指一群有能力、有信念的人在特定的团队中,为了一个共同的目标相互支持、共同奋斗的过程。它可以调动团队成员的所有资源和才智,并且会自动地驱除所有不和谐,不公正的现象,同时会给予那些大公无私的奉献者适当的回报。当团队合作是出于自觉自愿时,它必将会产生一股强大而且持久的力量。因此,团队合作不同于某一群体在某个时间段内干同一件事情,团队合作的形成需要满足两个前提条件。

1. 真正的合作源于自动自发

无论在什么样的团队中,有合作意愿的成员往往会自发为团队发展提供源源不竭的动力,其中最基本的一项工作就是"为自己寻找事情做",通过自己的努力让团队的各项工作都得以顺利运行。团队成员如果都只是一味地被动完成任务,缺乏工作热情,这样的团队就不会有什么发展,也难以长久地存在下去。

2. 成功的合作通过互相配合,实现共同获利

成功的团队合作,一定离不开合作各方的紧密配合,通过共同的努力,实现大家都能从中获利。作为团队的一员,只有让对方知道你与他有着共同的利益,对方才会竭尽全力去做。在对方让你获得全部价值与服务,满足你所有需求和欲望的同时,你也应以自己的优点去满足对方,这样才会促进团队良性发展,使团队中的成员共同获利。

(二) 如何参与团队合作

作为个人来讲,与人合作,必须明确要做什么事,将要达到什么样的境地,即理解合作目标,要及时、全面地了解所在工作团队的宗旨、理念,将自己的工作任务与团队的发展目标结合起来,做到心往一处想。对照团队构成要素,个人可以从三个方面努力参与团队合作。

1. 理解合作目标

理解组织目标,就是知道大家共同要做什么事情,能够从组织发展全局看待工作任务的意义,能够判断出大家共同的利益,能够清晰地表达合作者各个方面的相互需要关系。要明确组织目标,首先要设定共同目标,即团队的共同目标是什么? 在共同目标之下,每个人还有着各自的目标,要将个人目标与共同目标结合起来,将个人目标升华为共同目标。

2. 建立合作关系

合作关系是指两个或两个以上独立的成员之间形成的一种协调关系,以保证实现某个特定的目标或效益。"人以群分,物以类聚",我们只有建立相应的合作关系,才能与人合作。对未来保险行业从业人员而言,学会如何维护和扩大职业圈以增进合作关系显得尤为重要。在职场上,每一个领域都需要人脉资源,古人云:"登高而招,臂非加长也,而见者远;顺风而呼,声非加疾也,而闻者彰"。这句话形象地说明了外界力量即人际关系在合作中的重要性。

3. 明确自身角色

在团队合作过程中,每个人都要扮演相应的角色,并要明确自己在合作中的角色特点。在职场中,有人是上级,有人是下级,有人担当主角,有人担当配角。随着客观情况的变化,个人在团队中的职责与角色也要变化。因此,个人在团队合作中要注意以下几个方面。

1) 避免角色错位

在团队中,每个人都要认清并找准自己的位置,对自己进行准确定位,要根据要求扮演角色,避免错位。也就是说,在从事某项工作前,应该清楚自己能干什么,适合干什么,如何做才能有利于达成团队的总体目标。

 **拓展阅读**

驴 子 的 疑 惑

从前,有个人买回了一只公鸡、一只小狗和一头驴。公鸡被放养在窝里,每天早晨按时打鸣,叫醒主人。正因为公鸡的恪尽职守,总是按时完成工作,主人从未起晚过。驴子被关在圈里,虽然不愁温饱,但每天都要到磨坊里拉磨,到树林里去拉木材,工作挺繁重。那只小狗只会讨主人的欢心。每当主人回来时,它总是飞快地迎上去,又是摇尾巴又是亲热地叫唤,主人也总是高兴地抚摸它,有时小狗还伸出舌头舔舔主人的脸。

驴子看到这一切,心中很是不快,心想自己和公鸡每天起早贪黑地埋头苦干,自己干的活最多,还经常挨打,小狗什么都不干还挺美,看来得想办法与主人联络联络感情。于是,驴子找公鸡商量与主人联络感情的大计。公鸡一听,就劝驴子道:"主人之所以养活我们,是因为我们肩负着不同的职责,我负责按时打鸣,你负责拉磨、拉木材以维持主人的日常生活需要,而那只小狗负责帮主人看护这个家,逗主人开心。所以,你不要异想天开,还是干好自己的活吧!"但是,驴子并没有听从公鸡的劝告。有一天,当主人回家时,它挣脱了绳子,大叫着迎了上去,把蹄子搭在主人的肩上,伸出舌头就舔。主人又惊又怒,使劲把它推开,狠狠地用鞭子抽打它,并给它套上新的绳子,又把它关进了圈里,驴子心里既委屈又疑惑。

案例思考:驴子之所以会产生疑惑,源于缺乏对自己的认识,不知道自己在这个家中的位置与作用,最终事与愿违,受到了主人的惩罚。在团队中,同样存在着"驴子现象",许多团队成员没有对自己进行合理定位,不清楚自己在团队中应扮演怎样的角色。如果团队中有太多角色定位不清的成员,势必会影响团队目标的顺利实现。

(资料来源:焦燕东.关于团队中的角色认知[EB/OL].(2012-02-24)[2020-06-22].http://www.emkt.com.cn/article/548/54817-2.html.)

2）能够扮演配角

每个人在团队中都会被赋予一个角色,由于每个人的家庭背景、学历、专业、个人素质等综合因素的影响,造成了不同的人在加入团队初期会有"主角"和"配角"的角色差异。就职场公司角度而言,每个职位都有它的工作目标,每个职位都在直接或间接地为公司服务,只是分工不同而已。但有些人始终不能够客观地认识自己:乐观的时候认为自己无所不能,天生就是来做主角的,悲观的时候认为自己一无是处,只能接受做配角的命运。其实这两种极端的心理都是不可取的。个人在加入一个新的团队时,要有足够的心理准备去做好配角,这不仅是一种谦虚的态度,更是一种境界。要知道,谁也不是一开始就能担当主角重任的,只有甘当配角的人才能够把头低下来做事,只有把事做好后才能出成绩,只有出成绩了才能在平凡的岗位上崭露头角。

3）尊重差异,实现互补

对于一份既定的工作,完全合乎标准的理想人选几乎不存在,没有一个人能满足我们所有的要求。但是一个由个人组成的团队却可以做到完美无缺,因为它并非单个人的简单罗列组合,而是通过不同的团队角色实现了互补。也正是这种异质性、多样性,才使整个团队生机勃勃、充满活力,也就是我们所说的"没有完美的个人,只有完美的团队"。

4）牢记合作的规则

所有的合作过程都不会是一帆风顺的,矛盾和冲突不可避免。因此,团队合作不能单纯依靠合作者的道德自律,而是要有明确的规则。当个体利益和团体利益发生冲突时,个体利益要按照团队制定的规则服从团体利益。同时,个人要学会服从和接受工作安排,也要遵守合作承诺。

三、团队合作教育对大学生的重要意义

（一）团队合作教育是实现集体主义教育的途径

众所周知,团队合作要求团队中的每个成员通过实现团队利益来实现个人利益,并在此基础上将个人利益与团队利益、个人价值与团队价值紧紧地联系在一起,这就要求团队内的每一个成员须具有整体利益观念和随时随地维护团体利益的自觉性,必须要有集体荣誉感、较高的职业道德修养和团队协作精神。因此,从某种意义上说,对大学生进行团队合作教育就是对其进行伦理道德强化教育和集体主义教育。

（二）提高新时代下大学生的基本道德素质

在高校开展团队合作类训练项目,可以培养大学生团队合作精神,有利于塑造在校大学生好的个性人格。团队合作训练项目要求团队中每个成员必须精诚团结、相互合作。此外,在高校开展团队合作类训练项目还可以培养大学生团队合作精神,有利于大学生综合素质的提高。通过培养大学生的团队合作精神,有利于提高与人共事时奉献、进取、团结合作的人际交往能力和作风,养成民主意识,有利于提高个人的心理素质和创新能力。

在大学生活中,学生在长期实践活动中培养了团队合作精神,能创造出一种增加工作满意度的氛围,可以创造性地工作学习;此外,团队合作精神,既有利于个人获取更多的信息和知识,也有利于人们通过合作来共同创新和发展。

(三) 满足就业单位的实际需求与创新发展

无论何种性质的企业,都存在一个投入和产出的问题。企业要想在激烈的竞争中赢得一席之地,就必须要拥有具备较高团队精神的员工,增强企业的核心竞争力。大学生毕业后走上工作岗位,具备较好的团队合作精神是用人单位选拔人才的重要标准。培育大学生的团队合作精神能够让大学生充分认识到要把所学知识运用到工作中,就必须学会与团队成员或客户交流与沟通,学会尊重与理解他人,从而构建和谐的人际关系,塑造良好的个人心理品质。同时,大学生通过任务与团队成员通力合作,相互学习,逐渐树立团队协作意识和责任意识,学会正确处理团队整体利益和个人利益的关系,坚持团队利益优先原则,增强集体主义观念和奉献精神等,防止和克服个人主义,从而实现团结向上的精神面貌。加强大学生团队合作精神培育,有利于增强大学生的集体主义观念、责任意识、团结协作意识和奉献精神,也有利于提高大学生的人际交往能力和个性心理素质,促进大学生基本道德素质的提高和健康人格的形成,为大学生进入社会、参加工作打下坚实的基础。

第二节　培育团队与建设团队

团队精神是企业抵达成功彼岸的基石。在社会分工越来越细的今天,企业之间的竞争,已经不是个人赛,而是团体赛,企业要发展,必须加强团队建设,弘扬团队精神,拥有自己的文化。由此可见,单靠某个员工是无法进行的,必须与他人合作才能达成目标,在合作中实现个人价值,团队精神成为实现用人单位和时代发展的内在要求。大学生毕业后必然要走上工作岗位,成为我国未来社会发展的主力军。因此,在大学阶段注重对大学生团队的建设,注重培育团队精神为大学生以后在职场的发展中奠定良好基础。

 **导读案例**

鼓励合作的星巴克

星巴克咖啡自 1987 年西雅图的一家街头小咖啡馆开始,发展到今天遍布全世界 34 个国家和地区的 8 300 家咖啡店,除了它在打造其品牌上的独到策略,团队建设便是其维持品牌质量的至关重要的手段,也是该公司不可替代的竞争力所在。以商店为单位组成团队,星巴克倡导的是平等快乐工作的团队文化(内部)。星巴克对自己的定位是"第三去处",即家与工作场所之间的栖息之地,因此让顾客感到放松舒适、满意快乐是公司的愿景之一。

与大多数企业不同,星巴克从不强调 ROI(return for investment)即投资回报,却强调 ROH(return for happiness),即快乐回报。他们的逻辑是:只有顾客开心了,才会成为回头客;只有员工开心了,才能让顾客成为回头客。而当两者都开心了,公司也就成长了,持股者也会开心。团队文化是他们获得 ROH 最重要的手段。那么星巴克是如何创造这种平等快乐工作的团队合作文化的呢?

首先,领导者将自己视为普通一员。虽然他们从事计划、安排、管理的工作,但他们并不认为自己与众不同,应该享受特殊的权利,不做普通员工做的工作。比方说该公司的国际部主任,即便是去国外的星巴克巡视的时候,也会与店员一起上班、做咖啡、清洗杯碗、打扫店铺甚至洗手间,完全没有架子。

其次,每个员工在工作上都有较明确的分工,比如有的专门负责接受顾客的点菜、收款,有的主管咖啡的制作,有的专门管理内部库存,等等。但每个人对店里所有工种所要求的技能都受过培训,因此在分工负责的同时,又有很强的不分家的概念。也就是说,当一个咖啡制作员忙不过来的时候,其他人如果自己分管的工作不算太忙,会去主动帮忙缓解紧张,完全没有"莫管他人瓦上霜"的态度。这种既分工又不分家的团队文化当然并不是一蹴而就的,而是有针对性地强化训练的结果。

再次,鼓励合作,奖励合作,培训合作行为。所有在星巴克工作的员工,无论你来自哪个国家,在商店开张之前,都要集体到西雅图(星巴克总部)接受三个月的培训。学习研磨制作咖啡的技巧当然用不着三个月,培训大部分的时间主要用于磨合员工,让员工接受并实践平等快乐的团队工作文化。由于各个国家之间的民族文化差异,有的时候在实施之中会遇到很大的阻碍。比如日本、韩国的文化讲求等级,很难打破等级让大家平等相待。最简单的例子就是彼此之间直呼其名,因为习惯了加上头衔的称呼,不加头衔称呼对方对上下两级都是挑战。为了实践平等的公司文化,同时又尊重当地的民族文化习惯,结果就想出用给每个员工起一个英文名字的方式来解决这个矛盾。另外,公司还设计了各种各样有趣的小礼品用来及时奖励员工的主动合作行为,让每个人都时时体会到合作是公司文化的核心,是受到公司管理层高度认可和重视的。

（资料来源:江北.高效团队的榜样[J].现代企业文化,2012(016):34-35.）

案例思考:团队合作文化在团队培育的过程中发挥了什么作用?

一、团队建设的相关理论

(一) 集体主义思想

马克思主义认为人是社会关系的产物,人在社会中才能获得存在,离开了集体,人也就失去了自己的本质。这说明人只有在团队中,与其他团队成员相互依存、同舟共济、互敬互重、彼此宽容,才能不断完善自己,真正地实现共同提高,团队对个人发展有非常重要的作用。

当集体利益与个人利益发生冲突时,要坚持集体利益高于个人利益的原则。个人的力量是有限的,只有利用整体的力量才能更好地达成目标。只有保障团队整体利益的实现,增强团队的力量,才能更好地实现个人的利益。在保证集体利益的前提下,尊重和满足个人的正当利益,有利于促进集体的发展。在团队活动中,保障个人正当利益的实现更能够激发团队成员努力拼搏的热情,充分展现自己的才能,从而增强团队的整体实力,促进团队的发展。因此,要坚持集体利益与个人利益辩证统一的关系,把两者有机结合起来。

(二)雁群理论

当雁鼓动双翼时,对尾随的同伴都具有鼓舞的作用,雁群一字排开成"V"字形时,比孤雁单飞增加了71%的飞行距离。这告诉我们与拥有相同目标的人同行,能更快速、更容易地到达目的地,因为彼此之间能互相推动。不论何时,一只雁脱离队伍,它马上会感受到一股动力阻止它离开,借着前一只伙伴的支撑力,它很快便能回到队伍。这告诉我们应该留在与自己目标一致的队伍里,而且乐意接受他人的协助,也愿意协助他人。当带头的雁疲倦了,它会退回队伍,由另一只取代它的位置。这告诉我们在从事困难的任务时,轮流担任与共享领导权是有必要的,也是明智的,因为我们都是互相依赖的。队伍中后面的雁,会以叫声鼓励前面的伙伴继续前进。这告诉我们鼓励对于我们学习的重要性。当有一只雁生病或受伤时,会有两只雁留下协助及保护它,这两只雁在直到它康复或死亡之前都不会离开。这告诉我们应该学会相互扶持,在困难的时刻更应如此。

这就是著名的雁群理论,也是群体或团体动力学在自然界的直接表现。雁群理论是团队精神的经典理论,让我们认识到团队精神的重要性。

(三)木桶理论

一只木桶盛水的多少,并不取决于桶壁上最高的那块木板,而恰恰取决于桶壁上最短的那块。这就是所谓的"木桶理论",即"木桶定律"。根据这一核心内容,"木桶理论"还有两个推论:其一,只有桶壁上的所有木板都足够高,那木桶才能盛满水。其二,只要这个木桶里有一块不够高度,木桶里的水就不可能是满的。在团队中,成员恰恰如构成木桶的木板一样,团队的成功也不是在那个最优秀的成员身上,而是在最弱的那一方面,也就是团队的"短板"。一只木桶能够装多少水在正常情况下不仅由最短的那块木板决定,同时也和构成其所有的木板的紧密程度有很大关系,这一点,在团队中就是每个成员之间的协作。

二、团队建设的基本方法

(一)目的和原则

1.目的

团队产生于传统组织内部,它是传统组织为了进一步提高效率并能在不断变化的环境中生存下去的结果。企业核心化为团队，可以说是当今市场环境的直接要求。因此，构建团队的目的就是要克服传统组织的弊端，塑造出一种能够适应当前网络信息时代的新型组织。

从总体上来说，建设团队的目的有两个。首先，打造出以团队为基础的组织，优化组织结构，整合并放大组织的能力。其次，创造人性化的环境。由于社会的进步和人受教育程度的不断提高，企业员工的素质较以前有了很大的提高，现代企业中知识型员工的比重越来越大。员工不再是单纯地为了生存而工作，他们更渴望能充分发挥自己的能力与特长，希望能为组织的发展做出贡献，渴望取得成就来满足心理上的需要。所以，我们要把人本管理思想带进团队中来。人本管理是以人为中心的人力资源管理，它把人作为企业中最重要的资源，根据各人的能力、特长、兴趣和心理状况等综合情况来科学安排最合适的工作，并在此过程中充分考虑到成员的个性化发展，通过全面的人力资源开发计划和企业文化建设，使员工在工作中能够充分发挥出积极性、主动性和创造性，从而提高工作效率、增加工作业绩，为达成组织的目标做出最大的贡献。

2. 原则

团队建设的首要任务就是要建立起所有成员强烈而积极的归属感。如果团队成员之间不能相互认同，不认为其他成员的存在与自己休戚相关，不能将团队看作是"我们"而仅仅是众多个体的简单集合，那么这样的团队是不可能有效工作的，也是不可能在组织中长期存在下去的。团队要想有效地工作绝对离不开其所在组织的支持，然而在团队的构建过程中，非常重要的团队运作背景常常会被忽略掉，这往往会为团队的建设带来很大的障碍，因此，作为团队的管理者要充分考虑传统组织结构对团队的影响。在进行团队构建时，一般应遵循以下的原则：

（1）系统性原则。团队建设的成功与否和方方面面的内外部因素有关。因此，在决定是否进行团队建设时和团队建设的过程中，我们应遵循系统性。

（2）实事求是原则。在构建团队时，我们应具体问题具体分析，也就是要做到实事求是。对于在其他组织中成功运用的做法，不能死搬硬套地全盘接受，而应首先对自己组织做一个全面完整的分析，以把握住自己所拥有的特点，然后再根据实际情况进行适当的调整，以适应所处的环境，形成属于自己的独特形式。

（3）循序渐进原则。构建一个团队不是一朝一夕的事情，不可能一蹴而就。因为不仅团队自身的运作需要艰苦卓绝的努力，要想有效地发挥团队的作用，还需要组织内外环境的配合协调。组织构建团队需要组织的许多方面都必须摆脱传统的做法，进行大的转变。然而，在变革的进程中必然会碰到障碍和阻力，因此，可遵循循序渐进的原则，采用试点、摸石头过河逐步总结推广的方式来逐步开展团队建设活动。许多实践表明，采用此方式能明显地减小阻力，减少团队建设的实施成本。

（4）做好榜样原则。俗话说："其身正，不令而行；其身不正，虽令不从。"如果团队领导者要求员工遵循某项规则，自己一定要先做到才行，这可以说是一条最直观、最实效的途径，也只有领导人员率先做好榜样，团队成员才会心服口服。团队领导者的职责也不仅仅是与其成员交谈几句而已，他们还需不断地鼓励其下属成员，并且要做到言行一致。那些告诉员工"按我说的做，而非像我那样做"的领导者是不可能赢得下属的尊重的，这样不利于团队的发展。

（5）允许犯错原则。在团队工作中，如果团队成员犯了错误，不应该太苛责他们，要及时给予他们帮助。领导者要特别注意的是提醒团队成员不能犯相同的错误。第一次的错误是可以原谅的，但相同的错误不断重复的话就有可能拖垮整个团队，所以应让团队成员学会在错误中学习，不断提高自身的能力。

（6）优劣互补原则。每个人都有缺点和弱点，因而要想取得成功就必然离不开别人的配合，单打独斗的时代已经一去不复返了。团队成员要善于找出自己的弱点，通过和别人合作以弥补不足，从而为成功奠定基础。一个优秀的团队应该是一个优劣互补、精诚合作的团队。

（7）和谐沟通原则。良好的沟通对团队的建设来说是非常重要的，在团队构建初期，必然存在许许多多的问题，这时团队就应该成为成员们交流的热土。作为团队创建者，要鼓励成员说出自己的看法，使团队成员之间没有误解，从而达到理解一致、行动一致，进而使成员友好相处，不用担心明争暗斗的事情发生。

（8）以人为本原则。尊重人性、人人平等、问题公开化等都是团队建设的要点，团队领导者要让团队成员看到自己的位置和价值，并做到利益和资讯的共享。

（二）具体步骤

1. 自我评估

团队的构建必须从团队的自我评价开始，因为它提供了团队发展的出发点，并有助于确定团队的优点和缺点，同时也能为团队设定以后要改进的方向。收集信息对确定要发生的问题是很必要的，通过对面临问题的分析评估，可以清楚地理解该设计一个怎样的团队，以及确定什么样的目标。信息的收集分析对团队的发展也是非常有利的，因为它可以预测将来要发生的事情，这样团队就有了心理准备，到时就可以做出及时的反应。

2. 建立共同的目标

目标是指导组织和个人活动的最终目的，是把所有成员凝聚在一起的重要基础，只有对目标达成共识，才会形成坚强的团队。创建团队之初就应该树立明确的目标，并直至团队完成自己的使命为止。根据组织所处的不同发展阶段，团队目标也应该及时地做出调整。共同的团队为团队成员指明了共同努力的方向，能够建立团队的认同感和归属感，增强信任和凝聚力。具体的、短期的目标逐个完成后，会极大地激发团队的信心、成就感和士气。当团队成员对团队的目标产生共识后，会极大地激发团队成员的潜力和热情。但是团队共同目标的确定,是一个复杂的,甚至是长期的过程,它涉及团队的目标内容、目标制定者以及制定目标的指导原则和准则等。

3. 人员选择

(1)根据技能而不是个性挑选团队成员。根据技能而不是个性挑选团队成员是选择恰当的人进入团队,是团队建设的一个首要任务。团队领导者应该根据完成团队目标和任务所应具备的能力挑选团队成员而不是根据个性。团队的一个重要特征是具有互补的技能,这些技能包括专业技能、解决问题的能力和人际关系交往能力。专业技能是指完成团队目标及任务所必须具备的专业能力,它是团队成功的基础;解决问题的能力也就是决策技能,它保证团队的决策既有效果,又有效率;人际交往能力也就是人际协调、解决团队冲突的能力,它保证团队能够获得必备的外部资源及外部支持,统一团队成员的行动和思想,加强内、外部沟通。

团队成员个体能力差异性是保证团队决策多样性的基础,也是团队工作的理论前提。个体能力主要包括在智力、体力、学习、情绪以及在三者基础上形成的专业技能四个方面的能力。在智力方面的能力主要包括语言能力、数学计算能力、逻辑思维和推理能力、知觉能力、视觉能力及记忆力。在体力方面的能力主要包括躯体力量、身体协调能力等。学习能力包括学习速度、理解、联想能力,把理论结合实际的能力及正确的学习技巧。在情绪方面的能力是指情商,包括:①对自我的把握能力,理解、控制自身情绪以及自我激励的能力;②对他人的感知能力,理解他人的情绪以及同情他人的能力;③与他人的沟通能力,即社交技能——成功地引起他人的兴趣、激励和领导他人的能力。专业技能是在前三方面能力基础上通过学习和工作所获得的专业知识,在特定环境下处理特定事情的经验和技巧。

(2)自愿原则。社会协作系统学派创始人巴纳德认为,要充分发挥群体的协同合作效应,组织必须具备的三个基本要素之一就是协作意愿。因此在挑选团队成员时应遵循自愿原则。俗话说"强扭的瓜不甜",团队成员只有怀着参与团队的强烈愿望,才能激发起内在的热情,积极、主动地参与团队工作。然而,人并不是一生下来就有协同合作的愿望,特别是在强调"个人主义"及"个人价值自我实现"的今天,受个人价值的传统文化的影响,有许多人反对或不愿意参与团队工作。

(3)团队角色界定。1981年,贝尔宾通过一系列模拟练习,提出了一组九个重要角色,他认为,这些是制定一个有效团队的核心,并且对组织生活中其他类型的团队工作也同样重要。团队角色概念的进一步发展源于马格利森和麦克卡思于1991年提出的"团队管理轮盘"。他们将八种特殊的角色分成四个大的范畴:探索者、建议者、控制者和组织者。不同类型的团队其角色分配也不一样,团队管理者应该根据团队的特点、任务和目标,结合团队成员的能力,分配工作任务,进行角色界定。

在进行角色界定时,应注意到一个人可以同时担任多个角色,或者一个角色可以由多个人担任,具体应根据实际情况而定。

拓展案例

贝尔宾团队角色理论

贝尔宾团队角色理论由英国剑桥大学雷蒙德·梅瑞狄斯·贝尔宾博士提出,他生于 1926 年,早年就读于英国剑桥大学,并获古希腊罗马文学与心理学博士学位。这个理论首次出现在他的著作《管理团队:成败启示录》(*Management Teams：Why They Succeed or Fail*, 1981)中。贝尔宾团队角色模型用以描述各具特征的团队成员角色,借此对团队成员的行为产生更为深刻的认识。贝尔宾团队角色模型通过对团队成员所表现出来的角色特征进行判分,从而辨识出每一个成功团队都必须具有的一定的角色,即一支结构合理的团队应该由九种角色组成。贝尔宾团队角色理论是高效的团队工作有赖于默契协作。团队成员必须清楚其他人所扮演的角色,了解如何相互弥补不足,发挥优势。成功的团队协作可以提高生产力、鼓舞士气、激励创新。利用个人的行为优势创造一个和谐的团队,可以极大地提升团队和个人绩效。没有完美的个人,但有完美的团队。贝尔宾博士将团队角色定义为个体在群体内的行为、贡献以及人际互动的倾向性。这九种团队角色见表 6-1。

表 6-1 贝尔宾团队角色九种类型

角色	典型特征	积极特征	弱点	在团队中作用
智多星	有个性;思想深刻;不拘一格	才华横溢;富有想象力;智慧;知识面广	高高在上;不重细节;不拘礼仪	提供建议;提出批评并有助于引出相反意见
外交家	性格外向;开朗;热情;好奇心强;联系广泛;消息灵通,是信息敏感者	有广泛联系人的能力;不断探索新的事物;勇于迎接新的挑战	时过境迁,兴趣马上转移	提出建议,并引入外部信息;接触持有其他观点的个体或群体;参加磋商性质活动
协调员	沉着;自信;有控制局面的能力	对各种有价值的意见不带偏见地兼容并蓄,看问题比较客观	在智能以及创造力方面并非超常	时刻想着团队的大目标,明确团队的目标和方向;选择需要决策的问题,明确它们的先后顺序;帮助确定团队中的角色分工、责任和工作界限;总结团队的感受和成就,综合团队的建议
推进者	思维敏捷;坦荡;主动探索	积极,主动,有干劲,随时准备向传统、低效率、自满自足挑战,有急迫感,视成功为目标,追求高效率	好激起争端,爱冲动,易急躁,容易给别人压力;说话太直接,总是就事论事,经常伤人不伤己	寻找和发现团队讨论中可能的方案;使团队内的任务和目标成形,推动团队达成一致意见,并朝向决策行动

（续表）

角色	典型特征	积极特征	弱点	在团队中作用
监督员	清醒;理智;谨慎	判断力强;分辨力强;讲究实际	缺乏鼓动和激发他人的能力;自己也不容易被别人鼓动和激发;缺乏想象力,缺乏热情	分析问题和情景;对复杂的材料予以简化,并澄清模糊不清的问题;对他人的判断和作用做出评价
凝聚者	擅长人际交往;温和;敏感,是人际关系的敏感者	有适应周围环境以及人的能力;能促进团队的合作;倾听能力强	在危急时刻往往优柔寡断,一般很中庸	给予他人支持,并帮助别人;打破讨论中的沉默;采取行动扭转或克服团队中的分歧
实干家	保守;顺从;务实可靠	有组织能力、实践经验;工作勤奋;有自我约束力	缺乏灵活性,应变能力弱;对没有把握的主意不感兴趣	把谈话与建议转换为实际步骤;整理建议,使之与已经取得一致意见的计划和已有的系统相配合
完美主义者	勤奋有序;认真;有紧迫感	理想主义者;追求完美;持之以恒	常常拘泥于细节;焦虑感;不洒脱	强调任务的目标要求和活动日程表;在方案中寻找并指出错误、遗漏和被忽视的内容;刺激其他人参加活动,并促使团队成员产生时间紧迫的感觉
专家	专心致志;主动自觉;全情投入	诚实;从自我做起;专注	专业领域比较狭窄,只懂自己擅长的特殊专业领域,对其他事情兴趣不大	能提供不易掌握的专门知识和技能

案例思考: 学生课下自行组成 8~10 人的团队,具体要求如下:

（1）确定一名团队负责人。

（2）确定团队名称。

（3）团队中要求男女搭配,至少有一人是男生或是女生。

（4）确定团队口号、标识以及队歌。

（5）确定团队成员的定位。

（6）讨论团队在学习过程中应遵守的规则,讨论结束后,选派一名代表到讲台前汇报。

4. 明确岗位职责和权限

团队工作绩效在很大程度上取决于成员的积极性和主动性,而影响成员工作积极性的主要因素就是责任权利的合理配置问题。一般地,团队权限包括:①团队决策权。提供可选择的方案,并对方案进行初步评价,最终由上级决定。②资源使用权。包括人权、财权、物权。③参与组织重大事务的权限。所以,在团队的初建阶段,应该尽早让团队成员讨论,说出自己对团队角色的期望以及个人在团队中的角色期望。团队成员应知道团队中谁在担任什么工作,如何能有效地、顺利地一起工作。可以发放有关角色任务的问卷或举行相应的讨论,这会有助于团队成员搞清自己的任务,并明白自己与他人的任务之间的关系,这种理解会创造出一种很强的团队内部的团结感和忠诚意识。

5. 建立团队行为准则

团队行为准则,是指在团队工作及交往过程中,团队成员所应遵循的指导思想(原则)和规范。每个团队应该制定出自己的行为准则,最好是制定出书面的关于有益的团队行为和有害的团队行为的表格,并向全体成员颁布与宣传,以此来规范团队的行为。团队的行为准则应在团队成立之初确立,其目的是通过提供一份书面的团队行为指导,来鼓励有益的行为,纠正有害的行为,帮助成员了解什么是有所期望的行为,从而提高团队的自我管理、自我纠正能力,促进团队的成长。团队的行为准则一经确定,就不应轻易更改,若要更改,必须得到全体成员的同意。明确的团队行为准则对团队成员的行为极具约束力,遵守规章的成员将受到尊敬,不守规章的人将感受到很强的群体压力。一般来讲,团队行为准则包括三个部分:指导准则、工作准则和交往准则。

(1)指导准则。第一,以用户为中心。每一个团队成员都应该知道谁是用户以及他们想让团队提供什么样的产品和服务。因此,团队成员必须时刻了解用户的需求和愿望,能在用户还未来得及提出新要求之前满足他们的要求;并时刻考虑自己的工作方式以及公司确定的新政策及实施步骤、推出新的服务形式或消除旧的服务形式会对用户产生什么样的影响。第二,持续学习。每个团队成员都应制订自我发展和学习计划,使个人在团队工作中培养不断学习的习惯,从而提高团队完成目标所需的各种技能。高效团队能从过去经历中学到很多东西,并能迅速转化所学知识。

(2)工作准则。工作准则是指团队成员都应该遵循的、对团队工作有益的工作规范,如遵循共同的工作方法、工作规程,工作积极投入,相互配合和支持,勇于承担责任,不推诿,遵循会议准则等。

(3)交往准则。交往准则的一个重要功能就是协同工作,充分发挥团队的协同效应,团队成员间必须相互沟通,加强理解,增加彼此的认同感,朝共同的目标前进。因此,团队的交往准则就是团队内部交流沟通时所应遵循的原则,包括公开坦诚,相互信任,双向交流,尊重别人的意见,积极倾听等。

三、大学生团队建设的灵魂——塑造团队精神

(一)团队精神的内涵

所谓团队精神,就是大局意识、协作精神和服务精神的集中体现,简单地说,就是一种

集体意识,是团队所有成员都认可的一种集体意识。团队精神的基础是尊重个人的兴趣和成就,核心是协同合作,最高境界是全体成员的向心力、凝聚力,反映的是个体利益和整体利益的统一,并进而保证组织的高效运转。

团队精神的核心是无私的奉献精神,是主动担当的意识,是与人和谐相处、充分沟通交流意见的智慧。它不是简单地与人说话、与人共同做事,而是不计个人利益,只重团队全体的奉献精神。团队精神的形成并不要求团队成员牺牲自我,相反,挥洒个性、表现特长保证了成员能够共同完成任务目标,而明确的协作意愿和协作方式则产生了真正的内心动力。团队精神是团队文化的一部分,良好的管理可以通过合适的团队形态将每个人安排至合适的岗位,充分发挥集体的潜能。如果没有正确的管理文化,没有良好的从业心态和奉献精神,就不会有团队精神。

(二) 团队精神的功能

1. 目标导向功能

团队要决定自己的发展方向,这决定着团队的生存问题,因此有了目标才能明确团队存在的意义,从而带给团队成员希望与目标。团队目标的实现过程实际是团队员工自身目标的实现过程,也就是将大目标分解成小目标,这才是组成团队的实质性原因,这也有利于团队达成目标。

2. 凝聚功能

团队通过对群体意识的培养,通过员工在长期的实践中形成的习惯、信仰、动机、兴趣等文化心理,来沟通人们的思想,引导人们产生共同的使命感、归属感和认同感,反过来逐渐强化团队精神,产生一种强大的凝聚力。

单独的一滴水,连存在都很困难,更别说要有所作为了。但是把它融入大海,就可以借助大海的力量去创造奇迹,和大海一起掀起滔天巨浪,无所不能。同样,成功的企业也不是单独一个人创造的,因为个人的力量是有限的,创造出的成功可能是短暂的,只有团队的力量是无穷尽的、可持续发展的。个人只有依靠团队成员的支持和帮助,与团队一起成长,才能形成一股强劲的力量,才能具有活力。

3. 激励功能

团队要靠员工自觉地要求进步,力争与团队中最优秀的员工看齐。而且这种激励不是单纯停留在物质的基础上,还能得到团队的认可,获得团队中其他员工的尊敬。团队激励有利于合作,当需要解决复杂的问题时,能从团队的共同努力中萃取出高于个人智力的团队智力。团队是汇聚所有力量的精神支柱。在工作中,只要所有的团队成员齐心协力、互相团结,将无所不能。

4. 控制功能

员工的个体行为需要控制,群体行为也需要协调。团队所具备的控制功能,是通过团队内部所形成的一种观念的力量、氛围的影响,去约束规范,控制员工的个体行为。这种控制不是自上而下的硬性强制力量，而是由硬性控制向软性内化控制；由控制员工行为，转向控制员工的意识；由控制员工的短期行为，转向对其价值观和长期目标的控制。因此，这种控制更为持久有意义，而且容易深入人心。

（三）团队精神的核心

协同合作是团队精神的核心。协作能力即能够与他人共同配合、合作去完成某项任务的能力。在科技飞速发展、竞争日趋激烈的今天，是否拥有卓越的协作能力是初入职场的大学生能否顺利融入团队、跟随团队，以及将来成功与否的至关重要的因素。团队精神的核心就是协同合作，协同合作是任何一个团队不可或缺的精髓。无论何种工作，都是团队化协作完成的，它需要团队成员进行密切的相互配合，共同完成。

协作能力对于一个团队至关重要，一个好的团队并不是说每一位团队成员的各方面能力都特别棒，而是能够很好地借物使力，取团队其他成员的长处来补自己的短处，也把自己的长处优点分享给大家，互相学习交流，共同进步。

第三节　保险人才合作能力培养

一、树立团队合作意识

随着保险行业的不断发展，跨岗位合作、跨领域合作成为日常词汇，由此可以看出行业对于保险人才的合作能力提出了更高的要求。当代保险专业大学生肩负发展保险行业的责任与使命，在校期间就可以通过不同的平台锻炼团队合作的能力，培养高效团队合作的意识。

 拓展案例

团队与个人

小颜是个"90后"的女生，做事我行我素，在家里是父母的掌上明珠，进入大学后她还依然按照自己原来的那套行事方法生活。学校即将举行运动会，小颜抱着好奇的心态报名参加了接力赛跑的项目，为了让班级能够在接力赛中取得好成绩，全班每天都花一个小时左右反复练习跑步和接力，尽管小颜平时娇生惯养，但她也不怕辛苦，跟着同学们一起练习，大家其乐融融。经过多日的训练，他们传递接力棒的技术已经非常扎实了，两个星期过去了，运动会也正式拉开了帷幕，全班同学都积极参与进去，不管是作为运动员还是作为拉拉队，都全身心投入。当天下午是接力比赛，大家还在研究技巧的时候，小颜突然说不想跑了，她说本来就是抱着玩玩的心态报名的，今天早上心情不好，就不想跑了……

大家都很着急，怎么劝都不行，小颜还是不答应。她说班级的事情跟她无关，她也不是班干部，她只管自己的意愿。大家都无奈的时候，小佑主动要求参加接力赛，她说虽然没有与其他几位同学一起训练过，但为了能够搞好比赛，她很愿意，自己班级不能比别的班级差。比赛结束了，虽然并没有得到很好的成绩，但小佑的这种精神让班级的同学都很感动，她的这种团队意识感染了其他同学，也让小颜羞愧万分，意识到自己的行为影响了团队的成绩。

案例思考：不管是班级一员还是未来职场团队一分子，都要时刻想到自己的团队，不能任意行事，不顾团队的利益。否则对于集体无益，对个人的长远发展也无益。

团队合作意识作为一种主动性的意识，要求个人将自己融入整个团队，对队内问题进行思考，想团队之所需，急团队之所急，最大限度地发挥自己的作用，要注重整个团队的整体利益，不能只顾自己的个人利益。团队合作意识的培养不是一朝一夕可以完成的，需要注意以下几个方面。

（一）提高表达与沟通的能力

表达与沟通能力是非常重要的，不论个人工作做得多么优秀，不会表达，不能让更多的人去理解和分享，那就几乎等于白做。"行胜于言"，主要是强调做人应该多做少说。但现代社会是个开放的社会，好想法、好建议要尽快让别人了解、让上级采纳，为团队协作做贡献。在保险行业尤其强调表达和沟通能力的重要性，面对上级、同事或者是客户，都需要积极沟通，清晰地表达。在迈入职场之前，大学生要抓住一切机会锻炼表达能力，努力掌握与人交流和沟通的艺术。

（二）培养主动做事的意识

每一个人都有成功的渴望，但是成功不是等来的，而是靠努力做出来的。任何一个用人单位都不喜欢只知道"听差"的人，我们不能被动地等待别人告诉我们应该做什么，而应该主动去了解社会需要我们做什么，行业需要我们做什么，自己想要做什么，然后进行周密规划，并全力以赴地去完成。

（三）具备敬业精神

几乎所有的团队都要求成员具有敬业精神。所谓敬业，就是把团队的事情当成自己的事情，有责任心，才能发挥自己的聪明才智。个人的发展是与所在的团队、集体连在一起的。要有意识地多参与集体活动，并且想方设法认真完成好个人承担的任务，养成不论学习还是做其他事都能认真对待的好习惯。

（四）做到宽容与合作

今天的事业是集体的事业，今天的竞争是集体的竞争，一个人的价值只有在集体中才能得到体现。成功的潜在危机是忽视了与人合作或不会与人合作。有些团队成员的动手能力强，点子也不错，但当他的想法与别人的不一致时，只会固执己见，不知如何求同存异;有的团队成员谈到自己的同事时,对同事很挑剔,缺乏客观看待事情的品质;有的团队成员,在团队中是业务骨干、技术能手,但高高在上,对其他成员不屑一顾,不懂得尊重和迁就别人⋯⋯实际上,团队中的每个人各有长处和不足,关键是成员之间以怎样的态度去看待,能够在平常之中发现对方的美,而不是挑他的毛病,培养自己求同存异的素质,对培养团队精神尤其重要。这需要我们在日常生活中,培养良好的与人相处的心态,并在日常生活中运用。这不仅是培养团队协作意识的需要,而且也是获得人生快乐的重要方面。

(五) 具备全局意识和大局观念

团队合作不反对个性张扬,但个性必须与团队的行动一致,要有整体意识、全局观念,考虑团队的需要。团队成员要互相帮助,互相照顾,互相配合,为集体的目标而共同努力。曾经有这样两个大学生,他们共同承担一个项目,但各有分工。其中一位在完成任务的过程中遇到了技术上的难题,此时他只会自己冥思苦想乱翻书却不屑于向坐在旁边的高手请教,而这位高手此时也没有把他当作是共荣共辱的合作伙伴,而是坐在旁边等着看笑话。他们共同承担的项目其结果可想而知。所以在工作中,有意识地培养全局观念极为重要。比如,要建设一个优秀团队,每个人就不能借口自己有这样或那样的事情而不参与集体组织的活动。否则,团队将会像一盘散沙,难以形成优秀集体,个人也很难从中受益。

在实际工作中,由于个体差异,素质参差不齐,培养团队合作精神总会有一些阻力、问题和困难。团队建设也是如此,只有大家形成一个共同奋斗的共识和目标,团队才能具有威力。

 拓展训练

团队成员合作意识测试

仔细阅读下面的叙述,在每题后的括号内作出你的评价,即填入数 1～5,1～5 所代表的意义是:1＝完全不符合团队的情况;2＝不大符合团队的情况;3＝难以回答;4＝比较符合团队的情况;5＝完全符合团队的情况。

一、测验题目

题号	题目	得分
1	对团队代表团队成员都有一致的理解	
2	团队管理层愿意采纳成员提出的合理化建议	
3	团队民主气氛良好,成员都能够畅所欲言自由表达个人看法	
4	团队领导目光长远,思想开放	
5	团队的每一项活动成员都有平等的参与机会	
6	团队上下级关系融洽,密切合作	

（续表）

题号	题目	得分
7	团队成员彼此互相帮助取长补短	
8	掌握不同成员在表达个人观点的时候,其共同的出发点是什么	
9	团队成员能够通过交流相互了解彼此的需求	
10	你会提供一些参考意见来支持别人的观点	
11	在会议上为别人留出一定时间来发表个人观点	
12	请求别人给自己提缺点	
13	对团队内部的各种不同观点,能够客观进行描述	
14	经常通过提问来确认自己真正理解别人的谈话内容	
15	很少有嫉妒心理,对别人所取得的成就表示祝贺和赞赏	
16	经常与他人交流自己的工作和活动状况,以取长补短	
17	与大家一起分享你在工作中所取得的荣誉	
18	团队会将信息对所有成员平等开放	
19	团队成员之间经常进行技术交流	
20	每当出现紧张气氛时,你会讲笑话来缓解紧张气氛	
21	你做出某项决定的时候,会反复思考,仔细斟酌	
22	团队管理者会对每次活动进行总结	
23	团队在作出重大决定时会广泛向他人收集信息,征询专家观点	
24	经常开展讨论,探讨团队的发展	
25	遇到困难时积极求助	
26	团队领导者能够及时调节成员之间的矛盾	
27	待人诚恳,不隐瞒观点	
28	管理者愿意听取其他成员的意见	
29	对别人提出的观点提供一些建设性的意见	
30	在适当的时候,为别人提供帮助	
31	你提个人建议的时候,会综合考虑其他人的观点	
32	团队内部的矛盾冲突都能得到及时妥善处理	
33	鼓励团队成员积极对已有的观点提出各种补充意见	
34	团队充满活力,很少经历失败	
35	团队成员工作配合默契,不会因个人情绪影响工作	
36	团队成员能够互相交流、认真倾听彼此谈话	
37	团队管理层作出重大决定时总是先征求员工的意见	
38	团队成员都支持团队目标	
39	经常进行合作意识教育提高成员合作意识	
40	团队领导经常下到基层,了解基层人员的需求	

二、结果分析

对表中的问题回答"1"得1分,回答"2"得2分……回答"5"得5分。将上面40个题目的得分加起来就是这个测验的得分。

150～200分:说明你所在团队合作意识非常强,团队成员团结合作,配合默契,团队工作充满活力,是一个富有战斗力的团队。在这样的团队中,管理者能够充分调动和培养团队内所有成员的优势和特长,每个团队成员都能够提出一些合理化建议,来帮助团队更有效地开展工作。这样的团队,不管现在和将来都能够取得辉煌的成果。

100～149分:团队合作意识较好,团队有战斗力,团队成员能够通过合作完成工作任务,但在合作意识的建立和培养方面还有需要改进的地方。团队成员需要在自己的合理权益与他人合作权益之间寻求一个平衡点;团队成员应该把自己和他人当作团队的整体资源而不是一个个单独的个体来看待;加强沟通与合作,进步提高团队的战斗力。

99分以下:团队的合作意识较差,团队管理者应当改变管理方式,强化合作意识,使全体成员识大体、顾大局,齐心协力为团队的生存和发展贡献力量。作为一名团队成员,我们每个人都拥有自己所特有的才能,拥有将自己的才能与周围其他成员的技能相融合的能力。团队成员的言行举止都体现出自己是团队集体智慧、技能和观念的一部分,并且还能够成功地影响其他成员,使其他成员也同样做到这些。

二、明确自己在团队中的职责

在保险行业中,团队协作意味着个人要明确自己在团队中的定位,即负责什么岗位,需要尽到哪些职责。关于明确职责,在大学阶段可以从一项班级工作或者社团活动开始练习。无论在班级还是社团中,要集体完成一件事情,各位成员就需要明确自己的任务,了解团队的分工,做到"自己分内事,努力做到一百分,分外事,尽力帮忙一起做",这样一个团队才能事半功倍,否则将如一盘散沙。

一个团队的成员各有擅长的方面,也有相对较弱的方面,因此在进行团队分工的时候,可以引入SWOT分析法来明确自己的职责。尽管近年来SWOT分析主要运用于各种企业人力资源管理之中,但对于大学生的团队协作能力来说,这种引入可以算是较为全面的。所谓SWOT分析,即态势分析,就是将与研究对象密切相关的各种主要内部优势、劣势和外部的机会及威胁等,通过调查列举出来,并依照矩阵形式排列,然后用系统分析的思想,把各种因素相互匹配起来加以分析,从中得出系列相应的结论,而结论通常带有一定的决策性。

我们运用这种方法,可以对研究对象所处的情景进行全面、系统、准确的研究,从而根据研究结果制定相应的发展战略、计划以及对策等。SWOT分析法常常被用于制定集团发展战略和分析竞争对手情况,在战略分析中,它是最常用的方法之一。S、W是内部因素,O、T是外部因素。按照企业竞争战略的完整概念,战略应是一个企业"能够做的"(即组织的强项和弱项)和"可能做的"(即环境的机会和威胁)之间的有机组合。

我们运用SWOT分析法,可以分析自己在团队中的综合能力,可以制订出更为详细、执行力更强的计划。其基本思路是:发挥优势因素,克服劣势因素,利用机会因素,化解威胁因素;考虑过去,立足当前,着眼未来。我们只有运用系统的综合分析方法,将排列与考虑的各种环境因素相互匹配、组合,才能得出一系列未来发展的可选择对策,从而在团队中充分发挥自己的能力。

 拓展训练

运用 SWOT 分析法(见表 6-2)进行自我分析:作为保险专业学生,自己在某一团队中的优势(S)、劣势(W)、机会(O)、挑战(T)。

表 6-2　SWOT 自我分析

优势	劣势
丰富的专业知识和技能 人格特性:自我约束能力强、职业道德素质高、积极乐观 有较强的沟通和组织能力、有较强的合作意识,学习成绩优异 大学四年任××学生干部,领导管理能力比较强,工作严谨踏实,有较强的组织协调能力和团结合作精神,善于表达自我	实践经验少,社会经验不足 负面的人格特性 性格急躁,易情绪化,无耐心,自负 有时候较为固执,不易接受同学朋友的意见
机会	挑战
自己具备专业知识相对较丰富,就业机会增加,保险专业急需专业人才 由于大学锻炼的经验,领导管理能力比较强,将来可胜任管理类职务	同专业毕业的学生竞争激烈 学历的限制 保险专业队人才要求较高

三、加强团队学习

一个团队要不断地发展壮大,就需要不断加强自身的建设。这需要团队成员共同努力,团队成员之间要互相学习、取长补短,多向别的成员学习才能不断地进步,团队才会发展得更好。这种取长补短的行为也是当代大学生所需要的。

(一) 不断学习新知识

当学习机会出现的时候,千万不要犹豫,一定要善于踏出第一步,掌握每一次学习的机会。在学习型社会中,终身学习是一个积累经验的创意过程,而不是一个充满压力的受教育过程。除了学校,还有很多非正规和非正式的学习渠道。只有乐于进行学历与文凭以外学习、熟悉多元学习渠道的人,才会受到团队的青睐。

(二) 学习他人的优势之处

俗话说"金无足赤,人无完人"。一个人只有不断地学习他人的优点,才能感觉到自己的欠缺,也才能进步。著名文学家雨果曾说过一句话:"如果你只看到自己的优点、别人的缺点,那么你永远不能前进。"雨果这句话是很有道理的,一个人总是拿着放大镜找别人的缺点,而对于自己西瓜般大的缺点视而不见,芝麻大的优点在别人面前夸耀,那么他永远也改不掉这个缺点,也不会增添各种优点,那么他只能原地踏步,甚至后退;反之,如果敢于正视自己的缺点,善于吸取别人的优点、长处,这样,不仅会前进,而且还能成为更优秀的人。

(三)不断切磋交流

想要在一个团队中学到更多的东西,就要不断将自己的想法和创意与其他同学一起交流切磋,对比之下才会发现自己想法的优势和劣势,才能在以后的日子里逐步改进,这有助于不断地进步。这种不断学习也不局限在团队的成员之中,团队与团队之间的互相学习也是非常重要的。懂得欣赏别人之所长而效法之,肯定别人的工作价值也肯定自我存在的意义,包容别人之短而自我改错,是未来在职场中自我成长必须共同追求的境界。

四、培育团队合作的品质

信任是合作的基石,没有信任,就没有合作。信任是一种激励,信任更是一种力量。信任可以在团队内部创造高度互信的互动能量,可以促使团队成员乐于付出,相信团队的目标并为之付出自己的责任与激情。此外,信守承诺和正直无私也是团队合作中团队成员应具备的优良品质。

(一)建立信任

任何一个团队都会存在建立初期或者变更动荡期的不稳定现象,团队中的每一个角色都有适应团队的过程。在这个过程当中,管理者在对下属的为人、行事和业务能力进行观察,下属在对管理者的分析判断与决策能力、对其性格特点甚至喜好进行观察,团队成员之间也在对彼此的性格特点、磨合效果甚至利害关系等暗自观察和思量……这时管理者要率先拿出主动积极的姿态,通过交流与沟通,了解团队成员的个人发展目标与规划、个体利益导向等,化解团队成员之间的壁垒与隔阂,解除猜疑,融洽气氛,进而在共同实现团队目标的过程当中建立组织内部的信任关系。

(二)信守承诺

在团队合作的过程中,团队成员要说到做到,表里如一,答应过的事情要如期完成,不负重托。这种信守承诺、言出必行的品质在团队合作和日常人际交往中都是非常重要的。对于保险人才来说,信守承诺显得尤为重要,因为保险从某种程度上来说也是一份对客户的承诺。

(三)正直无私

正直是人际关系中最受人欢迎的人格品质,一个人即使再精通人际交往的秘籍,但如果没有正直的品质作为基石,他也很难获得别人的信任。大公无私是职场中重要的价值观,一个人若为了私欲不惜牺牲公众利益,他必将受到团队的抛弃。

五、鼓励支持他人

团队就像一个家庭一样，需要团队成员互相鼓励和谅解。大学生要努力培养这种团队成员之间互相支持和鼓励的品质，才能更好地提高自己的能力。在看到别人成功时，要真心祝贺；在他人失意时，要懂得体谅；在别人遭遇挫折或思想沉郁时，要学会鼓励他人，真正的鼓励就像是对患者的一剂良药，能治愈对方心灵的创伤。

鼓励别人时，要在言谈之中表现出自信和诚恳，从而得到对方的信任和认同，只有这样鼓励才会有良好的效果。鼓励主要表现在了解对方情况时的谈话过程中，鼓励别人时要显得神态安稳、语言肯定，表现出有把握解决问题的态度。另外，适当的驳论是除掉鼓励过程中障碍的有效手段。需要鼓励的人往往是用一种落后的心理障碍坚固地封锁着自己。因此，鼓励还要先破后立，就是要纠正对方不合理的自我认知，帮助其进步。

 **延伸阅读**

相 互 鼓 励

一项对企业人员的调查显示，团队工作中最重要的激励因素是相互之间的鼓励和支持。

当团队成员的贡献被认可和支持时，其自尊心将会增强，他会感觉到自己受到重视。因此，鼓励和支持有利于团队群体意识与依存关系的建立。表彰各个成员所做贡献的方式之一是，对每位成员发送"爱的炸弹"。

我们在调研中发现，虽然团队合作的好处很多，但实践起来却有这样那样的困难。下面我们提出几种方法来促进团队合作。

第一种方法是增强大家对团队的认同感。比如，团队成员对于自己是团队一员感到自豪。如果团队成员有"我们风雨同舟"或"我们共命运"的感觉，将会对促进团队合作非常有利。

第二种方法是要让每个团队成员认识到他们之间的合作以及贡献对于团队获得成功是至关重要的。换句话说，没有他们的贡献，团队将会以失败告终。

第三种方法是让每位团队成员感觉到，每个人的贡献都是可以衡量的，每个人都可以清楚地看到谁做了什么，而且每位成员都对他自己的行为负责。

第四种方法是提高成员之间面对面沟通的机会，让每个人明白对于团队而言什么是重要的，合作和不合作的结果分别是什么样的。

第五种方法是在团队之间建立一种比赛的气氛，以促进团队内部成员之间的合作；或者制造一种来自团队外部的挑战，让团队成员必须互相合作才能战胜它。

本 章 思 考

1. 为什么要创建团队？
2. 如何培养个人在团队中的合作能力？

第七章 管理：保险人才发展的关键技能

管理就是把复杂的问题简单化，把混乱的事情规范化。

——杰克·韦尔奇

通过本章学习，学生应了解管理和领导力的概念，掌握作为一名保险行业管理者应具备的领导力，提升自我职场管理能力。

 **导读案例**

如何成为优秀管理者？

公司管理者（包括高层管理者、中层管理者）往往拥有自己独特的优势和特长，其中很多人都是从零做起、从基层做起，是大家学习和信服的榜样。但是，在现实中这些掌握公司发展"命门"的管理者有时也会发生失误。例如，一些管理者忙得焦头烂额、疲于应付，面对各项事务工作感到顾此失彼；一些管理者身居要职却不作为，把责任推脱给下属员工。那么，究竟如何成为一个优秀的管理者呢？

案例一

北京 H 公司章总，工龄有三十多年，工作态度非常严谨仔细，因长期负责公司人力资源管理，对公司培训工作尤为重视，事无巨细。尽管有专门的培训部，章总仍然经常亲自蹲点于培训教室现场，中间还不时打断讲师指正讲授内容。

一次，章总突然指示培训部下周举办经销商销售顾问培训班和市场经理培训班。这一指示完全脱离培训工作实施规划，培训部不得不马上开始确定培训讲师、拟制培训日程表、商谈培训教室、拟订培训通知等事项。由于某种原因，培训当天实际报到人数没有达到理想状态，章总在培训报到现场果断指示将两个班合并为一个班，以节省开销。面对变化，培训讲师林教授强调培训对象不同，培训内容侧重点不一样，最关键报到时间也不同。但章总对林教授的意见置之不理。结果经销商参训学员得知突然变更，怨声载道，全部怪罪培训部。章总在众人面前大声斥责培训部负责人，为什么培训工作做得一塌糊涂，然后命令公司其他所有部门负责人全部到场蹲点"解决问题"。这下更热闹了，不仅章总亲自对培训工作进行指导,各部门负责人也不时道西说东,甚至连总经理秘书也插手指挥。可想而知,一个简单的培训活动终于被搞得乱七八糟。培训结束第二天,培训部负责人打了辞职报告。

案例二

刘全是深圳一家消费电子产品公司的策划部经理,由于工作颇有成就,深得公司领导赏识,从一线摸爬滚打到现在这个位子。他对工作要求特别严格,经常废寝忘食地全身心投入工作中,甚至从来没有时间去谈恋爱。他希望他的员工也像他一样,全心全意投入公司事务,一心为公,敬业奉献。他的口头禅就是"公司事再小也是大事,个人事再大也是小事"。

他要求员工上班时间不得闲聊、不得接打私人电话、不得做与岗位工作无关的事情,所有时间都得用在工作上。要求员工养成"早到晚归"的习惯,让员工每天陪自己加班到十二点,即使员工真的无事可做,也不能随便回去。假如员工没有养成这种习惯,那么加薪晋职的机会就很渺茫,而且很可能被他"冷藏",再无出头之日,要么就是莫名接到调职或解雇的通知。另外,无论什么节假日,他都会为员工重新规划,以满足他工作的需要,根本没有什么周末、国家法定节假日的概念。

在他的领导下,员工总有做不完的工作,即便有些工作没有任何意义。他的举措引起员工的怨言,他们抱怨自己完全没有私人的空间,随时都被经理管理和监督,好像自己是被卖给了公司,身心受到严重的限制。一次,其中一个下属在内部网站的BBS牵头讨论加班要给加班费、工作应该劳逸结合问题,他得知后,没几天这位员工就在绩效考评中被合理规范地"处理"掉了。随后在一个深夜召开的部门会议上,员工们终于爆发了自己的情绪,认为自己被尊重的需求没有得到满足。刘全的工作也因此陷入了被动,导致部门士气低落、效率下降、人员流失。不久,他被公司撤职调离。

(资料来源:佚名.七个案例:教你成为优秀的管理者[EB/OL].(2006-07-14)[2020-6-22].https://www.tnc.com.cn/info/c-001006-d-72940.html.)

案例思考:上面两个案例都是比较极端的例子,但类似他们这样的管理者在现实中却并不少见。一方面,管理是一门复杂的艺术,它需要与人打交道,想做到让每一个人都满意实在不太容易;另一方面,管理又是简单的,因为只要用对方法,管理就可以发挥作用,达到预期的效果。

第一节　管理概述

管理是人类社会存在的一种方式,有了人就出现了管理的问题。管理思想来源于管理实践,是对管理经验的概况和总结。一般将管理理论出现以前的管理思想史分为两个主要阶段,18世纪是这两大阶段的分界线。18世纪到19世纪末,现代管理理论开始萌芽。在属于管理学发展的黄金年代中,不乏我们熟悉的大师和论述,比如被称为"现代人事管理之父"的空想社会主义的代表人物——英国的罗伯特·欧文,他进行的"纽兰纳克"及"新协和村"实验虽未获得成功,但他的实践与思想对当今管理学的发展都起着重要推动作用。20世纪初,管理学理论与实践均呈现出空前的繁荣,新理论与新思想不断产生。

哈罗德·孔茨在《论管理理论的丛林》中提到,到1980年为止,管理学发展出了十几个学派。表7-1中列出了主要学派和它们对管理的主要观点。

表7-1　管理学派及主要观点

主要学派	主要观点
经典管理理论学派	管理是一种在正式组织中通过别人,并同别人一起去完成工作的过程
人际关系学派	管理是通过别人或同别人一起去完成工作。因此,对管理学的研究就必须围绕人际关系这个核心来进行
群体行为学派	以社会学、人类学和社会心理学为基础,着重对人的研究,认为正式组织是一种有着自觉的精心筹划的共同目的的组织
合作社会系统学派	组织是有意识地加以协调的两个或两个以上的人的活动或力量的系统。提出协作系统的三个基本要素、效力、效率两分法、权威接受理论、经理人员三项职能
社会技术系统学派	组织是由技术系统和社会系统形成的社会技术系统,个人态度和行为会受到人们在其中工作的技术系统很大影响
系统学派	组织是一个有许多子系统形成的系统,而这个系统又是环境大系统中的一个分系统
数学或管理科学学派	只要管理是合乎逻辑的过程,就可以把其过程用数学模型加以描述和表达,也可以用数学的方法对这个数学模型进行优解
经验或案例学派	通过对管理人员在个别情况下成功的和失败的经验教训的研究,使人懂得在将来相应情况下如何运用方法解决管理问题
权变学派	在企业管理中要根据企业所处的内外条件随机应变,没有什么一成不变、普遍适用的"最好的"管理理论和方法
决策理论学派	管理的本质是决策,用管理人的模式替代传统的经纪人模式,决策的满意化原则强调决策是一个过程
管理者工作学派	经理扮演三类角色:①人际关系方面的角色:挂名首脑,领导者,联系人;②信息方面的角色:信息接收者,信息传播者,发言人;③决策方面的角色:领导者,故障排除者,资源分配者,谈判者

一、管理的定义

管理活动自古有之,到底什么是"管理"? 古希腊"胡萝卜加大棒"的管理思想源于一则古老的故事:要使驴子前进,就在它前面放一个胡萝卜并用一根棒子在后面赶它。这种激励方式即使到今天仍未过时。美国管理学家西里尔·唐奈认为管理是一个国家最重要的经济资源,强调管理作为"第二生产力"是一种"无形资源"和"增效因素"。科学管理创始人泰勒认为管理就是"确切地知道你要别人干什么,并用最好、最经济的方式去干"。因此,管理者理当头脑清晰,有明确的计划和方法,教授大家好的工作方法,通过集体努力,共同实现工作目标。过程管理学创始人亨利·法约尔认为管理就是实施计划、组织、指挥、协调和控制。决策理论学派代表人物赫伯特·西蒙则强调管理就是决策,决策贯穿管理全过程,是管理的核心。哈罗德·孔茨将管理视作一种"技术",认为"管理就是在特定的环境下,对组织所拥有的资源进行有效的计划、组织、领导、控制,以便完成组织的既定目标的过程"。

周三多教授在《管理学——原理与方法》(第六版)中对"管理"这一概念做了完整而精辟的定义:管理是管理者为了有效地实现组织目标、个人发展和社会责任,运用管理职能进行协调的过程。

(一)管理是人类有意识有目的的活动

管理的目的首先就是通过群体的力量实现组织目标。但是应当看到随着社会的发展,组织群体中的个体正在向自由劳动者的方向接近,他们越来越关心个人发展的前景、个人兴趣、个人爱好、个人感情及个人自我实现程度,这些都会成为他们是否愿意在组织中工作或积极工作的原因。此外,组织与社会、组织与环境关系越来越密切,因而组织的社会责任也愈来愈重。所以管理的职责不再单纯为实现组织的目标而存在,同时也要十分关注实现组织中每个人的发展和实现组织的社会责任。

(二)管理应当是协调且有效的

管理不仅要有较高的效率,同时还要有较好的效果,即不仅要正确地做事,并且要力争做正确的事,这样才能又好又快地做事。管理的本质是协调,这包含两方面的内容:一是组织内部各种有形和无形资源(如人财物、信息、技术、专利、社会关系、品牌、声誉等)之间的协调,使其组成一个有机整体,生成强大的竞争能力;二是组织与外部环境的协调。环境包括生态环境,自然环境、社会制度、生活方式社会大众、法律道德、意识形态、宗教信仰、风俗习惯政府政策、规章制度甚至某种潜规则等,只有环境友好型的组织才会有可持续发展的生命力。

实现管理协调与有效的过程,就是计划、组织、指挥、控制等管理职能实现的过程。因此,要全面把握"管理"这一概念的丰富内涵,就必须了解管理的职能。

二、管理的职能

关于管理的职能,自法约尔提出五种管理职能以来,其他学者有提出六种、七种的,也有提出四种、三种,甚至两种、一种的。各种提法间的区别主要在不同数量、不同组合形式与不同侧重点。其中,比较常见的提法有计划、组织、领导、控制。根据管理理论的最新发展,对管理职能的认识也应有所发展,许多新的管理理论和管理实践已证明:可以将"计划、组织、领导、控制、创新"这五种职能视作一切管理活动最基本的职能。

(一) 计划

组织中所有层次的管理者,包括高层管理者、中层管理者和一线(或基层)管理者,都必须从事计划活动。所谓计划,就是指制定目标并确定为达成这些目标所必需的行动。虽然组织中的高层管理者负责制定总体目标和战略,但所有层次的管理者都必须为其工作小组制订经营计划,以便为组织做贡献。这就引出了决策的概念和功能,因为在计划过程中必须进行决策,决策是修正计划的前提,计划又是实施决策的保证。

(二) 组织

计划的执行要靠他人的合作,组织工作正是源自人类对合作的需要。合作的人们如果要在执行计划的过程中,能有比各合作个体总和更大的力量、更高的效率,就应根据工作的要求与人员的特点,设计岗位,通过授权和分工,将适当的人员安排在适当的岗位上,用制度规定各个成员的职责和上下左右的相互关系,形成一个有机的组织结构,使整个组织协调地运转,这就是管理的组织职能。

(三) 领导

计划与组织工作做好了,也不一定能保证组织目标的实现,因为组织目标的实现要依靠组织全体成员的努力。配备在组织机构各种岗位上的人员,由于在个人目标、需求、偏好、性格、素质、价值观、工作职责和掌握信息量等方面存在很大差异,在相互合作中必然会产生各种矛盾和冲突。因此就需要有权威的领导者进行领导,指导人们的行为,通过沟通增强人们的相互理解,统一人们的认识和行动,激励每个成员自觉地为实现组织目标共同努力。领导职能是一门非常奥妙的艺术,它贯彻在整个管理活动中。在下节中,我们将重点就管理干将所具备的领导力进行深入探讨。

(四) 控制

人们在执行计划过程中,由于受到各种因素的干扰,常常使实践活动偏离原来的计划。为了保证目标及为此而制订的计划得以实现,就需要有控制职能。控制的实质就是使实践活动符合于计划,管理者既要有预防下属和事态失控的充分措施,防患于未然;同时也必须及时取得计划执行情况的信息,并将有关信息与计划进行比较,发现实践活动中存在的问题,及时分析原因,从而采取有效的纠正措施。可以说,没有控制就没有管理,有的管理者以为有了良好的组织和领导,目标和计划自然就会实现,但实际上无论什么人(某个环节),如果你对他放纵不管,只是给他下达计划、布置任务,给他职权、给他奖励而不对他工作的实绩进行严格的检查、监督,发现问题不采取有效的纠正措施,听之任之,那么这个人(或这一环节)迟早将会成为组织的累赘,甚至会把他完全毁掉。

（五）创新

最近几十年来，由于科学技术迅猛发展，社会经济活动空前活跃，市场需求瞬息万变，社会关系也日益复杂，每位管理者每天都会遇到新情况、新问题。如果因循守旧、墨守成规，就无法应付新形势的挑战，也就无法完成肩负的任务，许多管理者获得事业成功的关键就在于创新。要办好任何一项事业，大到国家的改革，小到办实业、办学校、办医院或者办一张报纸、推销产品，都要敢于走新的路，开辟新的天地。所以，创新自然地成为管理过程不可或缺的重要职能。关于创新能力的培养，在第八章中也将进行详细论述。

三、认识管理者

管理者是企业的关键因素，是企业内生力量的源泉。管理者通过自己的工作，使其他人、其他职务、其他部门，乃至整个企业，产生积极的成果。德鲁克把那些"通过他人对企业的最终成果产生影响的人"，视作"管理者"。在知识经济时代，决定组织命运的是这些管理者，他们的思考、能力和技能将用于组织或个人的行动和决策，这些行动和决策会影响组织运行的有效性，影响组织的成果。那么在一个组织中，什么样的人可以被称为"管理者"？

（一）谁是管理者

彼得·德鲁克在《卓有成效的管理者》指出："在一个现代的组织里，如果一位知识工作者能够凭借其职位和知识，对该组织负有贡献的责任，因而能实质地影响该组织的经营能力及达成的成果，那么他就是一位管理者。"

 拓展案例

谁是真正的管理者？

在不同环境和情境中，"管理者"被赋予不同的职责与使命。一位记者曾采访上过越南战场的青年步兵上尉，问他"在战场混乱的情况下，你如何指挥你的下属？"青年步兵上尉回答说："在那里，我是唯一的负责人。当我的下属在丛林中遭遇敌人却不知道该怎么行动时，我也因为距离太远无法告诉他们。我的任务，就是训练他们知道在这种情形下应该如何行动。到了真正的战场上该怎么做，应由他们根据情况加以判断。责任虽然在我，但行动的决策却由战场上的每个人自己决定。"因此，在"实战"中，每一个人在应对真正问题的时候都成了"管理者"。

（资料来源：德鲁克.谁是真正的管理者？[EB/OL]（2018-12-12）[2020-06-22].https://www.sohu.com/a/281403190_263004.）

在现实中，许多人虽然是企业中的管理者，但他们的行为并不能对企业的生产经营产生重大的影响。制造业的工厂领班大多就属于此类,他们只能算是"监工"而已。由于他们管理别人的工作,所以他们确实属于主管人员,但对其下属的工作方向、工作内容、工作质量及工作方法,他们既没有责任,也没有职权。所以,他们的工作大部分还可以用效率和质量来衡量和考核,而且我们用来衡量和考核体力工作者的尺度对他们仍然适用。与此相反,一位知识工作者是不是管理者,我们不能以他有没有下属而定,因为知识工作不能用数量来衡量,也不能用成本来衡量。衡量知识工作主要应看其结果,而不是看机构的规模有多大(下属人数)或管理工作的繁简。

德鲁克眼中的管理者泛指"知识工作者、经理人员和专业人员",他认为,一个人是否能够成为一个合格乃至优秀的管理者,在很大程度上取决于对五种管理职能的履行能力和情况。因此,成为一名合格管理者的首要任务就是明确自己要扮演哪些角色。

(二) 管理者的角色

亨利·明茨伯格是全球管理界享有盛誉的管理学大师,是经理角色学派的主要代表人物。他认为管理者扮演着十种角色,这十种角色可被纳为三大类:人际类角色、信息类角色和决策类角色。

1. 人际类角色

明茨伯格确定的第一类角色是人际类角色。人际角色直接产生自管理者的正式权力基础,管理者在处理与组织成员和其他利益相关者的关系时,他们就在扮演人际类角色。

管理者所扮演的三种人际类角色是代表人角色、领导者角色和联络者角色。

(1) 代表人角色。管理者有时必须出席企业各类活动、社会大型活动或宴请重要客户等,在这样做的时候,管理者行使着代表人的角色。

(2) 领导者角色。管理者对所在单位的成败负重要责任,他们必须在负责的组织内扮演好领导者角色。

(3) 联络者角色。管理者需要建立内部与外部的良好关系,对重要的组织问题有敏锐的洞察力,从而能够在组织内外建立关系和网络。

2. 信息类角色

明茨伯格确定的第二类管理者角色是信息类角色。在信息类角色中,管理者负责确保和其一起工作的人具有足够的信息,从而能够顺利完成工作。

(1) 监督者角色。作为监督者,管理者持续关注组织内外环境的变化以获取对组织有用的信息;管理者通过接触下属来搜集信息,并且从个人关系网中获取对方主动提供的信息。根据这种信息,管理者可以识别工作小组和组织的潜在机会和威胁。

(2) 传播者角色。作为传播者,管理者把他们作为信息监督者所获取的大量信息分配出去,管理者必须保证组织成员具有必要的信息,以便切实有效地完成工作。

(3) 发言人角色。管理者须把信息传递给单位或组织以外的个人。比如,向董事和股东说明组织的财务状况和战略方向,向消费者保证组织在切实履行社会义务以及必须让政府官员对组织的遵守法律感到满意等。

3. 决策类角色

在决策类角色中,管理者处理信息并得出结论用于组织的决策,确保组织能够按照既定的路线行事,并分配资源以保证小组计划的实施。

(1)企业家角色。作为企业家,管理者对所发现的机会进行投资以利用这种机会,如开发新产品,提供新服务或发明新工艺等。

(2)干扰应对者角色。一个组织不管被管理得多么好,它在运行的过程中,总会遇到或多或少的冲突或问题。管理者必须善于处理冲突或解决问题,如平息客户的怒气,同不合作的供应商进行谈判,或者对员工之间的争端进行调解等。

(3)资源分配者。作为资源分配者,以时间管理为例,当他选择把时间花在这个项目而不是那个项目上时,实际上他是在对不同的资源进行时间管理。

(4)谈判者角色。管理者把大量的时间花费在谈判上,管理者的谈判对象包括员工、供应商、客户和其他组织成员。

第二节　管理人才应具备的领导力

新时代,全球经济一体化、科学技术和生产技术的迅猛发展以及市场需求的快速变化对管理人才提出了新的要求,拥有和培养优秀管理人才,是公司持续竞争力的保证和核心要素。

一、管理人才面临的挑战

新时代背景下的管理者面临着由四大发展趋势:信息网络化、经济全球化、知识资源化以及管理人本化组成的外部环境影响。这四大发展趋势给当今的管理人才提出了一系列新的挑战。

(一)外部环境挑战

1. 信息网络化

信息网络化的标志是人们通过互联网可以在全球范围内与对方进行实时的信息交流。不管人在何方,不管信息内容如何庞杂,只要通过网络,一切信息的搜索、采集、分类、传递都可以在几秒钟内搞定,信息网络化正在改变着人们的生活方式和工作方式,改变着企业的经营方式和组织形式,信息网络化正在改变着世界的面貌,同样也在引发一场管理革命。网络对管理者的挑战不仅仅是如何提高在管理中应用网络进行电子商务的能力,更重要的是在新的时空条件和信息高度透明的情境下,如何确立新的管理理念？如何与具备互联网思维的消费者进行有效沟通？如何利用网络对下属机构的活动进行实时监控和互动？如何更好地利用网络去搜索信息、发现和捕捉商机？在信息网络化条件下,突发事件发生的频率大大增加,未来的不确定性更加突出,管理者如何增强处理突发事件的能力? 这些都是管理者面临的新挑战。

2. 经济全球化

经济全球化是信息网络化的必然结果。改革开放是时代的要求,在最近几十年中经济全球化得到了迅猛发展,特别是中国加入世界贸易组织以后,经济蓬勃发展,突飞猛进,经济全球化的发展更加势不可挡。世界各国经济上互相依存,互为补充、互利共赢的局面已经形成。企业可在全球范围内优化配置资源,组织全球供应链。经济全球化正在使世界变平,但由于各国发展程度、历史传统、宗教信仰、社会制度、民族文化、资源禀赋、地缘政治等存在着巨大的客观差异,必然形成多元文化、多元宗教、多元种族、多元价值观并存的现实世界,这就要求管理者必须具有宽大、包容、博爱的胸怀来进行相互交流和管理。只有相互理解相互尊重才能在这多样化的世界中,抓住经济全球化所带来的机遇,迅速发展自己。此外,经济全球化使各个经济体之间各企业之间的关系变得十分错综复杂,风险的积累和扩大往往变得难以控制,这就要求管理者必须研究怎样才能为自己构建更加可靠的防火墙,规避经济全球化可能带来的风险,尽量使自己不受或少受损害? 同时管理者也必须重新审视组织的发展战略、组织机构、管理理念、经营方式、规章制度、人力资源是否适应经济全球化的时代,应当怎样才能与时俱进。

3. 知识资源化

知识资源化与信息网络化和经济全球化密切相关,一方面信息网络化和经济全球化必须建立在以信息技术为代表的现代科学技术高度发展的基础之上;另一方面现代科学技术知识又借信息网络化和经济全球化在全球范围内迅速便捷地流动和传播,从而使知识成为现代社会经济发展中最重要的资源。随着社会经济技术的发展进步,消费者对商品和服务的要求愈来愈高,对商品的卫生标准和生态环境的要求也更加苛刻。因此,企业及其他社会组织必须不断地创新,才能满足消费者的需要,从而使市场竞争空前激烈,而构成组织核心竞争力的最重要的要素就是创新知识。知识资源化给管理者提出了全新的挑战。过去管理者主要是管人、财、物和相关信息的配置和流动,而如今却要把管理的重点放到对知识的管理上来。特别是要管好技术创新、制度创新,维护品牌、声誉、知识产权,培养、招聘人才,建立学习型组织等问题,因为这些知识的管理问题都是任何组织基业长青的关键所在。

4. 管理人本化

管理人本化是几千年来社会进步的结果,也是现代社会文明的标志。人是知识特别是未编码的创新知识的载体,在知识资源化的今天,处理好人与人的关系当然就成为管理者的头等大事。管理者应追求实现组织目标,但又必须真心实意地树立"人人生来平等"的观念,尊重每一个人,维护每一个人的合法权益,在自由平等的条件下,为每一个人创造全面发展的机会。实际上,不能靠空喊"一切从人出发"的口号来解决问题,而是要在管理中真正努力实现公平正义、自由民主，这是管理者面临的最艰巨的任务。

（二）自身因素挑战

除了客观存在的外部挑战，每一位管理者都要面对的现实是：一方面要求他们具有有效性，另一方面却又使他们很难在现实中达成有效性。而一位管理者如果不能致力于使工作卓有成效，那么现实将迫使他一事无成。

1. 时间管理挑战

管理者的时间往往只属于别人，而不属于自己。组织中每一个人遇到每一个需要决策的问题都可以随时来找他，现实中人们也正是这么做的，即使是最讲效率的管理者也常常发现自己的时间绝大部分都被别人占用了，而且所花的时间往往并不产生任何效益。

2. 管理者往往被迫忙于"日常运作"

现实中，产生这一问题的症结，在于管理者周围的现实因素，对于一位管理者来说，要保障"辖区内"的运作正常，就会出现一连串要干的事，让他忙得无暇他顾；而管理者所面临的这一连串工作却很少告诉他任何情况，更不可能向他提示真正的问题所在。哪些事情是重要的，是管理者必须去做的，哪些事情只会分散他的注意力，并不是一目了然的。

3. 管理者往往受到"组织"的局限

每一位管理者，不论他的组织是企业机构、研究机构、政府机构、大学还是军队，通常他总认为组织内部的事才是与他最密切相关的现实。但现实中，在组织的内部，不会有成果出现，一切成果都存在于组织之外。管理者能看得清的只是组织内部，组织内部才是他最密切接触的除非管理者能付出特殊的努力，使自己与外界保持直接的联系，否则他必将日益局促于组织内部。管理者在组织中的地位越高，他的注意力就越容易为内部的问题和挑战所困，而不能看到外部的情况。

上面由外部环境和个人因素带来的现实挑战，是管理者无力改变的，也是管理者之所以存在的必要条件。因此管理者必须明了：要想提高绩效和成就，使工作达到令人满意的程度，唯一可行的办法，就是提高有效性，一种能力——将关注焦点由"管理下属"向"提升自我"发展的能力恰恰满足了管理者的现实需求，这就是我们常常提及的"领导力"。

二、领导力概述

（一）领导力的定义与内涵

关于领导力的概念，很多学者从不同角度对其进行了阐释。

美国前国务卿鲍威尔将军认为："领导力是一门艺术，它会完成更多管理科学认为不可能的东西。"

德鲁克基金会在关于《领导者的对话》中将领导力定义为"把握组织的使命及动员人们围绕这个使命奋斗的一种能力"。强调领导能力是怎样做人的艺术，而不是怎样做事的艺术,能够最终决定领导者能力的是个人的品质和个性;领导者是通过其所领导的员工的努力而成功的;领导者的基本任务是建立一个高度自觉的、高产出的工作团队;领导者们要建立沟通之桥。

著名的全球领导与变革顾问约翰·科特教授指出,组织要产生真正的变革,从本质上改善经营模式和经营效率,需要领导发挥作用,提出创造性的变化前瞻,并随时激励下属充满激情地为之奋斗,释放自己的所有潜能。

此外,还有学者指出,领导力可以被看作一系列行为的组合,这些行为将会激励人们跟随领导去要去的地方,而不是简单的服从。

从以上领导力的定义我们可以看出,它存在于我们日常生活的各个层次、各个领域,它是我们做好每一件事的核心。纵观专家学者们对领导力这一概念的剖析,我们对其内涵有了较为清晰的认识。

1. 领导力是一个由多项行为组合而成的综合体

领导力要能产生相应的效力,不是靠单一行为决定,而是由内在的多项因素综合作用而产生的。

2. 领导力是一种特殊的影响力

领导力是一种影响力,它能使人们完成超出常规标准、常规质量的任务,并且乐意这么做。

在这里,领导力作为一种特殊影响力,主要表现在以下三个方面。

(1)双向性。当我们在论及领导力时,总是习惯性地认为,领导力就是领导者对被领导者施加影响的过程。其实不然,因为即使领导者尽其所能地施展魅力,倘若被领导者不能很好地接受这种影响,那么领导者的这种影响力便是无效的。因此,要想领导力得到有效发挥,对于被领导者而言,不是单方面被动地接受来自领导者的影响,而是积极主动地反馈。因为,在此过程中,被领导者的这种反馈态度同样会对领导者影响力的发挥产生重要影响。因此,这是一个双方相互影响的过程。

(2)目标性。领导者与追随者相互作用有一个最终指向性,那就是双方的共同目标。有了目标的激励,领导者与追随者才能主动而富有成效地去相互影响,达成未来的愿景。

(3)动态持续性。领导本身就是一个过程,在此过程中,影响力不是于某一时点上才起作用,它贯穿于领导活动的全过程。

3. 领导力不是由职位或权力所赋予的

美国著名的领导学专家约翰·C.马克斯韦尔在他的《领导人21品质》中对领导力描述道:"职位不能叫一个人发挥领导力,反而是一个领导人能使职位发挥作用。"领导力存在于组织的各个层级,每个人都拥有领导力这一潜质。因此,如果一个人没有正式的职位权力,却能成功地影响他人去追随目标,那么,他的领导力就发挥了很好的效能。

（二）领导力相关理论

1. 领导特质理论

领导特质理论也称素质理论、品质理论、性格理论，这种理论着重研究领导者的品质和特性，试图探寻是哪些因素成就了领导者。美国领导学学者斯托格蒂尔是该理论的代表人物。他在 1948 年撰写的一篇文章中，对基于人格特质理论的一百多项研究成果进行了考察，并指出了成功领导者具备的共同特征，他强调，个人特征须结合一定的环境因素才能造就有效领导者，即人格特质并不是成就领导者的唯一条件。管理学大师达夫·尤里奇提出："有效领导力和领导力特质密不可分。"随着特质理论的进一步发展，学者们认为领导力特质不是不能再造的，而是可以通过后天培养来习得的。在此理论观点的基础上，产生了领导者特质模型，用以培养和发展人们的领导力。一些咨询公司以领导力特质为基础研发出模型，帮助人们找出他们想要的领导力特质。关于领导者特质模型，我们将在稍后章节展开。

2. 领导—成员交换理论

领导—成员交换理论由乔治·格里奥在 1976 年首先提出。与以往学说不同的是，该理论是唯一将互动关系作为领导过程核心的领导力学说，它将领导行为的研究重点置于领导者与部属的相互关系上。这些关系归纳起来可分为"圈内部属"（in-group）和"圈外部属"（out-group）。"圈内部属"是指部属与领导者的关系质量良好，具体表现为社会性交换，这种交换关系是建立在领导者与部属之间相互的信任、忠诚与共同的责任基础上的。而"圈外部属"则以规定的工作任务说明为双方交往的基础，属于一种"经济性"或"合同性交换"，领导者与部属间的关系质量较差。在对"圈内部属""圈外部属"及领导力形成和发展的论述中，我们看到领导—成员交换理论强调的核心为：高效的领导力要靠高效的上下级交流。

3. 变革型领导理论

变革型领导理论被作为一种重要的领导理论，是从政治社会学家伯恩斯的经典著作《领导力》开始的。伯恩斯认为，变革型领导是"领导和下属之间彼此互相提升成熟度和动机水平的过程"；同时，他还指出了变革型领导和交易型领导的区别在于变革型领导是基于领导者的个人价值、信念和品质，而不是领导者和追随者的交换过程。

1985 年，巴斯等学者对伯恩斯的"变革型领导"理论做了进一步阐释和发展。他们认为，变革型领导通过让员工意识到所承担任务的重要意义，建立互相信任的氛围，激发下属的高层次需要，促使下属最大限度地发掘自己的潜力，为组织的利益牺牲自己的利益，为团队的伟大目标而相互合作、共同奋斗，最终实现最高水平并超过原来期望的绩效。此外，巴斯还提出了变革型领导力包含的四个要素，即魅力领导、智力激发、个性化关怀和愿景激励。

4．权变理论

权变理论又称情境理论。最新的权变分析模型指出，环境因素的变化往往是极其重要的，它们常常取代了领导，或者削弱了领导的作用。这里的环境因素包括追随者的特征及任务、团队等情境特征。桑迪·奥尔德森也强调了情境因素对领导者有效性的重要性。美国领导学专家科斯特利在其《有效领导力》一书中，提出了领导的"增强因子"和"中和因子"两个概念。它们分别是指能提高或降低领导者对追随者影响力的情景或追随者特征。因此，我们可以对任何情境和追随者特征（或这些特征的组合）进行修正，使他们能对追随者产生我们所希望的影响。

上述权变思想向我们展示了领导者可以通过他们本身的领导行为直接影响追随者，也可以通过改变情境或追随者特征去间接地影响追随者。

三、保险行业管理者应具备的领导力

美国著名管理学学者罗伯特·李·卡茨指出，管理者要具备三类技能，即技术技能、人际技能和概念技能，并形象地对各种层次管理需要的管理技能比例进行了描述（见图 7-1）。从图 7-1 中不难发现，从基层管理者逐步向高层管理者迈进过程，实质是由技术技能型人才向概念技能型人才转变的过程。

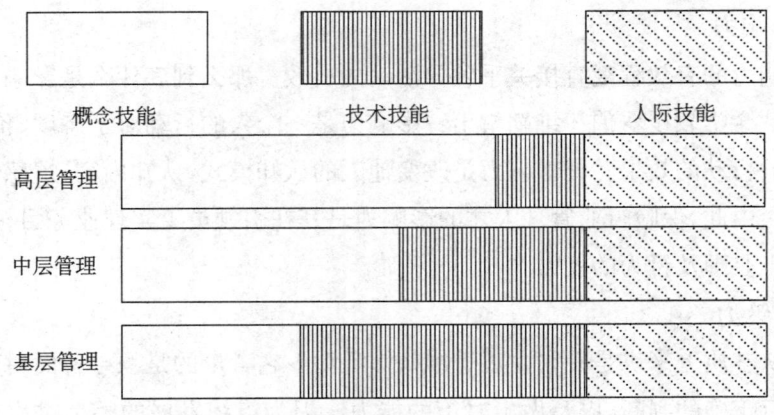

图 7-1　各种层次管理所需要的管理技能比例

结合管理者技能以及领导力相关理论，可以将管理者应具备的能力概括为：目标设定能力、影响力、决策力、控制力。其中目标设定能力主要考量管理者能否准确地看清和把握前进的方向，其实也就是检验管理者作为团队引领者是否具有一定的前瞻力；影响力高低则决定了管理者如何主动积极地影响团队中的其他人；决策力考量的是管理者作为领导者，应具有的对工作过程中所出现的各类情况之判断和决策能力；控制力是指管理者为了保证工作目标顺利实现，应具备良好的控制能力。

（一）目标设定能力

领导者目标设定能力是指根据实际需要和团队特征设定工作目标实际问题中，往往要考虑多个目标的决策问题，这些目标可能互相矛盾，也可能没有统一的度量单位，难以比较。目标制定能够实现平衡、协调地处理多目标下的关系，求得更切合实际的解；当存在一些相互矛盾的约束条件时，如何在这些相互矛盾的约束条件下，找到一个满意解，就是目标制定所要讨论的核心问题。现实中，多个目标和多个约束条件不一定是同等重要的，而是有轻重缓急和主次之分的，如何根据实际情况确定模型和求解，使其更符合实际、更容易解决问题是目标制定的主要任务。我们都知道，像在赛跑比赛中跑直线距离最短那样，"线性制定"的最优解可以说是绝对意义下的最优，但在实际中，如果要耗费巨大的人力、物力、财力去达到这样的"最优解"就违背了"效益最优"，并非目标制定所谓的满意解，而目标制定所求的满意解是指尽可能地达到或接近一个或几个已给定的指标值，这种满意解更能够满足实际的需要。

现实中，保险企业的经营行为是由保险行业对资金流动性、安全性和盈利性三者之间的各种不同组合的偏好，保险企业资产负债配置是以安全性、流动性和盈利性为目标的，对企业进行的一种动态全面的综合平衡管理。每一个保险行业管理领导者都会制定一系列的反映企业管理者需求和政策的目标，并希望这些目标能够实现。

（二）影响力

领导影响力的有效程度直接关乎领导活动的成败。那么到底什么是影响力呢？美国斯坦福大学社会学教授罗伯·维勒指出："影响力是一个人的行动对于态度、价值观、信仰或者其他人的行动的效果。"即影响力是改变他人的认知模式，认知内容，情感倾向和期望状态的能力。由此，保险行业管理人才的影响力是其在引领员工实现业务目标进程中，影响和改变员工心理及行为的能力。

（三）决策力

决策力从本质上来讲是一种主观思维认知活动。它考量的是领导者面对充满变化的环境如何进行正确的判断，以及做出对策的能力。因为组织发展的整个过程都要求领导者不断地做出判断和决策，在不同情境下，对各种变化都要作出有效的回应，才能保证团队能按照目标的方向继续前进。新时代对保险行业管理人才决策能力提出更大挑战，如何在经济新常态下整合资源、明确方向、带好队伍，是考验保险行业管理人才决策能力的重要问题。

（四）控制力

美国著名的管理专家巴达维曾说："没有控制，领导者就无法实现管理，组织就不起作用，组织的日常工作如果不通过有效的控制，使它在轨道上正常运转，最好的计划和决策都会落空"。可见，控制在领导实践中扮演着至关重要的角色。

 拓展训练

领导力 21 法则自测题

一、测试题目

（1 表示根本不符合，2 表示比较符合，3 表示符合，4 表示非常符合）

序号	题目	分值
1	只有糟糕的将军，没有糟糕的士兵	1　2　3　4
2	人际关系的能力是借助于别人去完成工作的一种能力	1　2　3　4
3	领导者的品行给企业员工带来的是激励效果	1　2　3　4
4	开会也有技巧，有必经的过程和阶段	1　2　3　4
5	管理者就是领导者	1　4　3　2
6	你认为如果你微笑，下属就能按照你需要的那样努力工作	1　2　3　4
7	智商比情商更重要	4　3　2　1
8	要在领导的长处之外发挥自己的长处	1　2　3　4
9	经常考虑那些可影响自己未来 5 年内工作的变动因素	1　2　3　4
10	用请教的方式向领导提意见	1　2　3　4
11	即使没有下属，你也能做出决定并付诸实施	1　2　3　4
12	吸引下属的其中一个因素是自己的公平性	1　2　3　4
13	你能够非常耐心地对待智力迟钝的下属	1　2　3　4
14	能够抓住一切机会来学习新的知识，提升自己的技能	1　2　3　4
15	在信息不太充分的情形之下，不能够镇定的去做出决策	1　2　3　4
16	非常害怕失败	4　3　2　1
17	给优秀人才创造空间，给他们发展的空间	1　2　3　4
18	每年进行一次员工满意度的调查	1　2　3　4
19	总是在鼓励员工去做事情	1　2　3　4
20	决策的过程委托下属去完成，明确地告诉下属希望他们自己去发现问题	1　2　3　4
21	经常直接责备自己的下属	4　3　2　1
22	目标完成时，你只关注结果，不在乎过程	1　2　3　4
23	出了问题的时候自己首先承担责任	1　2　3　4
24	团队的绩效与领导者的绩效无关	4　3　2　1
25	培养自己的下属是一件"水涨船高"的事情	1　2　3　4
26	你定期地注意专业机构举行的会议或者这方面的期刊	1　2　3　4
27	将任何一个人提拔到一个更高的层次的时候，都要对其做相应的培训	1　2　3　4
28	工作动力是激励的一个核心问题	1　2　3　4
29	威胁激励有利于员工的优胜劣汰，能者上，无能者下	1　2　3　4
30	信任下属，让他们在自己职权内自主地处理工作	1　2　3　4

二、结果分析

（1）得分在 30～56 分之间。作为一名领导者，你的素质较差，也许你非常想担任领

导这一职务,但是你必须正视你自身的不足,强烈建议你加强这方面的学习,一切可以重新开始。

(2) 得分在 57～83 分之间。作为一名领导者,你的素质一般。要想成为出色的领导者应该接受长期和系统的培训。

(3) 得分在 84～112 分之间。你基本上具备领导者的素质。只是你必须多向别人学习优秀的地方,在理论和实践上更上一层楼。

(4) 得分在 113～140 分之间。你具备了一名优秀领导者基本的素质,只要你坚持不断地学习,加强理论基础,你会成为成功的领导者的。

(资料来源:佚名.领导能力测试题——一道题测试出你的领导能力[EB/OL](2018-02-11)[2020-6-22].http://www.61k.com/1128749.html.)

第三节　保险人才管理能力培养

《中国保险业风险评估报告》指出:“当下,影响保险业发展的人力资源问题主要体现在人员整体素质不高、人才总量短缺、人员流动速率大幅增加、教育培训培养投入不足、人才管理机制不健全、管理水平不高六个方面。”由此可见,保险公司人才发展机制不健全,培训培养资源投入较为有限,尤其是对基层管理干部的培养和开发投入不足,是影响保险公司人才培养建设的重要问题。要改变这一问题,要从目前院校毕业生与公司用人需求存在的错位与“业界”和“学界”存在的沟通欠缺入手,把握行业企业对人才管理能力——尤其是对基层管理人才的实际需求。将人才培养工作前置到高校,缩短人才培养周期,从我做起、着眼长期、主动变革,行业送“财”到校,高校送“智”、送“人”到行业,共同打造一支优秀的保险人才队伍。

一、保险业对人才管理能力的实际需要

企业如何识别优秀的高潜力人才? 人力资源部门往往会应用多个测量工具,其核心都基于对人才胜任力的测评,即根据企业战略目标对从业人员能力进行测评,看能否胜任这个职位的要求,同时挖掘潜在人才作为晋级选拔的科学依据(见图 7-2)。

(一)胜任力的基本定义

“胜任力”一词最早于 1959 年被罗伯特·怀特提出,但很多人将哈佛大学教授大卫·麦克莱兰在 1973 年发表的重要文章《测量胜任力而非智力》(*Testing for Competency Rather Than Intelligence*)视作“胜任力”一词正式问世的标志。对“胜任力”这一概念尚未形成统一的定义和解释。关于“胜任力”的观点可被分为三个类别:特质观、行为观和综合观。特质观认为,胜任力是与工作绩效相关的内在的、隐藏的、深层的特质,具有稳定

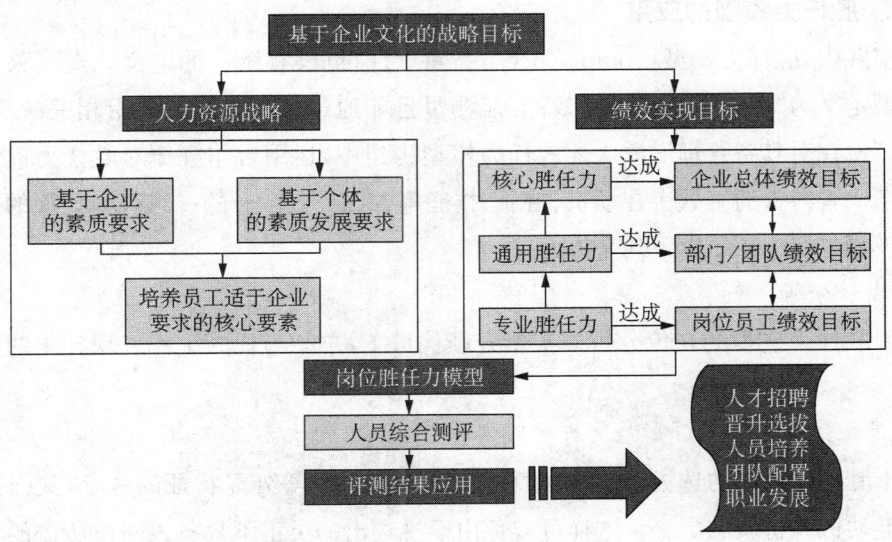

图 7-2　胜任力测评流程

性，强调选拔内在特质与岗位特征相匹配的候选人。行为观认为，胜任力是与绩效结果相关的外在行为特征，是可变的，可通过对员工进行相应培训来提升绩效。综合观是对两类观点的整合，认为胜任力既包括特质因素也包括行为因素，是与工作相关的一切因素。表7-2 所示为不同学者对胜任力观点的综合整理。

表 7-2　胜任力定义汇总

观点	学者	定义
特质观	大卫·麦克莱兰	与工作绩效或生活中其他重要成果直接相似或相联系的知识、技能、能力、特质或动机
	博亚特兹	个体的潜在特征，可能是动机、特质、技能、自我形象或社会角色或知识等，它将产生有效或优异的工作绩效
	斯潘塞	包含知识、技能、自我概念、特征和动机五个与优秀工作表现相关的个人潜在特征
	王重鸣	导致高管理高绩效的知识、技能、价值观、个性、动机等特征
行为观	伍德拉夫	一种能使个体胜任某项工作的明显的行为
	弗莱彻	具体的、可以观察到的、能证实的，并可靠地合乎逻辑的一类行为
	格林	可测量的、有助于实现任务目标的工作习惯和个人技能
综合观	莱德福	胜任力包含三概念：个人特质、可验证性、产生绩效的可能性
	拜厄姆、莫耶	一切与工作有关的行为、动机与知识。可分为行为胜任力和知识胜任力两类

（二）胜任力模型的应用

在实践中，胜任力模型（competence model）目前也没有统一的定义。麦克莱兰将胜任力模型定义为"影响个人工作绩效的、能测量且能通过培训改善的一组相关的知识、技能、态度"。在对具备管理潜质人才胜任力模型构建中，运用吉尔福德对胜任力模型的定义，"对绩优者与普通绩效者在动机、特质、技能等方面予以区分的一组行为特征的描述"。胜任力模型主要应用于以下几个方面。

1. 岗位分析

基于胜任力模型的岗位分析主要研究绩优员工，总结与优秀工作表现相关的特征及行为。

2. 员工甄选

基于胜任力模型的选拔，既重视对候选人知识、技能等外显特征的考察，又强调选拔具有关键动机和特质的员工。这样可避免由于挑选出的员工不具备该岗位所需的深层胜任特征而导致的不良影响。尤其是为工作复杂度高、支付薪酬高的"双高"特征岗位选拔候选人时，基于胜任力模型的甄选手段在候选人学历、经验等基本背景相差不大的情况下具有更可靠的绩效预测性。

3. 员工评价

胜任力模型是区分绩优员工与业绩普通员工的重要工具，依据胜任力模型设计出的考核指标，能更加综合、系统地考察员工整体工作表现。对于工作绩效较差的员工，可通过基于胜任力模型设计开发的培训或辅导帮助其提升绩效。

4. 建立人才库和人才梯队（人才管理）

依托不同层级岗位的胜任力模型建立相应的人才标准，通过胜任力测评工具获取个人胜任特征的结果。通过岗位的人才标准和员工测评结果的匹配比较，可一方面帮助组织建立跨层级的人才库和人才梯队，识别关键人才和备选人才，有利于消除在组织发展过程中发生的关键管理岗位人才断档风险；另一方面，人才库和人才梯队的建立，便于组织持续关注关键人才，高效组织关键人才的针对性发展，对关键人才保留和组织持续健康发展具有重要的推动作用。

（三）保险业管理人才胜任力模型

 **延伸阅读**

YG 保险公司营业区经理岗位核心能力要求

◆ 制定明确的目标，行动前先拟订好行动计划，并监督业务表现。

◆ 为组织制定明确的经营策略和激励人心的未来发展愿景。

◆ 熟悉营销或团队管理方面的专业知识或技能。

◆ 关注客户需求和满意度,监督任务的品质和效率,有序地工作并完成计划目标。

◆ 拒绝或阻止任何不诚信的行为,为坚持原则或制度宁可得罪人。

◆ 认同、支持和关心他人,征询他人意见,对他人的观点和贡献表达尊重。

◆ 能够从听众角度进行表达,演说时表达流利,观点清晰,论据充分。

◆ 轻松建立良好的客户和同事关系,结交不同层级的人士并与他们保持融洽的关系。

◆ 能够从他人角度去提出观点和游说,并通过说服和协商赢得他人的同意或承诺。

◆ 为他人设立目标和标准,激励或授权他人,鼓励员工发展。

◆ 能在困境下保持乐观,并在压力环境下富有成效地工作;能正确对待批评,并能够从批评中学习。

◆ 积极接受和应对具有挑战性的目标,为完成目标不惜加班;愿意为晋升至拥有更大责任和影响力的职位而努力。

◆ 遵循计划、程序和政策,不无谓的挑战权威,守时守纪。

◆ 需要做出决策时,能分析风险和收益,并快速、明确的做出决策;做事积极采取行动,雷厉风行,不拖延。

依据核心能力的要求,YG 保险公司营业区经理岗位胜任力模型见表 7-3,从中可以大致看出保险业(保险公司)对于基层管理人员能力需求。

表 7-3　YG 保险公司营业区经理岗位胜任力模型

模　块	胜任力
专业管理	计划与组织 制定策略和概念 应用专业知识和技术
影响激励	与人合作 说服和影响 领导与监督
积极坚韧	应对压力和挫折 完成个人工作目标 做出决定和采取行动

现实中,胜任力模型用以甄选人才的测评工具矩阵一般由行业知识测验、案例分析、行为面试、无领导小组讨论、人际风格测评等形式组成(见表 7-4)。

表 7-4　基于胜任力的岗位甄选测评工具矩阵

胜任力/工具	选拔工具				
	行业知识测验	案例分析	行为面试	无领导小组讨论	人际风格测评
交付成果和达到客户预期		✓			
达成个人工作目标		✓			✓
计划与组织		✓		✓	✓
制定策略和概念		✓	✓		
应用专业知识和技术	✓		✓		
坚持原则和价值观			✓		✓
与人合作			✓	✓	✓
说服和影响			✓	✓	✓
领导与监督			✓	✓	✓
应对压力与挫折			✓	✓	✓
做出决定与采取行动			✓		✓

二、培养保险人才的管理能力

（一）学习能力的培养

1. 提升自身行业基础知识水平

（1）知识建模：结合自身领域知识特征，对自身知识图谱进行顶层设计，构建一个适用于特定领域的知识体系。

（2）知识抽取：获取结构化数据。保险业的基础数据以三种形式存在：结构化数据、半结构化数据和非结构化数据。其中，保险公司和保险行业其他机构内部数据库中的数据以结构化的形式存在*。

（3）知识融合：对原始知识数据中冗余、重复甚至错误的信息进行剔除，对有价值的信息进行数据整合，即知识融合。

（4）知识储存。目前，知识图谱的储存方式主要有两种：一种是基于表结构的储存方法，另一种是基于图结构的储存方式（见图 7-3）。

（5）知识推理。知识推理就是通过各种方法获取新的知识或者结论，并且这些知识和结论在事实上成立。

（6）知识更新。知识更新要做的就是把前五个工作进行循环迭代，即知识体系更新、知识抽取更新、知识融合更新、知识储存更新、知识推理更新的循环往复。

---

* 半结构化的数据是指以百科或者表格形式储存的数据，而非结构化数据则是指以文档形式存在的数据。

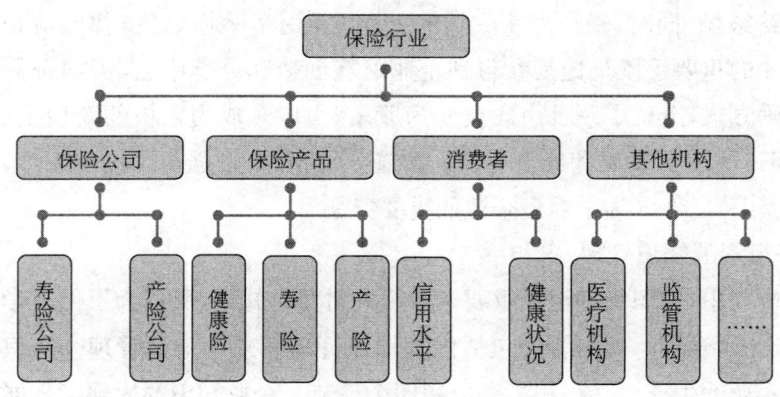

图 7-3 保险行业知识建构示例

2. 提升组织的整体能力

1) 提高全体成员的学习力

不断学习是增强保险类企业竞争力的有效途径,主要包括 4 种学习:第一,全员学习,决策层、管理层、操作层都全心投入学习,尤其是经营管理决策层,他们决定企业发展方向和命运,更加重视学习;第二,全过程学习,把学习贯穿于工作运行的整个过程之中,强调"干中学、学中干",在工作中通过学习加深对新知识的理解,在学习中不断提升创新技能,注重学习和工作相互促进、完美结合;第三,团体学习,即企业不但重视个人学习和个人智力的开发,更强调所有员工的合作学习和群体智力的开发,注重知识传递、交流,分享学习成果,提升企业群体竞争能力;第四,终身学习,即企业为员工提供接受知识和技能更新机会,员工把终身学习作为生活和工作的重要目标而不懈努力。

2) 扁平式学习结构的构建

传统企业的组织结构是金字塔形的,从最上面的决策层到最下面的操作层之间隔着许多管理层,面对迅速变化的市场和知识经济时代,往往不能协调高效地运转。保险类企业的管理者要将学习结构扁平化,从最上面的决策层到最下面的操作层的间隔层次相对较少,从而能够形成一个互相学习、整体思考、协调合作的群体,拥有迅速决策、协调作战的能力。

3) 营造自主管理的组织氛围

保险类管理者要倡导企业员工自己发现工作中的问题,自己选择伙伴组成团队,自己选定改革进取的目标,自己进行现状调查,自己分析原因,自己制定对策,自己组织实施,自己检查效果,自己评定总结。自主管理有助于充分挖掘每个员工的创新能力,有助于相互理解达成共同理想,能以开放求实的心态互相切磋,不断学习新知识,不断进行创新,从而增加企业快速应变、创造未来的能力。

4) 做好配套业绩报酬体系设计

知识经济形态中,很多工作岗位既无法实施计时工资,又无法实施计件工资,只能是根据业绩付给报酬；同时，知识经济成功的关键在人才，一流人才支撑一流企业，吸引、聚集和激励人才的重要手段是让其参与到企业财富创造和分享中去，美国企业大量采用员工持股的激励方式，造就了一批由雇员变为股东，由股东成为老板的新型企业家，推动了技术创新，促进了企业发展和经济增长。实施业绩报酬，增强员工的主人感，实现企业和员工的共同繁荣，已经成为学习型企业的重要特征。

5）做好组织的知识管理

在学习过程中，知识管理至关重要。学习的对象是知识，所以为了保证学习能顺利开展，必须强调知识管理。知识管理包括内部知识管理和外部知识管理。知识的内部管理包括知识在企业的生成、交流、积累和应用四个环节。企业知识的内部管理能营造一个有利于员工生成、交流、学习知识的宽松环境；建立一个内部信息网，便于员工进行知识交流；利用各种知识数据库、专利数据库存放知识、积累知识，放松对员工在知识应用方面的控制，鼓励员工在企业内部进行个人创业，促进知识的应用。知识的外部管理目的是通过企业之间的交流、合作等对知识进行有效的管理，使企业积累更多的知识，获得更大的收益。

6）明确创新是企业的灵魂

创新是保险类企业在激励市场竞争环境中求生存、求发展的必然选择，是学习型团队的活力之源，是学习型团队迅速成长的基本驱动力。保险企业管理者要强调"变化"和"创新"。最好的方式就是在企业的成长未达到成熟期，尚未产生危机时就发生变革，从一种旧的思维模式跳到一种新的思维模式，从而使企业保持一种生生不息的活力。彼得·圣吉说过："如果我们的思想不发生改变，引进新的程序与流程最终只能是徒劳无益。"

（二）团队建设能力的培养

团队由多个个体组成，这些个体往往拥有自己的思维模式，因而对待任务、创新有着不同的理解。成员间不定时地开展有关任务议题的相关讨论，有助于打破成员的惯性思维，有助于团队产生新的想法、学习新的知识和技能。因此，保险类企业管理者应该从以下三个方面做好团队建设。

1. 明确团队目标，完善管理制度

效能水平高的团队能够清楚地理解团队目标，并且其团队成员对团队目标具有高度的认同。团队目标的认同使得团队成员主动地将团队目标与自身目标进行结合，并对其做出承诺。高效团队中的成员对自身任务以及如何通过分工协作来完成团队任务具有清醒的认识。曾经有一份关于团队的调查，百分之七十的团队成员认为他们最需要团队领导提供的是明确的目标或者方向；百分之八十的团队领导者认为他们最需要团队成员做出的工作就是坚定不移地朝着团队目标努力。由此可以看出，明确目标对于打造高效能团队是十分重要的，它是团队成员和团队领导者都关注的要点。团队管理者在制定团队目标时，以下两个问题一定要特别注意。

（1）重视成员参与。这一方面可以让团队成员参与进来，使他们能够找到与自己相关的任务；一方面可以获取团队成员对目标的认同，有利于今后进一步把握团队目标的进度。在摸清楚团队成员关于团队任务的相应信息后，就应该形成一份具体的团队目标及行动方案，以便团队成员的讨论。

（2）落实目标承诺和责任。团队成员必须就团队目标达成一致，并对自己的任务作出承诺，在落实团队目标责任的时候需要注意的是，要引导成员将个人的目标与团队的目标协调起来，防止内部出现目标不一致的现象。

2. 加强团队文化建设，塑造良好的团队氛围

学术研究和管理实践都证明良好的团队氛围能够明显地提高团队的绩效和团队成员的满意度。笔者认为，良好的氛围除了对团队目标的一致认同还应该包括成员间高度的信任、有效的沟通、良好的团队开放性等许多方面。

（1）高效团队的一个显著特征是团队成员之间高度的信任。团队的正常运行需要团队成员之间分工协作，尤其是当今分工越来越精细，几乎任何团队的任务都是通过不同成员的配合来完成的，这就需要团队成员一定要对同事的态度、能力等有充足的信任。但从现实的情况来看，信任的建立需要较多时间、精力和感情投入。要建立良好的信任氛围，团队领导要对团队成员之间人际关系的维护高度重视。可以通过定期组织一些鼓励全体成员参加的业余活动如联欢会、聚餐、郊游等来促进团队成员之间的感情，并进一步加深彼此的信任。另外，经常组织素质拓展之类的活动也对建立良好的信任氛围具有很好的效果。

（2）高效的团队需要高效的沟通。高效的团队通常都具有健康顺畅的信息交流渠道，成员可以通过各种交流方式快速有效地与其他成员互通有无。另外，团队领导者与成员之间沟通渠道的顺畅与否也对团队效能具有显著影响，良好的上下级沟通对于指导成员行为和消除某些负面影响具有重要的作用。在管理实践中，可以将信息沟通制度化，利用程式化的模式来保证信息交流的质量和及时性。

（3）良好的团队开放性对于团队创新具有重要的意义。在团队成员中培养资源分享知识、经验的氛围，鼓励团队成员对完成团队任务的不同意见，建立积极主动、和谐融洽知识整合机制等都有利于团队开放性的提高和团队效能的改善。

3. 做好冲突管理工作，合理引导有利冲突

关于团队冲突与团队效能关系的已有研究和本文的实证分析均表明，在影响团队效能的诸多因素中，团队冲突占据极其重要的位置，充当着许多团队输入变量影响团队效能的中介变量。因此，管理实践中，如果能够及时做好冲突管理工作，切实合理地引导跟团队任务有关的冲突、避免关系冲突，将有利于增加其他因素对团队效能的正面影响，减少负面影响。在团队管理过程中，可以通过以下几个方面来做好冲突管理工作。

（1）制定冲突管理的基本规则。管理团队冲突的关键之一就是事先制定基本规则。具有丰富经验的高管教练罗比斯在被问及关于团队冲突的看法时曾说过："以往的经验并

没有告诉我们混乱一定会带来智慧,但是有时就是这么回事,然而,通过制定指导方针来帮助解决争议是个好主意。"最重要的规则是:冲突应该公开解决。尽量帮助团队成员形成这样的理念——要么直面冲突解决它,要么放弃冲突。在实际管理中,应当禁止私下传播、利用互联网扩大等方式让冲突脱离团队范围的行为。这就需要建立一个不断获得反馈的环境,那种环境下每个团队成员都有责任说明什么问题在困扰他们。为了防止事情变得过于个人化,可以重新安排团队成员的任务分配,使他们将注意力集中在问题上,而非团队成员彼此之间的人际冲突上。具体实施时可以采用"将事项写在白板上,将团队成员以白板为中心围成一个半圆,这样使他们团结起来对付冲突"的办法。

(2)坚持用事实说话,发挥榜样的作用。关注于事实能够使冲突富有成效而且不针对个人。团队中很多冲突产生的原因是由于人们有着同样的信息数据,但却有着不同的解读,或者一开始就有着不同的数据。所以,要帮助冲突中的团队成员弄清究竟发生了什么。有太多的这种情况,人们认为他们理解其他人的立场。不要继续想当然,而是要阐释每个人在说什么。这个简单的行为能够清除误解,并且能使交谈双方对对方的故事有着更开放的态度。然后,通过树立榜样,展示团队成员面对冲突应该表现出的行为。

(3)及时调解人际冲突。当冲突开始演变为团队成员个人之间的冲突时团队领导者要及时地进行调解。作为团队领导者,要与双方进行较深入的沟通,给他们提供看问题的不同视角。为了更好地进行团队成员的自我管理,最好在团队中培养一个兼负团队冲突的调解者角色的成员。当团队成员学会自己处理困难,他们会更高效,更有建设性地解决冲突,最终最大限度地为团队的创造性工作做出贡献。

(三)从当下做起,成为一名"管理者"

1. 提升口语表达能力

我们走向社会要同身边的人沟通,进入职场要同领导和客户沟通。因此,一个人只有具备较强口语表达能力,才能清楚地表达自己的意愿。我们要想提高自己的口语表达能力,简单的方法就是多加练习,如念报纸、写提纲、看新闻联播并进行复述等,都是有效提高口语表达能力的方法。

2. 提升写作能力

在职场中,我们经常需要写工作汇报、工作计划。因此,写作能力非常重要,能够完美地写出工作汇报,全面地写出工作计划,是一个人工作能力的重要体现。提高写作能力的方法主要是多写多练,在工作实践中不断完善自己的能力。

3. 提升组织能力

提升组织能力要求我们在职场中学会识人、用人、管人。识人,简单地说就是找别人的长处;用人,简单地说就是用别人的长处;管人,简单地说就是规避别人的短处。

4. 提升学习能力

我们在大学校园生活中获得的知识和实际工作中的技能要求有所差异。因此,当我们步入职场,要多阅读分析管理资料或者管理图书;在自己的工作和生活空暇之余,可以去参加一些成功人士的专场讲座,学习别人的成功经验。

5. 提升思考能力

思考问题涉及个人的性格,而性格又牵扯到一个健康的思想价值观。个人的思想价值观要吻合企业文化,个人要学会客观地、一分为二地去分析和看待问题,要学会科学地利用管理工具来分析工作中出现的问题。

本 章 思 考

1. 管理者应具备的领导力有哪些?

2. 如何培养自己的领导力?

第八章 创新:保险行业发展的迫切需求

创新是一个民族进步的灵魂,是一个国家兴旺发达的不竭动力,也是中华民族最深沉的民族禀赋。在激烈的国际竞争中,惟创新者进,惟创新者强,惟创新者胜。

——习近平

通过本章学习,学生应了解创新的概念、内涵及特点,明确创新对于保险行业发展以及从业人员的重要性和必要性;学会将创新当成一种习惯,发展自己的创新潜能;结合新型保险人才目标定位,培养自己的创新能力。

 **导读案例**

马云:站在创新的巅峰

马云,1964 年出生于浙江省杭州市,父母是"半文盲"。马云英语很好,13 岁起,骑自行车载着老外满杭州跑;自幼习武,喜欢打架,受伤缝过 13 针,挨过处分,被迫转学到杭州八中。18 岁,当马云想上北大的时候,他经历了第一次高考落榜,数学只得了 1 分。失利后,跟表弟到一家酒店应聘服务生,结果表弟被录用,自己惨遭拒绝,老板给出的理由是马云又瘦又矮,长相不好。后来马云做过秘书、搬运工人。再后来,不得不通过父亲的关系,蹬三轮车送书。19 岁,再次参加高考,再次落榜。20 岁,第三次高考,勉强被杭州师范学院以专科生录取。因专业招生未满,被调配进入外语本科专业。

谁能预料到 30 年后,这样一个履历丝毫不起眼的人能够成为中国首富? 2014 年 9 月,阿里巴巴集团在美国上市,首日市值即达 2 314 亿美元。阿里旗下拥有淘宝、一淘、天猫、聚划算等七大事业群,公司员工有 2.5 万人,全球的注册用户总量数以千万计。

马云成功的关键词就是"创新"。

1995 年,互联网还未进入中国之时,马云因一次偶然去美国出差的机会,见识了互联网。从此,他便下决心要从事互联网创业,当时他的朋友们都向他"泼冷水",因为"这玩意儿太先进,中国人不会买账的"。马云坚信自己的创新方向,创办了"中国黄页",是互联网上最早出现的以中国为主题的商业信息网站。

经历几次创业的成功与失败后，马云的创新思路逐渐成熟：用电子商务为中小企业服务。1999年春天，马云与其团队在杭州凑了50万元创办阿里巴巴，马云对仅有的18名员工说："我们要建成世界上最大的电子商务公司，要进入全球网站排名的前十位。"

几个月后，阿里巴巴在互联网上出现了，效果立竿见影。一个青岛商人，每年从韩国进口一种设备，他坚信设备的产地就在中国，但始终无法找到。后来他偶然发现了阿里巴巴，就在上面发了一条求购信息，不料几天之内就同该设备的中国厂家联系上了！令他惊奇的是，该厂家竟然就在青岛！一传十、十传百，阿里巴巴网站在商业圈中声名鹊起。马云到世界各地演讲："最终将改变全球几千万商人的生意方式，从而改变全球几十亿人的生活！"他在吸引到大量客户的同时也吸引人才和风险投资。

（资料来源：润通集团.马云：站在创新的巅峰[EB/OL]（2018-08-26）[2020-06-22]. http://www.sohu.com/a/112196403_465919.）

案例思考： 马云的创业史、阿里巴巴的成长史，说到底就是一部创新发展史。马云从一个只有几万元的创业者成长为中国首富，这惊人变化的背后，创新是成功的秘诀。创新让马云战胜了一个又一个看似不可战胜的难题，创新让马云实现了一个又一个看似不可思议的梦想。马云的故事告诉我们：创新是发展的源泉，创新是发展的动力。当代大学生只有善于创新，勇于创新，不断弘扬创新精神，推进创新举措，才能开创越来越广阔的未来。

第一节 创新对于保险行业发展的重要性和必要性

一、创新的理论基础

中共十八大报告强调要加快完善社会主义市场经济体制和加快转变经济发展方式，首次明确提出实施创新驱动发展战略，指出科技创新是提高社会生产力和综合国力的战略支撑，必须摆在国家发展全局的核心位置。此后，相继出台了《中共中央国务院关于深化体制机制改革加快实施创新驱动发展战略的若干意见》和《国家创新驱动发展战略纲要》，确定了"创新驱动发展"在经济社会发展中的核心地位。中共十九大报告再次强调创新驱动发展战略，突出其对建设创新型国家的重要意义。

（一）创新的概念

创新是指人们为了满足发展的需求，运用现有的信息，不断超越，去改进或创造新颖独特的有社会价值或个人价值的元素、思想、方法的活动。

从词源角度看，"创新"在《现代汉语词典》中解释为"抛弃旧的，创造新的"。"创新"一词最早见于《魏书》中,在《周书》《南史》等书中也曾出现过,但当时"创新"这一概念更多是指政治方面的改革、变革和改造,与当下强调的"在思想意识或科学技术方面获得新的东西"有较大的差别。英语中"创新"对应的是"innovation",其原意有三层含义:第一,更新,即除去旧的,换成新的;第二,创造新的东西;第三,改变,即事物产生差别。由此可见,在不同领域、不同时代,"创新"被赋予了不同的含义。

1. 经济学领域

约瑟夫·熊彼特的创新理论。一般意义上,当前提及的创新都源自熊彼特提出的创新理论。美籍奥地利裔经济学家约瑟夫·熊彼特在其 1912 年发表的著作《经济发展理论》中提出"创新"指"新技术、新发明在生产中的首次使用,是建立一种新的生产函数或供应函数,是在生产体系中引进一种生产要素和生产条件的新组合。这种组合包括:采用新产品或一种产品的新特性;采用一种新的生产方法;开辟一个新的市场;实现任何一种工业的新组织,或打破一种垄断地位。"这是"创新"在经济学领域的最早定义。

熊彼特的创新理论具有三层含义:其一,将创新视作一个经济学概念,即创新活动本身是实现价值增值的过程;其二,无论是新的生产要素还是要素的新组合,关键一环是要将其引入生产体系;其三,与传统经济发展理论相比,除了技术、市场、商业模式等影响因素,制度设计对经济发展至关重要。

2. 科学技术领域

1962 年,伊诺思在其《石油加工业中的发明与创新》一文中首次就"创新"给出明确定义,指出"技术创新是几种行为综合的结果,这些行为包括发明的选择、资本投入保证、组织建立、制订计划、招用工人和开辟市场等"。

3. 社会学领域

1995 年,欧盟在《创新绿皮书》中将创新定义为"在经济和社会内成功地生产、吸收和应用新事物,它提供解决问题的新方法,并使得满足个人和社会的需求成为可能,创新不仅是一种经济机制或技术过程,而且还是一种社会现象"。

由此可见,"创新"一词的含义十分广泛,从个体到群体,从科学技术到社会发展乃至人类文化变迁,只要涉及革新与改变,或者新的发现与发明,都可见"创新"的身影。

(二) 创新的内涵

习近平总书记在中央财经领导小组第七次会议上强调:"纵观人类发展历史,创新始终是推动一个国家、一个民族向前发展的重要力量,也是推动整个人类社会向前发展的重要力量。"当下,我国走出经济发展困境的根本出路在于创新,实现经济可持续发展的根本动力也在创新。

1. 创新驱动的基本概念

学术和政策研究领域提及的创新驱动大多遵从迈克尔·波特的创新理论。波特的创新驱动是基于要素驱动、投资驱动和财富驱动提出的。在此基础上,波特提出了"钻石模型",该模型主要包含两部分要素:一是关键要素,主要是生产要素、需求条件、相关产业与支持产业的表现以及企业的战略、结构和同业竞争的表现;二是附加要素,包括机会和政府(见图8-1)。这六种要素联系在一起,构成互相牵动、互相强化的复杂体系。基于这一理论模型,评价一个经济体是否实现了创新驱动发展,可以从两个角度出发,一是经济体是否形成了完整的"钻石体系",二是"钻石体系"内各关键要素是否交互明显。

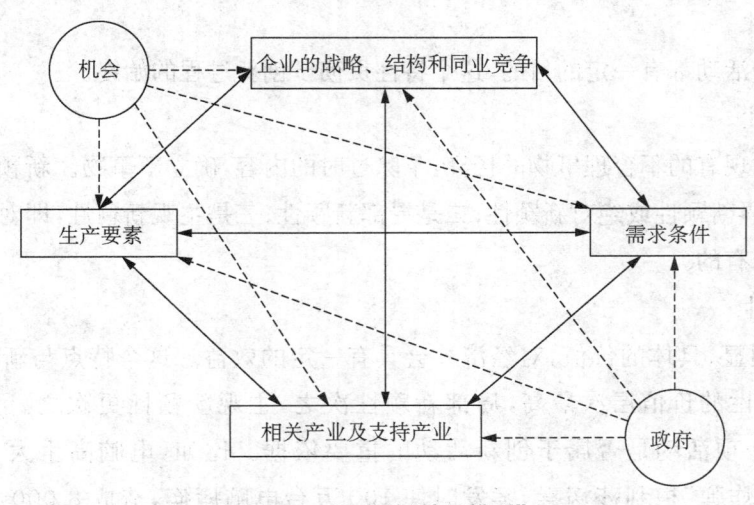

图8-1 波特的"钻石模型"

2. 创新驱动发展内涵

《国家创新驱动发展战略纲要》指出,创新驱动发展就是使创新成为经济发展的第一动力,包括科技、制度、管理、商业模式、业态和文化等多方面创新的结合,推动经济发展方式转向依靠知识、技术与劳动力素质提升,使经济形态更高级、分工更精细、结构更合理。由此可见,创新驱动发展内涵包括三个方面:①创新驱动发展将创新作为经济发展的主要动力;②创新驱动发展依靠知识、信息等创新要素投入打造经济发展优势;③创新驱动发展的目标是实现内生的可持续的经济发展。

3. 创新发展理念

中共十八届五中全会提出的创新发展理念,不同于一般技术层面的创新,也不只是科技经济领域的创新。它是中国共产党引领经济社会发展的重要指导思想,是指导国家发展全局的核心理念,涵盖理论创新、制度创新、科技创新、文化创新等各方面。其重要意义在于:①创新是党引领发展的重要指导思想。党的十八届五中全会明确将"创新"居于五大发展理念之首,把创新理念作为推动国家发展的指导思想和行动指南。②创新是引领国家发展全局的核心理念。创新对于整个国家现代化战略而言,事关当下,影响长远,关乎全局。当下,创新关系缓解经济下行压力,提振经济发展;近期,创新关乎2020年全面建成小康社会目标的实现;从长远看,创新决定第二个百年能否基本实现国家现代化。

③创新是推动经济社会发展的第一动力。创新理念的提出实质是解决发展动力问题,目前我国经济社会发展的"瓶颈"是旧动力不足、新动力缺乏。因此,迫切需要通过创新解决动力不足和动力创新问题,给经济社会可持续发展注入强大动力。

(三)创新的特点

1. 创新的主要特点

1)目的性

任何创新活动都有一定的目的,这个特性贯彻于创新过程的始终。

2)新颖性

创新是对现有的不合理事物的扬弃,革除过时的内容,确立新事物。新颖性包括三个层次:一是世界新颖性或绝对新颖性;二是局部新颖性;三是主观新颖性,即对创造者个人来说是前所未有的。

3)价值性

创新有明显、具体的价值,对经济社会具有一定的效益。这个特点与新颖性密切相关,世界新颖性的价值层次最高,局部新颖性次之,主观新颖性更次之。是否具有价值性是判断一项活动是否属于创新活动的重要依据。比如,电脑高手大卫·史密斯发明了"邮包炸弹"梅利莎病毒,案发时使 100 万台电脑瘫痪,造成 8 000 万美元的经济损失。由此可见,有些活动即使符合目的性、新颖性等特点,也不能将其视作创新活动。

4)变革性

创新是对已有事物的改革和革新,是一种深刻的变革。

5)超前性

创新以求新为灵魂,具有超前性。这种超前是从实际出发、实事求是的超前。

2. 创新的一般特点

1)风险性

创新是对一种创造性的构想付诸实践,在其实施过程中存在着诸多的不确定性,并且前期的准备投入巨大,也受到市场、政策和社会多方影响,创新的过程能否成功以及创新的结果能否带来经济利益都存在巨大未知可能。

2)高收益性

创新的高风险性意味着高收益,追求发展过程中的利润的最大化,这是创新的根本所在,一旦创新成功收益往往是巨大的。

3)时机性

创新需要客观的把握和利用时机,识别发展趋势,在危机中寻求机会,在机会中寻求突破,时机的准确把握会带来事半功倍的效果。

二、创新对于保险行业发展的重要性

新旧交替，时代变革，我国保险业的发展充满机会，充满挑战。中共十九大的召开，促使我国经济发展步入新时代，同时也对我国保险业提出了新要求。为积极应对挑战，确保行业平稳快速发展，2014年国务院在《关于加快发展现代保险服务业的若干意见》（以下简称《若干意见》）中明确提出，新经济常态下保险业的发展要加强产业经济结构调整，积极创新适应新常态发展的保险产品和服务的要求。为加强高素质、高专业技能水平的保险人才队伍建设，2015年国务院在《关于深化高等学校创新创业教育改革的实施意见》中又提出，高校要加强培养创新型人才的目标，以适应现代产业的创新发展。由此可见，中国保险业的发展需要资本，更需要具有"新思想、新观念、新知识、新能力"的创新型保险人才。

（一）创新：引领经济社会发展的第一动力

《中共中央关于制定国民经济和社会发展第十三个五年规划的建议》指出："实现'十三五'时期发展目标，破解发展难题，厚植发展优势，必须牢固树立创新、协调、绿色、开放、共享的发展理念。""创新"作为五大发展理念之首，是居于国家发展全局核心位置的重要理念，包含三方面的内涵：一是以技术创新为先导的科技经济创新；二是以体制、机制创新为载体的制度创新；三是以思维方式、观念理念创新为主要内容的思想创新。此后，党的十八届五中全会确立了创新、协调、绿色、开放、共享的新发展理念。新发展理念的提出，是在深刻总结国内外发展经验教训、分析国内外发展趋势的基础上形成的，是针对我国发展中的突出矛盾和问题提出来的，是推动经济高质量发展的理论引导和实践方向。创新发展是引领发展的第一动力，是国家发展全局的核心，"创新是一个民族进步的灵魂，是一个国家兴旺发达的不竭动力，也是中华民族最深沉的民族禀赋。在激烈的国际竞争中，惟创新者进，惟创新者强，惟创新者胜"。要实现经济高质量发展，必须抓住根本矛盾，用创新发展的理念建设创新制度体系、不断巩固和提升科技创新力量以及打造创新文化环境。保险作为金融体系的重要组成部分，是现代金融业的三大支柱产业之一，对经济社会的发展起到十分重要的作用，它的发展水平与整体社会经济的发展水平是相互联系、相互促进的。因此，实现经济高质量发展必然需要保险业运用创新发展理念建设创新制度体系、提升科技创新力量以及打造行业创新文化环境。

（二）创新：经济新常态下的内在呼唤

经济高质量发展需要创新驱动，经济新常态下的保险行业更离不开创新保驾护航。加快发展现代保险服务业，是适应新常态、推动经济提质增效升级的迫切需要，经济新常态下对现代保险业发展提出的新挑战：经济结构变化呼唤创新思维，经济增速放缓呼唤创新机制，经济创新导向驱动呼唤创新智慧。

1. 经济结构变化呼唤创新思维

一方面，经济结构变化催生了产业融合风险点，为了应对新经济常态下提出的产业结构升级,确保企业长远发展,保险公司必须通过产业融合①,一方面促进传统产业优化升级与发展;另一方面,加快产业的创新,提高产业竞争力和保险企业的竞争力。近年来,"互联网+"保险的应运而生也将保险产业带进一个新的发展方向。在互联网背景下,保险公司与其他产业的融合进程中,因经营体制和运作还没完全适应互联网化和转向电子行业的需求,经营手段和操作过程还不成熟和完善,新的经营风险应运而生;另一方面,经济结构变化促使保险资金进入一些新的投资领域。比如,越来越多的保险公司尝试跨境跨领域投资,面临着因利率变化和市场监管不完善而导致的市场风险和金融风险,存在着经济损失和财务风险,财务风险还将影响保险公司的名声和影响力,影响投保人对保险公司的信任度,使保险企业产生信用风险。面对新背景、新环境、新挑战,风险的准确评估、客观分析、积极应对,都离不开创新思路,从做好顶层设计出发,系统化、科学化地予以化解。

2. 经济增速放缓呼唤创新机制

一方面,经济新常态下经济增速放缓将直接影响保险需求,投保人的收入会随着经济增速放缓而相对降低,导致很多人可能没有太多闲置的钱去购买一份保险,这样导致保险公司的保费收入会明显降低,为了推出更加符合人们意愿的保险产品,保险公司唯有对理赔方面不断做出重大改革,如 2016 年车险新政策出台,全国正式实施商业车险改革工作。

另一方面,新常态下经济的放缓使得当代保险行业所面对的承保风险越来越大,尤其在蓬勃发展的信用保证保险的赔付上,保险公司面临承保风险持续增大的问题。然而,面对信用保证保险的迅速发展,我国整体信用风险评估模式较传统、效率低、信用体系建设不完整,有很多实际问题仍待解决,如评估信用价值问题,在技术性和针对性上要求很高,对从业人员的风险管理等能力有很高的技术要求。面对新常态,改革机制创新和人才培养机制创新刻不容缓。

3. 经济创新导向驱动呼唤创新智慧

一方面,传统保险产品面临饱和风向。根据《若干意见》中提出的推动保险产业内部经济结构调整,积极加强保险产品的创新以及服务的创新,不断提高保险公司的创新力和服务质量。经济新常态对于产品创新提出了更高的要求,经济增长更多依靠优秀人才和技术进步,保险行业的发展必须让创新成为新驱动力,从过去的数量和价格竞争逐步向差异化、高质量、优服务为主的竞争转化,因为保险公司的同质化竞争明显不利于整个保险市场的发展,传统的保险产品已经不能顺应国家时代发展的要求,也将越来越不能适应人们日新月异的保险需求。因此,传统保险产品急需完善和创新,防止保险产品市场的饱和。另一方面,传统保险人才面临人才更新的危机。2016 年 5 月中共中央、国务院印发的《国家创新驱动发展战略纲要》提出了企业和高校这两类创新主体的特殊作用,要不断

---

① 产业融合,一般由保险公司采取产业渗透和产业交叉策略实现,如保险公司成立基金公司、银行控股保险公司、保险公司收购银行及证券公司等情况越来越多。

加强创新，只有拥有高素质、高专业技能水平的创新型保险人才，为发展提供源源不断的创新智慧，才能提高保险公司的竞争力，适应保险公司未来的发展。

（三）创新：行业发展的核心要素

保险行业是现代服务业发展的重点，具有巨大潜力。加快发展现代保险服务业，能够激发社会创造创业动力，有利于增加就业、促进经济结构优化。特别是通过不断拓展保险服务功能，发挥保险资金的长期投资优势，发展"三农"保险、科技保险、出口信用、境外投资等保险业务，能够有效促进产业升级和经济结构调整，为打造中国经济升级作出积极贡献。根据《若干意见》的指导思想中提出的保险产品改革创新、开拓和活跃保险市场，建设富有创造力和市场竞争力的现代保险服务业的要求，保险市场急需大量保险创新型人才，为保险公司注入新的活力，让创新驱动保险公司持续稳定发展。

1. 保险行业定位提升需要创新

《若干意见》提出"保险是现代经济的重要产业和风险管理的基本手段，是社会文明水平、经济发达程度、社会治理能力的重要标志。"明确了保险的产业地位和功能作用，把保险业的战略定位提升到前所未有的历史新高度，即保险不仅仅是经济发展的必然产物，也是社会进步的必然要求，同时还是衡量一国社会治理能力的重要标准，要建设富强民主文明和谐的国家，就必然要发展一个与之相适应的现代保险服务业。新高度需要通观全局的战略眼光，需要新视野、新站位，从行业意愿上升到国家意志，作为我国经济社会发展总体布局中的重要一环加快发展。

2. 保险业新战略目标需要创新

《若干意见》提出："未来一个时期保险业的发展目标，到2020年，基本建成保障全面、功能完善、安全稳健、诚信规范，具有较强服务能力、创新能力和国际竞争力，与我国经济社会发展需求相适应的现代保险服务业。"保险行业正为推进保险大国向保险强国转变而努力奋斗，为全面实现"保险强国梦"，提高保险业的"创新能力"从中长期来看，目标包括：提高保险业在国民经济中的地位，为社会经济发展提供持久稳定的推动力；提高保险公司的核心竞争力，打造国际龙头的保险企业集团；构建系统、高效、与时俱进的中国保险公司制度体系等。从短期来看，目标包括：尽快解决内部制度中的一些突出问题；加快保险法制建设；优化产品及业务结构等。《若干意见》设定的目标实现起来有一定难度，但是经过创新驱动也是可以达到的。

3. 保险业服务领域拓宽需要创新

《若干意见》明确了发展现代保险服务业的主要领域，从资产负债表的两端进行了全方位的突破和创新。从负债端看，保险行业在一些重大领域有了突破性进展。一是养老保险和健康保险有了重大突破，特别是在个人税延型养老保险方面，明确了启动时间表，为保险业参与社保体系建设打开了巨大空间。二是巨灾保险有了重大突破，《若干意见》首次明确，要以商业保险为平台、以多层次风险分担为保障，建立财政支持下的巨灾保险制度。三是责任保险有了重大突破。《若干意见》强调要把与公众利益关系密切的环境污染、食品安全、医疗责任、实习安全、校园安全等领域作为责任保险发展重点。四是农业保险有了重大突破。《若干意见》提出,大力发展"三农"保险,创新支农惠农方式。发展多种形式的"三农"保险产品和农村普惠保险业务,拓展"三农"保险广度和深度。从资产端看,保险资金运用的政策更加灵活,服务的重点更加突出。一是创新保险资金运用方式。《若干意见》提出要促进保险市场与货币市场、资本市场协调发展。鼓励设立不动产、基础设施、养老等专业保险资产管理机构,允许专业保险资产管理机构设立夹层基金、并购基金、不动产基金等私募基金。二是支持民生工程和重大工程建设。《若干意见》提出,要充分发挥保险资金长期投资的独特优势,鼓励保险资金利用债权投资计划、股权投资计划等方式,在支持重大基础设施、棚户区改造、城镇化建设等民生工程和国家重大工程中发挥更积极作用。三是支持新兴产业发展。鼓励保险公司通过投资企业股权、债权、基金、资产支持计划等多种形式,在合理管控风险的前提下,为科技型企业、小微企业、战略性新兴产业等发展提供资金支持。未来,保险资金将具有更多维度的投资空间,保险资产管理将面临更多新机遇和新挑战。

三、创新对于保险行业发展的必要性

以上我们围绕创新的基本理论以及创新对于保险行业发展的重要性进行了讨论。在实践中,要将"创新需求"最终转化成"创新现实"以满足经济新常态下的行业持续发展的需求,始终离不开创新型保险人才队伍建设。换言之,即使具备了科学的顶层设计,一支只会因循守旧的从业人员队伍也是无法实现行业创新发展的。因此,创新对于保险行业发展的必要性着重体现在,为行业发展提供源源不断的具备创新能力的人力资本。但现实中,我国每年都会有数以万计的大学毕业生,由于种种复杂的因素导致不能顺利就业。有些人参与工作一段时候后感到枯燥、乏味,缺乏发展动力;相应地,服务企业对其就业满意度也较为低下,最终导致就业失败。细究失败的因素,往往是因为其不具备长期创新能力和意识,难以在规律性、程序性的工作中自发进行创新,寻找工作的新乐趣和新发展。当下,社会竞争尤为激烈,作为未来人才的大学生唯有从自身出发,充分、深入地理解为何个人发展离不开创新能力,才能形成长久的、持续的创新动力。

(一)行业发展需要培养创新人才

创新人才首先是人才,人才是指为社会发展和人类进步进行创造性劳动,在某一领域、行业或某一方面做出较大贡献的人。美国的一项研究表明,在校接受过创新能力培养训练的学生,其办事成功率比其他学生高出3倍。创新人才较之于一般人才,应当具有突破思维定式、采用新方法、新思想处理问题的能力,具有强烈的创新意识,丰富的知识积累、强烈的求知欲望、敏锐的洞察力、积极进取的性格等特点。根据高质量发展需求,我国在创新人才培养体制中还存在着严重问题,缺乏创新人才培养的大环境,对于创新人才的培养也缺乏有效的运行机制。总之,我国经济发展现阶段状况以及行业发展需求,迫切要求国家培养更多的创新型人才,深化科学技术改革,推进创新能力培养。

（二）人才的全面发展需要创新能力的提高

个体的创新素质是各项素质的核心,对于个人,由开发自己的创新能力来提高创业能力和生存竞争能力已是必由之路。大量实践证明,具有较高创造创新能力的人,工作适应面广,工作质量高,创造的效益远大于创造创新能力低的人。未来的社会千变万化,新知识、新事物、新问题层出不穷,一个人无论从事什么工作,都必须具备创造性地解决问题的能力。创新能力是充分体现人生价值的主要方面。大学生作为社会中单独的个体,处于科技日新月异、经济飞速发展的社会大变革时期,个人的发展与社会、国家的发展休戚相关,一个人的自我价值,只有与社会价值形成高度的统一才有意义,也才容易得以实现。因此,青年学子唯有清醒地认识到时代寄予自己的期望,自觉培养创新意识,锻炼创新能力,提高创造性地解决问题的能力,才不会被社会淘汰。

第二节　把创新当成习惯

 拓展案例

你有这些习惯吗？

请你仔细回忆在日常学习生活中的点点滴滴,看看是不是一直有或曾经有过以下这些行为习惯。

◆ 缺乏好奇心。具体表现为:更习惯于接收知识,对于不理解的信息也只是强加记忆或者一眼扫过,对于知识的掌握仅处在表层。

◆ 缺乏求知欲。具体表现为:遇到问题更习惯于不了了之,追求真理和渴望指导,掌握更多的技能的欲望不高。

◆ 缺乏怀疑精神。具体表现为:难以保持思维独立性,往往人云亦云;在行动上体现出被动的等候安排而不是积极主动性。

◆ 畏惧失败。具体表现为:在日常行为中,患得患失、害怕失败,在开展活动过程中不敢去冒险,会习惯于把书本上的经验作为自己做事的纲领。

◆ 习惯自我为中心。具体表现为:在日常行为中表现出自夸自耀、孤芳自赏,不喜欢听到别人批评的观点和意见。

◆ 不会自我调节。具体表现为:遇到挫折与失败时不擅于自我调节,不能适时调节自己紧绷的神经,不会自我放松紧张的情绪。常常带着低落的情绪,遇到事情容易手足无措。

◆ 行动缺乏目标。具体表现为:在开展一项工作前往往缺乏明确的目标,常常弄不清楚自己行动的目的和开展活动的对象等。

◆ 做事缺乏毅力。具体表现为：在实施既定目标的过程中，往往因为一些主客观因素而放弃或改变原有计划，遇到失败很难坚持继续下去。

◆ 做决定优柔寡断。具体表现为：在选择面前容易迷失方向，感觉自己内心需要倾听的声音太多，做事缺乏果断的魄力。

案例思考：北京大学教授黄楠森指出："创新人才最根本的品质是具有自觉的创新意识、具有缜密的创新思维和具有坚强的创新能力。"由此可见，具有一定的开拓精神及能力，是创新人才培必备的重要条件之一，然而创新能力并不是创新人才的唯一特质，仅仅具有创新能力还不能被称之为创新人才，在富有创新意识与创新精神的基础上，创新人才还应该具有严谨的作风、优良的品质、高尚的人格，通过艰苦卓绝的创新实践以取得杰出创新成果。以上所列的这些都是影响个体成为创新人才的非智力因素，与这些非智力相伴而生的惯性作用，往往更长久、更持续地影响创新人才品质发展的高低。

一、创新素养的构成要素及其特征

创新素养的构成要素包括知识结构、认知能力、创新意识、创新思维及创新人格特征。

（一）知识结构

知识是创新产生的必要条件但非充分条件。掌握大量知识并不一定就一定能实现创新，实现创新需要拥有高质量的知识和贯通性的知识结构。

1. 高质量的知识表征

（1）避免知识僵死：在储存知识时将所学的知识与知识应用的触发条件结合起来，形成条件性知识。当面临问题、任务时，能有效提取并应用有关知识。

（2）强化知识的结构性：将知识以分类、分层、排序的方式进行储存，加强上层的知识节点（抽象知识）与下层的知识节点（相对更具体的知识）之间联结。

（3）加强对策略性知识的把握。运用策略性知识监控思维的信息加工过程和任务完成过程，能够帮助人们选择恰当策略并优化执行过程。

2. 合理的知识结构

（1）基础知识：也称一般知识或外围知识，一般指社会生活各个领域的一般常识，是高深的专业知识的基础。

（2）专业知识：就是学科知识或圈内知识，是包括同一领域和同一方向的相关学科的联合体，是所从事的创造活动领域中的知识系列。

（3）哲学知识：高度抽象的知识结晶，是指导认识与实践的最概括的方法论。

（4）方法论知识：包括学习方法、记忆方法、思维方法、科研方法在内的知识，这些方法能使知识得到有效利用和开拓创新。

（5）创新技法知识：是人们根据创新活动的经验和创新思维发展规律总结和归纳的

实用性的创新技巧、方法及原理。

知识结构的合理程度直接影响创新思维的流畅性、变通性、新颖性和创造的优势。构建合理的知识结构有利于创新在实践和现实层面的真正实现。

（二）认知能力

认知能力是指人脑加工、储存和提取信息的能力，是人们把握事物构成、性能与他物的关系、发展动力、发展方向以及事物基本规律的能力。认知能力是人们成功完成各种实践性活动最重要的心理条件。认知能力与观察力、记忆力、想象力、思维力、操作力密切相关，并通过这些方面来反映。

1. 观察力

观察力是指主体正确观察对象、认识对象的能力，它可以体现个体在观察活动中表现出来的智力和观察水平的高低。作为主体的一种基本能力，在观察的敏锐性和准确性方面，不同主体间存在较大差异。创新需要敏锐的观察力，其主要特征有：①具有强烈的观察意识；②具有明确的观察目的和任务；③能制定出详细的观察计划；④能做到全神贯注，注意力集中；⑤能运用相关知识和科学的观察方法；⑥能做到观察的敏锐性、准确性、全面性；⑦能够吃苦耐劳，持之以恒。

2. 记忆力

记忆力是指人们对经验的识记、保持和再现的能力；从信息加工的角度看，记忆力指人脑对信息的输入、编码、储存和提取的能力，体现个体识记力、保持力和再现力方面的高低强弱。对于创新而言，记忆力是主体创新的基础和前提，积累经验，扩大知识和应用知识须通过记忆来实现。创新也须以记忆为基础，并在记忆品质上有所要求，其特征有：①记忆敏捷、记忆速度快；②记忆内容多，记忆广度大；③记忆准确无误；④记忆持久；⑤对记忆内容提取速度快。

3. 想象力

想象力是指人们在现有认识基础上，在头脑中加工、处理各种信息，构建新形象的能力。对创新而言，想象力的作用更加重要。人类任何创新成果，首先在头脑中以想象的方式呈现出来，经过思维加工，在实践中创新。创新思维借助想象和渗透着想象。爱因斯坦曾说过："想象比知识更重要，因为知识是有限的，而想象力概括着世界上的一切，推动着进步，并且是知识进化的源泉。严格地说，想象力是科学研究中的实在因素。"在现实中，每个人都具有想象力，但个体间的想象力有很大的差异，只有想象力丰富，做事积极主动的人，其实现创新的可能性才更大。

4. 思维力

思维力是指主体运用一定知识，通过理解、比较、分析、综合、抽象、概括、判断、推理、论证和表述，得出某种正确结论和问题解决方案的能力。思维力的高低取决于：①具有较强的理解力，能理性地把握对象本质，准确理解、领会外来信息意义；②具有较强的比较力,能很快地区分事物、对象,抓住问题的根本和实质,形成真理性认识;③具有较强的分析力,能够将反映于头脑中的对象分为不同部分、不同层次、不同要素、不同细节,进行定性的、定量的、因果的、结构的、关系的研究,从而更深入、更准确地把握事物内在联系及其本质属性;④具有较强的综合力,从宏观上形成对事物整体性质、整体特点和整体功能的认识;⑤具有较强的抽象力,即能舍去事物的非特有本质和次要属性,抽取其本质属性,并形成概念和范畴;⑥具有较强的概括力,即揭示出某一类事物的共同本质、共同规律,形成一般范畴和范畴体系,建立理论;⑦具有较强的判断力,即对事物属性、关系和功能进行判明和断定,并进行决策;⑧具有较强的推理力,即能够根据已有的知识经验,合乎逻辑地推演出新判断、新命题、新假设、新知识、新理论;⑨具有较强的论证力,即通过合理的判断、推理,使用正确的方法、策略对某一不确定性结论进行证实或证伪;⑩具有较强的表述力,即借助语言文字、公式符号、数据图表等表达思维过程和思维结果。

5. 操作力

操作力也称动手力或实践力,是指主体运用已有知识、技能,接受思维指令,调动自身各肢体,改变客体现存形态以适应主体需要的能力。从根本上来说,操作力是智力和脑力的支出,是手脑并用,表现了心理对生理的支配,是信息的输出和应用。具有较强的操作力和实践能力,是创新成功的保证,其主要特征有:①操作准确,偏差小;②眼明手快,动作敏捷;③各种操作动作协调,程序合理,技术到位,技巧熟练;④操作灵活,能根据客观情况变化及时调整操作程序、方式和操作过程。

组成认知能力的观察力、记忆力、想象力、思维力、操作力各个方面联合作用于主体的认知过程,在个体间形成差异性表现,从而也对人们的创新力产生不同程度的影响,实现创新则要对以上各个方面进行训练和提高。

(三)创新意识

创新意识指创新主体在不断运动变化的外界刺激下,自觉产生的改造客体现状的创新意愿、创新观点、创新思想等的总和,是一切创新的观念形态。创新意识不同于一般意识,它表现为勇于、敢于、善于破旧立新,它有利于创新活动的发生、进行和完成,是创新活动的反映,亦是创新活动的动力。

怀疑、超越、破旧立新是创新意识的根本表现;进步、发展是创新意识的价值要求;审美,使人得到美的享受是创新意识的追求;感性与理性的统一,显意识与潜意识的统一,智力与非智力的统一,知识与道德品质的统一,灵感直觉与分析综合的统一,各种具体意识创新品格的有机统一是创新意识的最突出特征。

(四)创新思维

创新思维是创新实践,是创造力发挥的前提。创新思维以新颖独创的方法解决问题的思维过程,通过这种思维能突破常规思维的界限,以超常规甚至反常规的方法、视角去思考问题,提出与众不同的解决方案,从而产生新颖的、独到的、有社会意义的思维成果。

具体而言,创新思维指主体在实践经验基础上,通过超常的思考方式,产生独特新颖认识成果的心理活动。

 拓展案例

即时贴的发明

1964年,美国3M公司的一位化学家斯宾塞·希尔弗希望研究出一种世界上最黏的黏胶,这种黏胶虽具有较大黏性,但却不易固化,用它来粘贴东西,即使过了很长时间也能轻易揭下来。当时,人们认为这种黏胶的研究是失败的,因为它不会有什么用途。

后来,3M公司的另一位化学剂工程师阿特·弗雷是教会唱诗班成员,他在星期天参加教堂唱诗班活动时,习惯在歌本里夹一张纸片以作认记,但纸片容易滑落,他常要弯腰从地上捡起来,十分麻烦。有一天弗雷在唱诗时突然想到,要是有一种能牢牢地粘贴在纸上,不用时又能轻易揭去的"书签"就好了。于是,他便萌生了要发明一种"永不掉落的书签"的念头,发明这种"书签"的关键是要有一种既能够牢牢黏着,必要时又能轻易揭去的黏合剂。

后来,弗雷找到希尔弗,两人一拍即合。经过一年多的研究和改良,一种粘揭自如的粘贴纸诞生了。1980年,3M公司正式将这种具有革命性的产品命名为"Postit"投入市场。时至今日,它仍风行全球,被评为20世纪改变人类生活的十大发明之一。

(资料来源:刘万辐.大学生创业与创新教程[M].天津:南开大学出版社,2016:61.)

案例思考:面对同一个问题,人们采取不同的思维方式寻求解决的方法,可能会产生完全不同的实际效果。比如在一般常规思维方式中,胶就应该有很强的黏性,否则就等于废品。然而,换个角度思考,开辟常规以外的新用途,可能会产生完全不同的实际效果。如何判断是否属于创新思维可以从创新思维的特征进行分析。

创新思维的主要特征包括:①突破性,即打破思维定式,怀疑批判已有观点理论;②新颖性,即使用了新材料、新方法,产生新思路;③独立性,即不迷信、不盲从,不屈服任何权威,不满足现成方法和答案,有充分的思维自主性和自由性;④综合性,即创新思维过程中同时包含逻辑思维、形象思维、发散思维、聚合思维、求同思维、求异思维、正向思维、逆向思维等不同形式,并运用观察、直觉、想象、灵感、假说等许多非思维形式,创造性地认识和构建新事物;⑤辩证性,即遵循辩证法原理,联系地、发展地看问题,不断调整思考问题的角度和方式,修正已有观点或结论;⑥开放性,即在创新活动过程中不断地吸收外界新信息,突破旧的思维定式。

总的来说,创新思维强调,一是能够产生创造性社会后果或成果;二是必须在思维方法、思维形式、思维过程的某些方面富有独创性。所以说，创新思维就是思维本身和思维结果均具有创造特点的思维。

（五）创新人格特征

人格特征是指在组成人格的因素中，能引发人们行为和主动引导人的行为，使个人面对不同种类的刺激，都能做出相同反映的心理结构。人格特质反映的是在不同时间与不同情境中，人们保持相对一致的行为方式的一种倾向，即跨时间性的和跨环境性的一致性。一个人创造性的发展及其显露，与其人格特性之间有极其显著的关系。根据各种研究和研究比较发现，各类具有创新潜质的人有着共同的人格特征：有强烈的求知欲，喜欢接受各种新事物；想象力极为丰富，富于幻想；对未知的事物怀有强烈的好奇心，敢于探索和发现，不满足于已有的成果和结论；坚韧不拔，执著追求，深知自己行为的价值；独立自信，反叛、不从众，不轻易相信别人的看法；自制力强，为达到成功目的能克服困难，并在此过程中体验快乐；不畏孤独，可以全身心投入自己所从事的事业中。

以上所分析的是创新素养的构成要素及其显著特征。这些构成要素包括知识结构、认知能力、创新意识、创新思维和创新人格特征，这些方面各自有不同的特征表现，但又同时构成创新素质的内容，是人才的创新素养中的重要组成部分。

二、创新素养发展的影响因素

人的创新能力的表现过程极为复杂，不是单一条件的作用结果，而是综合地通过创新素养的培育逐渐发展形成，创新素养的构成体系中，有与个体生理和脑机能相关的内在遗传因素，即内源因素，也有支持人的发展和帮助人的生命价值实现的外部环境因素，即外源环境因素，因此，研究创新素养发展的影响因素可分别从个体的内在遗传生理影响和外部环境条件影响两个测度进行。其中，内部影响因素直接与个体的生理功能和脑功能有关，而外部强化与影响作用主要来自家庭、教育、群体组织、社会文化等方面。

（一）内部影响因素

研究者们发现，创造性的高低与个体的生理机能上的差异有一定相关，主要差异由三种途径引发：低水平的皮质激活、脑的右半球比左半球相对激活，还有低水平的前额叶激活。而且，创造性个体之间只有在进行创造性活动时，才表现出以上三方面的差别，平时没有这些方面的差异表现。

（二）外部影响因素

影响创新发展的外源环境因素归纳起来有家庭、教育、群体组织和社会文化几个方面。这些方面构成了影响创新素养发展的客观因素，各有侧重地从各个方面对个体的创新素养发展产生影响，或许是积极的，也有可能是消极的。

1. 家庭的影响

家庭的历史、家庭的教育方式、父母的行为方式、父母的教养方式对一个人的创新发展都会有显著影响。

1) 家庭历史对创新发展的影响

相关研究证明,家庭代与代之间(一般是两代之间)在性情修养、兴趣爱好、价值观念、家庭传统、社会职业选择等方面的倾向性趋同。家庭的成长氛围和环境使得其子女自然地接近和有机会参与同一领域,这种由家庭成员的社会职业身份和角色所带来的影响,对其子女的影响是先入为主的,这种经由家庭组织带来的天然和便利条件,增加了其子女接近和参与这一领域的可能性。此外,家庭的遗传历史、父母的生育年龄、儿童的性别和出生次序、父母的工作种类和地位、家庭的宗教信仰、家庭资源的数量和种类等方面的不同,将对其子女未来的发展带来不同的影响,可能会使得来自不同家庭的个体之间存在发展程度上的差异。

2) 家庭教育方式对创新发展的影响

家庭教育的方式一般有三种,即压制型、溺爱型和民主型。其中,压制型和溺爱型的教育方式都不能调动孩子的自主性,容易使孩子养成顺从、依赖、无主见、创造性水平低等不良的行为表现。相对来说,民主型的家庭教育方式是以尊重子女的主体性发展倾向为特征的,对孩子的个性品质培养和创造动机的激活都有积极的影响,并支持子女积极参加各种活动,增加他们的身心体验,提高他们的创造性。

3) 父母的行为及教养方式对创新发展的影响

人的发展早期,正是各种行为习惯养成的时期,孩童的独立判断能力尚未发展成熟,对事物的认识停留在初级的感知阶段,主要通过模仿来适应不熟悉的环境,尤其是父母的行为方式更易为其子女所效仿,直接影响孩子的身心发展。

2. 教育的影响

根据教育活动的特点可以发现,对个体创新性产生影响的主要教育因素有教师、教学方式、课程结构、学业评价和教育环境。

1) 教师的影响

教师对学生创新性的影响体现在三个方面:教师的品格、教师的学识、师生之间的关系。教师品格有教师个人品格和教师职业品格之分。个人品格比如忍耐、体谅、兴趣广泛、宽容、合作、民主、具有强烈的求知欲和创新精神等,职业品格比如对知识和真理的坚持和追求,对学生的关怀和对教学的热爱,对专业水平的孜孜以求等。

2) 教学组织形式的影响

班级授课制是目前学校教育普遍采用的一种教学组织形式,其优点在于:能经济有效和大面积地培养人才;有利于学习活动循序渐进地进行;能够有计划、有组织地安排教学活动;能够发挥教师的主导作用。其不足在于:学生在学习中的主体性受到限制,探索、实践和自主创新较少;学生缺乏创新精神、创新思想和创新能力;学生的动手能力和实践性不强。为了弥补传统教学组织形式的不足,越来越多的课堂中尝试运用设计教学法、案例教学法、程序教学法、活动教学法等诸多新的教学组织形式,坚持以学生为中心,以活动为中心,以直接经验为中心,增强对学生创造能力的培养。

3）课程结构的影响

课程结构指的是在学校课程的设计与开发过程中,根据课程类型或具体科目组织在一起所形成的课程体系结构。课程体系的结构形态会直接影响学生知识结构的形成和结构特点,包括学科类别的种类、学科间的衔接程度、学科的应用性程度等都会对学生的知识学习和实践带来影响,而且个体所具备的知识结构是其创新的客观物质准备,在很大程度上决定个体创造性显现程度。

4）学业评价的影响

学业评价指依据一定的评价指标,采用某种工具和途径对学生学习和发展水平进行价值判断的过程。学业评价方式不仅具有判断作用,还具有导向作用,对学生来说,学生会按照评价标准的要求,调整自己的学习活动和努力方向。

5）教育环境的影响

教育环境是指在一个学校内部与教和学发生直接或间接关系的一切主客观因素。它所包含的范围非常广阔,既包括客观的物质条件,也包括主观的人文条件,还包括在教与学的过程中所涉及的人际关系、物流关系、服务关系等。比如外显的环境指图书、课堂、校舍等,内隐的环境指学习氛围、风气、交往关系等。环境是促成学生发展的重要条件,对学生具有潜在的影响和熏陶作用,通过创设良好的环境可以协助学校育人活动价值的实现,可以帮助学生能力和创新性的发展。

3. 社会文化的影响

每一个人都置身于某一特定的社会环境和文化环境中,这种外在环境构成了个体心理发展的重要背景。个体的社会性养成、个体的创造力发展皆与这一背景密切相关。社会文化是指某一特定人群所共同享有的并对社会群体施加广泛影响的各种文化现象和文化活动的总称,是一个具有地域特征、民族或群体特征的复杂系统,这一系统包括认知、行为、风俗、历史、价值观、规定、制度、各种语言符号等。在这些组成社会文化的因素中,其中对个体的创新能力发展产生基奠性影响的是观念和语言。观念在时间上具延续性,在空间上具有广泛性,融合了由集体成员共同演绎和广泛协同的思维范型和主观习惯,语言是构成个体思维的工具。这两个因素不仅造成个体间的发展差异,也带来了民族、国家和地区之间的文化差异。

三、发展自己的创新潜能

人的创新潜能的发展表现过程极为复杂,不是单一条件作用的结果。概括起来,可以把这些影响个体创造力和创新素养发展的因素划分为内源性因素和外源性因素两类,其中外源性因素以内源性因素为基础。作为人的创新素养发展条件的内源性因素指人的遗传生理特征和心理特征，这是创造力发生的先决条件，如果不具备内部条件，创造和创新也就无从说起。外源性因素指文化、教育、家庭、社会环境等，外源性因素是创造力被激发、与个体内在因素发生作用，产生创新结果的促成性因素。具有创新特性的人一般都具备结构合理的知识，具有综合的认知能力，具有善于破旧立新的创新意识，具有创新性思维，具有包含创新潜质的人格。

 拓展案例

一份缺少联系方式的招聘信息

上海某保险公司在报纸上刊登了一则招聘管培生的启示。应聘条件、工资待遇等内容一应俱全，参加笔试、面试等要求也非常明确。此次管培生招聘待遇优厚，机会难得。可让人疑惑的是，启示从头看到尾就是找不到联系方法。真是怪事，招聘启事哪有不留联系方法的？何况是行业中知名的保险公司。有些人认为这是招聘单位疏忽，或是报社编排错误，于是便耐心等着报社刊登更正或补充说明；也有些人认为，这是未经严格审核的虚假广告。

可是有三位应聘者见招聘的岗位适合自己，便不管是谁的疏忽而却努力尝试。小王在百度搜索引擎上输入公司名称，轻松地搜出了包括通信方式在内的公司的所有的信息。小张通过114查号台查出了该公司的办公电话，通过向公司人员咨询，取得了联系地址。小刘查找联系方式颇费了一番周折，他依稀记得该公司在某商业区有一个广告牌，于是骑车围着城区转了一个下午，终于找到了那个广告牌，找到了公司的地址和邮编。到招聘启事刊登的第三天，多数应聘者还是在眼巴巴地等着从当天的报纸中找到关于更正和补充的消息。小王、小张、小刘的求职信及有关招聘材料却已经寄到了公司人事主管的手中。

之后，人事主管与小王、小张和小刘相约面试。面试时，公司老总对三个人的材料和本人都表示满意，当即决定办理录用手续。此时，三人皆因如此轻松获得工作而颇感蹊跷，招聘启事中不是说要进行考试吗？带着这个疑问，他们向老总请教。老总拍着他们的肩膀说："试题其实就藏在招聘启事中，作为一名五百强保险公司的管培生，思路开阔和不畏疑惑是你们应该具备的素质。你们三个人机智灵活，在短时间内能另辟蹊径，迅速找到公司的联系地址，说明你们已经非常出色地完成了这份答卷。"

案例思考：我们常常会听闻各种知名企业"千奇百怪"的招聘方式，你也许没有经历过为"扶不扶那个椅子"而烦恼的面试现场，不会关注像案例中那样奇怪的招聘信息，那么当机会到来的时候，你敢不敢运用自己的创新习惯，给自己的未来一个机会？

（一）突破创新障碍

心理学家曾做过一个经典的关于"思维定势"的实验。研究者向参加实验的两组大学生出示同一张照片，但在出示照片前，对第一组学生说，这个人是一个十恶不赦的罪犯，对第二组的学生说，这个人是一位大科学家。然后，让两组学生各自用文字描述照片上的这个人的相貌。第一组学生的描述：深陷的双眼表明他内心充满仇恨，突出的下巴，证明他沿着犯罪道路顽固到底的决心。第二组的描述：深陷的双眼表明此人思想的深度，突出的下巴表明此人在认识道路上克服困难的意志。对同一个人的评价，仅仅因为先前得到的关于此人身份的提示不同，得到的描述竟然有如此戏剧性的差距。可见，思维定式对人们认识过程的巨大影响。心理学将定势视作人们心理活动的一种准备状态，是过去的感知对当前感知的影响。思维定式对人们思考问题有一定的帮助，它能省去许多思考步骤，有助于人们举一反三、触类旁通。据统计，思维定式可以帮助人们解决每天所碰到的90%以上的问题，这正是因为它是人们长期生活在某个环境中，反复思考同类问题所形成的思维习惯，使人们习惯于从固定的角度来观察、思考事物，以固定的方式来接受事物。但当人们面临新情况、新问题需要开拓创新时，它就会变成枷锁，极大地影响创造性思维，使人难以逃出思维定式的框框，好像进入封闭的轨道，这就是思维定式消极作用——创新学上也称为思维障碍。妨碍创新的思维障碍主要包括经验定势、权威定势、从众定势、书本定势等。

1. 经验定势

经验定势是指人们不自觉地用某种习惯性的思维方法思考已经变化的问题。经验和习惯是日常生活和工作的好帮手，要是没有个体与群体经验的积累，人和社会的完善和进步是不能想象的，但是经验和习惯一旦成为定势就变成了创新的枷锁。

2. 权威定势

思维中的权威定势是指在思维过程中盲目迷信权威，以权威的是非为是非，缺乏独立思考能力。权威定势有积极意义，节省了人们无数的时间和精力，比如有了欧几里得，人们不必每次重头研究几何学；有了气象台，人们不必天天去看云识天气。但是得到强化与泛化的权威定势就有了弊端，它阻碍了创新思维，在权威的鼻息下生活习惯的人，习惯于听从权威奉命行事而失去了独立思考的能力，一旦失去了权威，就会感到不自信、不安全。

3. 从众定势

思维中的从众定势是指人云亦云，没有或不敢坚持自己的主见，时刻以众人的是非为是非，时刻与群体保持一致。比如人们在社会化过程中，为什么结婚？为什么生孩子？为什么从政？为什么要开会？为什么做报告？为什么要穿这样的衣服？为什么要如此装修？从众定势来源于人类个体与群体保持一致的行为准则的泛化，在一定程度上用以消除孤单和恐惧等心理。

4. 书本定势

书本定势是指人对书本知识的完全认同与盲从。书本知识是纯化的知识，是经过头脑的思维加工之后所形成的，往往表示一种理想的状态，与现实往往存在一定的差距。例如，有一个饱读诗书十多年的秀才，身体很弱，有一次出门遇到了一条小溪，他想过去可既没有桥也没有渡船，怎么办呢？他问对面正在干活的农夫，农夫说："这还不简单，你一跳不就过来了吗？"秀才想到书上写的"跳者，双足并拢往前一蹬"，就照样一跳结果掉到了河里。他气急败坏地对农夫喊道："尔小人也。"农夫说："你不会用单脚跳吗？"秀才反驳说："尔跃也，非跳也，尔小人也！"虽是个笑话，实际生活中却不乏这样的"秀才"。

此外，非理性定势、自我中心定势等也是创新思维障碍。其中非理性定势是指思维过程中人偏离了理性的引导而处于感情与欲望情绪、潜意识等因素的支配下，无法清醒而准确地把握事物和问题；自我中心定势是指人想问题、做事情完全从自己利益和好恶出发，主观武断，不顾他人的存在和感觉。

没有突破就没有创新，没有创新就没有活力，没有活力就缺乏生命力，所谓突破就是打破旧的传统、习惯、经验等思维定式，使思维创新产生质的飞跃。所以创造性思考中，无论是先碰到的问题，还是老问题，都需要有新的思考程序和新的思考步骤。作为一种对问题的创造性思考方法，突破定势思维有助于打破各种束缚，充分发挥人们的想象力和创新能力，使人们产生许多出人意料的新思想。新思想、新方法要突破定势思维，就要有意识地抛开头脑中以往思考类似问题所形成的思维程序和模式，使思维迸发创造性的火花。

（二）创新的自我训练

1. 求异思维的自我训练

创新思维训练并不难，关键是要通过练习形成一种崭新的思维习惯，在遇到问题时能用创新的眼光来看待和分析这些问题。训练伊始，可以从身边的工作生活开始，或者看到什么事都可以想一想：难道只能这样吗？还能做哪些改变？有没有用其他的方法处理呢？这种思维一旦形成习惯，对思维训练是非常有帮助的。在进行训练的时候，采用看到什么就拿什么提问，遇到什么提问，就拿什么问题说事的办法，每天都要做练习，同时也做记录，先不管问过之后的新想法是否有价值，先让思维形成一种习惯。

2. 扩散思维的自我训练

扩散思维怎样去做自我训练？所谓的扩展思维，是从一个集中的点向四周扩散的一种思维方式，也称为发散思维。扩散思维在整个思维的过程中是不受任何约束的，也就是说在思维的过程中它们范围是比较宽的、方向是多元的，能够在思维的过程中捕捉到更多的信息，寻找到解决问题的更多的途径。如果将扩散思维的方式用于创新，那么就是针对创新能力的扩展、扩散思维在创新能力的培养上，具有非常重要的作用。扩散思维能力的高低，直接影响创新能力的高低。在训练扩散思维的时候，比如说使用一种工具，这种工具能够在哪些方面使用，能够以多种怎样的方式进行使用，想象的越多，证明扩散思维的能力就越强。比如说手机,手机的用途有哪些方面?考虑得越多,思维就越扩展,思维就越强。再比如说平常听到的铃声,那么铃声有多少功能呢?铃声的功能都体现在哪些方面呢?它主要应用于哪些领域呢?可以围绕这个展开想象来进行思维能力的培养。

3. 集中思维的自我训练

集中思维实际上是个人在扩展思维的基础之上,把所获取的一些信息重新进行归纳、整理、组织,然后得出正确处理问题的方案。通过这种集中思维的方式,我们可以找到解决问题的最佳方式。那么,该如何培养集中思维能力呢?遇到一个问题的时候,要尽可能地先使用扩散思维,尝试用多种方式解决这些问题,然后再对各个解决办法进行比较,选择一个最好的解决办法。实际上,这个过程就是对扩散思维和集中思维同时进行了训练。

4. 联想思维的自我训练

联想就是指从一种事物想到另外一种事物的心理过程,联想可以是概念与概念之间的联想,也可以是方法与方法之间的联系,还可以自行想象形象之间的联想。比如,看到地上潮湿的时候,可以想象到下雨、多云;看到树动的时候,可以联想到刮风。联想的本质实际上就是事物之间存在的联系,在观察两个事物的时候,它们之间要么有直接的联系,要么有间接的联系,这就给联想思维提供了一个依据。联想的类型一般分为相关联想、相似联想、对比联想。联想的方法一般有自由联想法、强制联想法、仿生联想法。

(1)自由联想法。顾名思义,就是在思维方面不受任何限制的联想,可以从多方面、多角度、多方位、多种可能性等,寻找最佳的解决问题的办法或方案。

(2)强制联想法。就是给出固定的两个事物,然后从中找出它们之间的联系。比如一本书和一个桌子,怎样才可以把两者联系在一起呢?可以这样想,书可以放在桌子上,或者书里面可以画上一张桌子。

(3)仿生联想法。就是通过研究生物的技能,或者是结构特征等,来设想创造一种对象的方法。像自然界中的飞鸟,通过联想想象可以制造飞行器。仿生学通过仿生而创作的产品可以说举不胜举。

第三节　保险人才创新能力培养

 拓展训练

了解自己——创新人格测试

美国普林斯顿创造才能研究公司总经理、心理学家尤金·劳德塞,根据几年来对善于思考、富有创造力的男女科学家、工程师和企业经理的个性和品质的研究,设计了下面这套简单的试题,试验者只要 10 分钟的时间,就可知道自己是否具有创造才能。

在每一句话后面,用一个字母表示你同意或不同意。

(1) 同意的用 A,不同意的用 C,不确定或不知道的用 B。

(2) 回答必须准确、忠实,不要猜测。

一、测试题目

1. 我不做盲目的事,也就是我总是有的放矢,用正确的步骤来解决每一个具体问题。

2. 我认为,只提出问题而不想获得答案,无疑是浪费时间。

3. 无论什么事情,要我发生兴趣,总比别人困难。

4. 我认为,合乎逻辑的、循序渐进的方法,是解决问题的最好方法。

5. 有时,我在小组里发表的意见,似乎使一些人感到厌烦。

6. 我花费大量时间来考虑别人是怎样看待我的。

7. 做自认为是正确的事情,比力求博得别人的赞同要重要得多。

8. 我不尊重那些做事似乎没有把握的人。

9. 我需要的刺激和兴趣比别人多。

10. 我知道如何在考验面前,保持自己的内心镇静。

11. 我能坚持很长一段时间解决难题。

12. 有时我对事情过于热心。

13. 在无事可做时,我倒常常想出好主意。

14. 在解决问题时,我常常单凭直觉来判断"正确"或"错误"。

15. 在解决问题时,我分析问题较快,而综合所收集的资料较慢。

16. 有时我打破常规去做我原来并未想到要做的事。

17. 我有收藏癖。

18. 幻想促进了我许多重要计划的提出。

19. 我喜欢客观而又理性的人。

20. 如果要我在本职工作之外的两种职业中选择一种,我宁愿当一个实际工作者,而不当探索者。

21. 我能与自己的同事或同行们很好地相处。

22. 我有较高的审美感。

23. 在我的一生中,我一直在追求着名利和地位。

24. 我喜欢坚信自己的结论的人。

25. 灵感与获得成功无关。

26. 争论时,使我感到最高兴的是,原来与我观点不一的人变成了我的朋友。

27. 我更大的兴趣在于提出新的建议,而不在于设法说服别人接受这些建议。

28. 我乐意独自一人整天"深思熟虑"。

29. 我往往避免做那种使我感到低下的工作。

30. 在评价资料时,我觉得资料的来源比其内容更为重要。

31. 我不满意那些不确定和不可预言的事。

32. 我喜欢一门心思苦干的人。

33. 一个人的自尊比得到他人敬慕更为重要。

34. 我觉得那些力求完美的人是不明智的。

35. 我宁愿和大家一起努力工作,而不愿意单独工作。

36. 我喜欢那种对别人产生影响的工作。

37. 在生活中,我经常碰到不能用"正确"或"错误"来加以判断的问题。

38. 对我来说,"各得其所""各在其位"是很重要的。

39. 那些使用古怪和不常用的词语的作家,纯粹是为了炫耀自己。

40. 许多人之所以感到苦恼,是因为他们把事情看得太认真了。

41. 即使遭到不幸、挫折和反对,我仍然能对工作保持原来的精神状态和热情。

42. 想入非非的人是不切实际的。

43. 我对"我不知道的事"比"我知道的事"印象更深刻。

44. 我对"这可能是什么"比"这是什么"更感兴趣。

45. 我经常为自己在无意之中说话伤人而闷闷不乐。

46. 纵使没有报答,我也乐意为新颖的想法而花费大量时间。

47. 我认为,"出主意没什么了不起"这种说法是中肯的。

48. 我不喜欢提出那种显得无知的问题。

49. 一旦任务在肩,即使受到挫折,我也要坚决完成。

50. 从下面描述人物性格的形容词中,挑选出 10 个最能说明你性格的词。

精神饱满的	有说服力的	实事求是的	虚心的
观察力敏锐的	谨慎的	束手束脚的	足智多谋的
自高自大的	有主见的	有献身精神的	有独创性的
性急的	高效的	乐意助人的	坚强的
老练的	有克制力的	热情的	时髦的
自信的	不屈不挠的	有远见的	机灵的
好奇的	有组织力的	铁石心肠的	思路清晰的
脾气温顺的	可预言的	拘泥形式的	不拘礼节的
有理解力的	有朝气的	严于律己的	精干的
讲实惠的	嗅觉灵敏的	无畏的	严格的
一丝不苟的	谦逊的	复杂的	漫不经心的

柔顺的	创新的	实干的	泰然自若的
渴求知识的	好交际的	善良的	孤独的
不满足的	易动感情的		

二、计分方法

以上50个题目的计分不一,1～49题的具体计分方法见表8-1。

表8-1　1～49题计分方法

题目	A	B	C	题目	A	B	C
1	0	1	2	26	−1	0	2
2	0	1	2	27	2	1	0
3	4	1	0	28	2	0	−1
4	−2	0	3	29	0	1	2
5	2	1	0	30	−2	0	3
6	−1	0	3	31	0	1	2
7	3	0	−1	32	0	1	2
8	0	1	2	33	3	0	−1
9	3	0	−1	34	−1	0	2
10	1	0	3	35	0	1	2
11	4	1	0	36	1	2	3
12	3	0	−1	37	2	1	0
13	2	1	0	38	0	1	2
14	4	0	−2	39	−1	0	2
15	−1	0	2	40	2	1	0
16	2	1	0	41	3	1	0
17	0	1	2	42	−1	0	2
18	3	0	−1	43	2	1	0
19	0	1	2	44	2	1	0
20	0	1	2	45	−1	0	2
21	0	1	2	46	3	2	0
22	3	0	−1	47	0	1	2
23	0	1	2	48	0	1	3
24	−1	0	2	49	3	1	0
25	0	1	3				

第50题的评分标准如下。

(1)下列形容词每个得2分。

精神饱满的	观察力敏锐的	不屈不挠的	足智多谋的	柔顺的
有主见的	有献身精神的	有独创性的	感觉灵敏的	无畏的
创新的	好奇的	有朝气的	严于律己的	热情的

(2)下列形容词每个得1分。

自信的	有远见的	不拘礼节的	不满足的	一丝不苟的
虚心的	机灵的	坚强的		

（3）其余的得 0 分。

三、结果分析

将分数累计起来，结果分析如下。

（1）110～140 分：创造性非凡。

（2）85～109 分：创造性很强。

（3）56～84 分：创造性强。

（4）30～55 分：创造性一般。

（5）15～29 分：创造性弱。

（6）－21～14 分：无创造性。

　　通过第一节学习，我们了解了加强保险产品的创新力度和保险人才的服务创新是保险公司提高竞争力的重要源泉，也是新经济常态下面对经济放缓压力的必然措施。通过第二节学习，我们明确了人人具有创新潜能，只要采取合适的方法，创新能力都可以大幅度提高。下面，我们一起来学习第三节，为将自己打造成一个具有创新能力的保险人才做好准备。

一、新型保险人才目标定位

　　要完成国家赋予的新使命，跟上飞速发展的新时代，保险业必须树立大经济、大金融、大服务、大安全、大保障、大健康的新观念，从国家发展和政府需要出发，突破自我，重新布局，重新评估自身的能力，发挥优势，挖掘潜力，实现组织创新、产品创新，特别是观念创新，这是一场考验每一位保险从业者的"保险新文化运动"。要确保这场"运动"大获全胜，需要一支具备"新思想、新观念、新知识、新能力"的创新型保险人才队伍。

（一）新型保险人才是新视野者

　　新型保险人才眼里的保险业不只是"收收保费，付付保险金"，他们必须从思维出发进行全新思考：保险应当如何充分发挥自身职能，服务"一带一路"、服务"消除贫困"，如何促进"医改和医养结合""宜居养老，幸福晚年""保险办医院，保险办养老院"，中国保险业的经营观念和思考正在发生质的变化，"保险姓保，保险让生活更美好"理应成为创新型保险人才所坚持和恪守的行业准则。

（二）新型保险人才是未来型人才

　　新型保险人才应关注行业趋势，不仅要思考如何不断地通过培训、激励，实现业绩的更大突破，而且要不断寻找新的、长期可持续发展的更大空间。"保险职业经理人未来在哪里？保险营销员的未来在哪里？"这些都是他们思考问题清单中的重要组成部分。新型保险人才会紧盯"已经发生和将要发生的事情"——人工智能、基因工程、电话革命、超音速交通、城镇化，以及中国梦、健康中国等。

（三）新型保险人才是跨界者

新型保险人才更关注融合，他们理解"科学具有局限性，技术具有副作用"，深知任何宏伟的事业，都不可能在某一个行业或一个专业里单独实现，社会创新、技术创新尤其如此，这是一个前赴后继的事业。保险风险、保险对象、保险责任、保险需求总是随着社会经济、科学技术乃至习俗法规的变化而变化，其影响因素是多元的。因此，保险服务需要专才，更需要通才。

（四）新型保险人才是研究者

新型保险人才更注重开拓创新。实践表明任何创新都是通过研究来实现的。创新不是一句口号，创新有明确的目的，需要全面思考与计划，找准定位充分发挥自身优势，关注需求、关注市场。当前中国正在脱离千年农业社会，走向全新经济和新社会，其中最大的变化是服务业将成为经济发展的火车头，这是美好生活的重要条件，知识经济、数码经济、网络经济、新经济正在让中国超越发达资本主义，保险业也不能停留在"劳合社"时期，需要找到与新经济的结合点。因此，新型保险人才必须成为理论研究和开发性实践相结合的工作者。

（五）新型保险人才是实践者

新型保险人才不是异想天开的魔术师，必须依靠深度思考，广泛地观察，调查研究是他们的日常工作和手段。他们是知识工作者，依靠专业知识以探讨未知，学习新知识，创造新产品、新思想。他们重视方法论，努力把正确的思想转变为实践。新型人才的实践，建立在对机会和挑战分析的基础上，既有理性认知，又富于感性体验。他们不盲从，不再摸着石头过河。他们将全部智慧用在寻找：客户利益，参与者的利益和国家利益的平衡点，明确的目标，可操作的规划和计划。细致入微地思考使他们的实践更加接地气，措施更加有针对性。

二、努力成为新型保险人才

新型保险人才目标定位对人才培养提出了空前的高标准、严要求，面对新形势、新挑战，作为高校大学生，应当不断完善自身知识结构、提高自身认知能力、培养自身创新意识、训练自身创新思维、优化自身人格特征，调整好各项外部因素，努力将自己打造成符合目标定位的新型保险人才。

（一）打好创新能力基础

"保险服务需要专才，更需要通才。"保险业的发展，使得保险业内部分工越来越具体，对人才的要求越来越高。

1. 具备基础能力

作为保险专业学生首先要注重培养自身的理论水平、分析能力和学习能力，提高自身的思考力、洞察力和创造力,培养自身适应社会的能力;其次要强化基础课程的学习,特别是有关经济的基础如经济学、金融学以及数学、统计、管理、营销等基础学科知识。此外,除了做好本专业的知识吸收,还要从低年级开始就构筑大金融范畴的知识架构,了解不同保险业务对专业知识的需求(见表8-2),使自己的知识结构更具复合型,更具广泛性。

表8-2 不同保险业务对专业知识的需求

保险业领域	保险专业对课程的需要
财产保险领域	法律知识;核保事务;理赔事务;运输工具及航运基础;涉外保险函电的写作;巨灾保险产品的分保;保险数据库的应用
人身保险领域	寿险营销课程;投资理财课程;保全和收展方面的知识;核保理赔知识;医学知识;法律知识

2. 加强专业能力

除按险种划分为寿险人才和产险人才外,作为保险专业学生还可以根据不同主体对人才的客观需要,结合自身兴趣将自己打造成某一领域的专业人才。这些专业人才的方向包括:保险公司专业人才、保险中介机构专业人才、投保人专业人才、保险监管专业人才、保险评级专业人才、保险审计会计专业人才、社会保险专业人才等(见表8-3)。

表8-3 保险专业培养目标定位

培养方向	需求主体	主要培养目标
保险公司专业人才	保险公司、外资保险代表处	熟悉保险业务,通晓保险公司经营管理、风险管理和资金运用等知识
保险中介机构专业人才	保险代理、经济和公估机构	熟悉各种险种和保险市场,通过保险中介业务开拓市场
投保人专业人才	投保人、投保人联合组织、消费者协会等	熟知投保人各项权益,懂得利用保险产品规避风险,选择最佳保险方案,掌握保险纠纷和消费者维权的各种知识
保险监管专业人才	保险监管部门、保险行业协会等	保障不同群体利益,制定各项制度法规,保证保险市场的正常运转,掌握涉及保险市场宏观调控
保险评级专业人才	保险评级公司、综合性咨询公司等	熟悉保险公司的各项评级指标,了解保险市场发展,通过保险评级获得企业价值最大化
保险审计会计专业人才	保险公司、会计师事务所、金融投资公司、监管部门等	掌握保险公司和保险合同相关财会、审计知识
社会保险专业人才	社会保险管理中心	掌握社会保险理论、社会保险法律制度熟练进行年金管理和社保规划
其他保险专业人才	高等学院、研究机构、新闻媒体	掌握保险教育理论,熟悉保险研究方法,提高社会公众的保险意识

充分把握如何为自己打造一份以用人单位需求为导向,能够帮助自己尽早踏入行业的课程学习"科学配菜"体系(见表8-4),在"啃好书本"这份基础"干粮"的同时,紧扣市场需求,强化专业能力,锻造好自己的就业"猎枪"也至关重要。

表8-4　保险行业创新人才培育课程"科学配菜"体系

公共实务课		专业实务课	
行业前沿(宏观、中观、微观)		寿险营销课程	交通法律法规
办公软件精修(PPT、EXCEL、H5、自媒体等)		寿险公司会议运作与实践	财险公司渠道运作
有效沟通实务	寿险领域	投资理财课程	保险法与理赔实践
保险医学		寿险产品体系	运输工具及航运基础
演讲能力锻造		保险合同解读	汽车知识
保险法实务解释		公文写作与训练	建筑工程学基础与预算
公文写作		寿险公司经营与管理	财险公司经营与管理
公司内训		寿险核保理赔	财险核保理赔

3. 培养跨界能力

"互联网+保险"行业的迅速发展,为具备"计算机+专业能力"的未来保险通才们搭建了施展身手的舞台。互联网对保险行业最大的颠覆就是经营理念从"产品思维"到"用户思维"的改变,在"用户思维"模式下,好的消费体验、个性化和按需定制的产品、跨界的资源整合和服务能力成为竞争的关键,具有跨界思维和技能成为数字经济时代保险人才的新要求。知识结构方面,"互联网+"背景下,保险人才需要拥有获取、理解与整合数字信息的能力,下面就让我们共同来打造一份知识结构获取计划。

延伸阅读

"互联网+"保险人才知识结构获取计划

低年级(大一至大二)——培养数字金融通识能力

(1)学习计算机与网络基础知识课程。

(2)开展文献检索与专题训练。

(3)参加创新创业类课程。

(4)开展"互联网+金融"等为主题的社会实践。

(5)逐步掌握数字化营销知识、互联网理财知识、大数据风控和大数据精算等理念等。

中高年级(大二至大三)——打造"互联网+保险"专业能力

(1)学习数字经济专业课程,如互联网金融、互联网保险、电子商务、互联网产品用户体验等。

（2）学习互联网专业课程，如网站推广、平台开发、大数据应用等。

（3）学习互联网实践课程，如互联网金融实训、电子商务实训。

（4）参与"互联网＋"为核心的科创竞赛活动。

（5）开展定向实习。

（6）开展专题研究。

（7）根据就业方向获取必要的职业资格证书。

高年级（大四至就业）——配套与"互联网＋保险"人才相适应的综合素养

（1）在专业实习中培养跨界思维、团队协作能力、人际沟通能力等。

（2）根据岗位需要构建新知识结构。

（二）掌握创新方法工具

在具备知识结构的同时，更要学会如何思考，在应对新情况和解决新问题的时候，懂得用什么样的方法和工具分析理解问题。总的来说，具备创新潜质的保险人才需要掌握的认知能力和实现方法应该包括三大类：保险学基础理论、现实主义的实证方法和行业所需基本技能与工具。

1. 掌握保险学基础理论

根据不同发展方向，结合自身兴趣，通过对保险学基本课程的学习，理解各种保险现象，掌握新的保险知识和解决保险实务问题的核心技能。

2. 掌握现实主义的实证方法

保险行业人才所需具备的现实主义的实证方法是指通过对概率统计、计量经济学、宏观微观经济学和计算机课程的学习掌握运用数据分析说明问题的一种实证分析方法。

3. 掌握行业所需基本技能与工具

保险行业人才所需具备的基本技能与工具是指通过对外语、写作、营销与谈判技巧等基本技能的训练，在以后工作中更好地应对新情况和解决新问题。

（三）提升创新实践技能

保险行业需要的创新型人才不仅要具备一定的专业知识，掌握一定的创新方法，而且要具有较强的动手能力和实践技能，能够保质保量地将知识转换为成果。因此，未来保险人才还应着眼于提升自己的动手能力和实践技能。

1. 多向求异的思维

多项求异的思维是创新和成功的基础。保险人才应在追求目标的过程中不受思维定式的影响，在人们司空见惯、习以为常的事务中发现问题并提出问题，敢于对人们认为理所当然的现象和权威的论断提出质疑。

2. 强烈的好奇心

好奇心是创新的起点动机和驱动力。保险人才应在了解事物本质真相的过程中始终保持好奇心,保持坚强的毅力和持久的耐心。

3. 明确的目标

明确的目标是创新思维的源动力。保险人才应树立明确的目标,并为达到这一目标而艰苦奋斗,敢于冒险和克服困难,攻克一道道难关。

4. 恒久的耐心

保险人才在追求创新的过程中应始终保持对目标实现的高度期待,保持恒久的耐心。

5. 坚强的意志

意志是人与动物的区别之一,是人成功的必备品质,是创新的核心要素。保险人才应具备坚强的意志。

6. 坦诚的合作意识

保险人才在创新实践中应通过必要的分工和配合,与他人进行合作,获得他人的支持和帮助,以满足新时代对保险人才跨界合作的要求。

7. 敢于献身的精神

保险人才要在充满曲折、风险和危险的创新探索过程中拥有追求真理、实现创新的献身精神。

8. 勇于实践的精神

实践是创新的根本途径,是检验创新能力和创新活动成果的标准。保险人才要将实践作为一种习惯,培养勇于实践的精神。

本 章 思 考

1. 创新思维的训练方式有哪些?

2. 创新能力包括哪些方面? 如何全方位培养自己的创新能力?

参 考 文 献

[1] 孙春晨.保险从业人员职业道德[M].2 版.广州:广州信平市场策划顾问有限公司,2010.

[2] 刘可风.自利与他利的和谐统一——浅论保险伦理[J].道德与文明,2006(6):24.

[3] 陈璟菁.保险职业道德决策模型及其影响因素分析[J].技术经济,2012(1):43.

[4] 李逸楠.保险从业人员职业道德[D].成都:西南石油大学,2014.

[5] 雷五明.绝不迷茫:青年职业心理测评与生涯规划[M].武汉:华中科技大学出版社,2005.

[6] 林瑞青.大学生职业规划与职业素养[M].北京:中国人民大学出版社,2014:26.

[7] 谢洪.运用冰山理论构建职业素质培养的完整体系[J].广西教育,2012(8):180-182.

[8] 刘烨.马斯洛的人本哲学[M].呼伦贝尔:内蒙古文化出版社,2008.

[9] 中国保险学会,中国保险行业协会.保险诚信读本[M].北京:中国市场出版社,2005.

[10] 李世平.诚信故事 100 例[M].上海:立信会计出版社,2017.

[11] 李世平.诚信文选[M].上海:立信会计出版社,2019.

[12] 朱坚强,张颖香.大学生诚信教育概论[M].2 版.上海:立信会计出版社,2016.

[13] 杨宗华.责任胜于能力:白金版[M].北京:石油工业出版社,2009.

[14] 孙祁祥.中国保险业发展报告 2019[M].北京:北京大学出版社,2019.

[15] 李加明.保险人才培养:中国大学保险专业教育的定位与定轨[J].时代金融,2011(11):107-109,114.

[16] 杜鹃."上海自贸区——国际化保险高端人才培养面临的挑战与机遇"研讨会综述[J].上海立信会计金融学院学报,2013(6):112-116.

[17] 徐爱荣.保险学[M].2 版.上海:复旦大学出版社,2010.

[18] 沈开涛.保险市场基础知识[M].北京:北京大学出版社,2015.

[19] 许飞琼.中国保险业人才战略:现状、目标与关键措施[J].保险研究,2011(12):110-114.

[20] 杨玲.应用型保险人才培养的探析[J].教育与职业,2012(02):116-117.

[21] 艾军.保险行业从业人员供需问题研究[D].北京:首都经济贸易大学,2009.

[22] 张莉.我国保险职业培训体系的发展及优化研究[D].成都:西南财经大学,2016.

[23] 杨勇,周兵.金融保险专业人才培养模式探究[J].辽宁科技学院学报,2016(5):24-

25,27.

[24] 贺思辉.从"新国十条"看保险大发展机遇对保险教育改革的影响[J].上海保险,2014 (12):54-58.

[25] 李亚青.我国保险人才供求的结构性失衡分析[J].保险职业学院学报,2015,29(3): 81-85.

[26] 李加明.以市场为导向的高校保险人才培养模式探析——以安徽省高校为例[J].金 融教育研究,2015(05):74-78.

[27] 展凯,张悦.高校保险专业应用型人才培养模式探索[J].牡丹江大学学报,2016(2): 166-168.

[28] 张艳英,曾扬.新经济形势下复合型保险技能人才培养模式探讨——以福建省为例 [J].金融理论与教学,2016(5):102-106.

[29] 郑军,陈静.经济新常态与现代保险卓越人才培养[J].河北地质大学学报,2016(6).

[30] 谢圆虹.大数据时代互联网保险发展探析——基于信息技术和人才视角[J].福建金 融,2016(9):47-50.

[31] 李丽.高职保险专业人才培养顺应保险业发展变化策略研究[J].职教通讯,2016(35).

[32] 沈丹,徐爱荣,张敏健.经济新常态下应用型本科保险人才培养初探——基于上海 21 家保险公司调研报告[J].上海保险,2017.

[33] 李丽."新国十条"背景下高职保险专业人才培养改革探析[J].河北职业教育,2017 (01):72-75.

[34] 李芸.敏锐觉知,助力保险业专业发展——对保险业人才培养的思考[J].中国保险, 2018(11).

[35] 陈靖.保险人才培养模式创新策略探究[J].上海金融,2011(01):118-120.

[36] 杨静芳.国际风险管理与保险人才培养模式借鉴[J].智富时代,2018(12).

[37] 李乐,张永起,周林毅.数字经济时代应用型保险人才培养的探索与思考[J].武夷学 院学报,2019(6).

[38] 桑德拉·黑贝尔斯,理查德·威沃尔.有效沟通[M].7 版.李业昆,译.北京:华夏出版 社,2005.

[39] 彼得·德鲁克.卓有成效的管理者(珍藏版)[M].许是祥,译.北京:机械工业出版 社,2009.

[40] 周三多,陈传明.管理学:原理与方法[M].6 版.上海:复旦大学出版社,2014.

[41] 许闲,张航.保险行业的知识图谱构建及应用[J].中国保险,2019,375(03):26-31.

[42] 约翰·C.麦克斯维尔.领导力 21 法则:追随这些法则,人们就会追随你[M].路卫军, 路本福,译.上海:上海文汇出版社,2017.

[43] 陈恳.迷失的盛宴:中国保险史 1978—2014(全新修订典藏版)[M].杭州:浙江大学出

版社,2014.

[44] 陈新达,桂舟,崔晓会,等.大学生创新创业[M].北京:清华大学出版社,2018.

[45] 众安金融科技研究院.新保险时代:金融科技重新定义保险新未来[M].北京:机械工业出版社,2018.

[46] 冯文丽,赵凯.我国保险人才供求的"两难矛盾"及保险教育创新[J].全国商情·经济理论研究,2009.

[47] 黄李凤,王前强.健康保险人才培养模式探索——基于创新创业教育理念[J].中国医疗保险,2017(8).

[48] 陈艳茜,章小兵.浅析新时代保险行业人才的建设[J].中国商论,2018,17(8).

[49] 姬小童.科技赋能背景下保险业科技人才的培养与创新[J].中国保险,2018(11):9-11.

[50] 李文亮,张建利.责任　诚信　合作　服务——大学生核心职业素养培养[M].上海:上海财经大学出版社,2014.